◀ TIMES LEA

# STANDARD INDONESIAN MADE SIMPLE

## Dr Liaw Yock Fang
with Dra Nini Tiley-Notodisuryo

TIMES EDITIONS

First published 1989
Reprinted 1990, 1992,1995, 1996,2001

© **1990 TIMES EDITIONS PTE. LTD.**
© **2001 TIMES MEDIA PTE. LTD.**
© **2004 MARSHALL CAVENDISH INTERNATIONAL (ASIA) PTE. LTD.**

Published by Times Books International
an imprint of Times Editions Pte. Ltd.
A member of Times Publishing Group

Times Centre, 1 New Industrial Road, Singapore 536196
Tel: (65) 6284 8844 Fax: (65) 6285 4871
Email: te@sg.marshallcavendish.com
Online bookstore: http://www.timesone.com.sg/te

Malaysian Office
Federal Publications Sdn Berhad
(General & Reference Publishing) (3024-D)
Times Subang, Lot 46, Persiaran Teknologi Subang
Subang Hi-Tech Industrial Park
Batu Tiga, 40000 Shah Alam
Selangor Darul Ehsan, Malaysia.
Tel: (603) 5635 2191 Fax: (603 5635 2706
Email: cchong@tpg.com.my

All rights reserved. No part of this publication may be reproduced, stored in a retrieval system, or transmitted, in any form or by any means, electronic, mechanical, photocopying, recording or otherwise, without the prior permission of the copyright owner.

**National Library Board (Singapore) Cataloguing in Publication Data**
Liaw, Yock Fang.
Standard Indonesian made simple / Liaw Yock Fang with Nini Tiley-Notodisuryo. –
Singapore : Times Editions, c2004.
p. cm. – (Times learn Indonesian)
ISBN : 981-232-849-1

1. Indonesian language – Textbooks for foreign speakers – English.
I. Tiley-Notodisuryo, Nini. II. Title. III. Series: Times learn Indonesian

PL5073
499.22182421 — dc21    SLS2004008547

Printed by Fabulous Printers Pte Ltd.

# CONTENTS

Preface     x
Notes on Pronunciation     xiii

## PART I

### LESSON 1     3

| | | | |
|---|---|---|---|
| A. | Conversation | : *Diri Sendiri* (About Oneself) | 3 |
| B. | Structure | : Subject–Predicate (*Saya guru.*) | 4 |
| C. | Grammar | : Nouns | 9 |
| D. | Word Formation | : Noun-forming Affixes: ***pe-***, ***-an*** | 13 |

### LESSON 2     17

| | | | |
|---|---|---|---|
| A. | Conversation | : *Keluarga* (Family) | 17 |
| B. | Structure | : Subject–Predicate (*Ini buku.*) | 18 |
| C. | Grammar | : Noun Modifier | 23 |
| D. | Word Formation | : Noun-forming Affixes: ***pe-an***, ***per-an***, ***ke-an*** | 27 |

### LESSON 3     32

| | | | |
|---|---|---|---|
| A. | Conversation | : *Pekerjaan* (Occupation) | 32 |
| B. | Structure | : Subject–Predicate (*Pedagang itu kaya.*) | 33 |
| C. | Grammar | : Adjectives | 37 |
| D. | Word Formation | : Adjective-forming Affixes: ***se-***, ***ter-*** | 41 |

### LESSON 4     44

| | | | |
|---|---|---|---|
| A. | Conversation | : *Salam* (Greetings) | 44 |
| B. | Structure | : Subject–Predicate (*Saya akan pulang.*) | 45 |

| | | | |
|---|---|---|---|
| C. | Grammar | : Pronouns | 50 |
| D. | Word Formation | : Verb-forming Prefix: *me-* | 56 |

## LESSON 5      61

| | | | |
|---|---|---|---|
| A. | Conversation | : *Mengenal Seseorang dengan Lebih Dekat* (Getting to Know a Person Better) | 61 |
| B. | Structure | : Subject–Predicate–Object (*Saya baca namanya.*) | 62 |
| C. | Grammar | : Pronouns (continuation) | 67 |
| D. | Word Formation | : Verb-forming Prefix: *me-* | 70 |

## LESSON 6      75

| | | | |
|---|---|---|---|
| A. | Conversation | : *Mengunjungi Teman* (Visiting Friends) | 75 |
| B. | Structure | : Subject–Prepositional Phrase (*Dia ke Jakarta.*) | 76 |
| C. | Grammar | : Auxiliary Verbs | 81 |
| D. | Word Formation | : Verb-forming Prefix: *ber-* | 86 |

## LESSON 7      90

| | | | |
|---|---|---|---|
| A. | Conversation | : *Berkenalan* (Acquaintance) | 90 |
| B. | Structure | : Subject–Predicate (*Ali berbohong.*) | 91 |
| C. | Grammar | : Active Voice and Passive Voice | 97 |
| D. | Word Formation | : Verb-forming Prefix: *ber-* | 101 |

## LESSON 8      106

| | | | |
|---|---|---|---|
| A. | Conversation | : *Di Pertemuan* (At a Gathering) | 106 |
| B. | Structure | : Subject–Predicate–Adverbial (*Bayi itu sedang merangkak ke dalam kamar.*) | 107 |
| C. | Grammar | : Numerals | 112 |
| D. | Word Formation | : Verb-forming Prefix: *ter-* | 118 |

## LESSON 9 — 122

| | | | |
|---|---|---|---|
| A. | Conversation | : *Kegemaran* (Hobbies) | 122 |
| B. | Structure | : Subject–Verb+Object–Adverbial | |
| | | (*Guru memuji anak itu kemarin.*) | 123 |
| C. | Grammar | : Adverbs | 128 |
| D. | Word Formation | : Adverb-forming Affixes: | |
| | | ***ter-**, **ber-**, **se-nya*** | 133 |

## LESSON 10 — 137

| | | | |
|---|---|---|---|
| A. | Conversation | : *Keluarga* (Family) | 137 |
| B. | Structure | : Subject–Verb+Object–Adverbial | |
| | | (*Saya sudah memesan buku itu* | |
| | | *kemarin.*) | 138 |
| C. | Grammar | : Interrogative Adverbs | 143 |
| D. | Word Formation | : Verb-forming Suffix: ***-kan*** | 147 |

## LESSON 11 — 152

| | | | |
|---|---|---|---|
| A. | Conversation | : *Waktu* (Time) | 152 |
| B. | Structure | : Subject–Verb–Object–Adverbial | |
| | | (*Dia sudah menerima surat itu.*) | 153 |
| C. | Grammar | : Prepositions | 158 |
| D. | Word Formation | : Verb-forming Suffix: ***-kan*** | 163 |

## LESSON 12 — 167

| | | | |
|---|---|---|---|
| A. | Conversation | : *Hari* (Days) | 167 |
| B. | Structure | : Subject–Predicate | |
| | | (*Saya takut kepada anjing itu.*) | 168 |
| C. | Grammar | : Conjunctions | 173 |
| D. | Word Formation | : Verb-forming Suffix: ***-i*** | 178 |

## LESSON 13 — 183

| | | | |
|---|---|---|---|
| A. | Conversation | : *Tanggal* (Dates) | 183 |

| | | | |
|---|---|---|---|
| B. | Structure | : | Subject–Predicate |
| | | | (*Dia akan menggembirakan orang tuanya.*) 184 |
| C. | Grammar | : | Simple Sentence 189 |
| D. | Word Formation | : | Verb-forming Suffix: *-i* 192 |

## LESSON 14     197

| | | | |
|---|---|---|---|
| A. | Conversation | : | *Di Toko Buku* (In a Bookshop) 197 |
| B. | Structure | : | Subject–Predicate (*Kita harus mendapatkan uang untuk membeli rumah.*) 198 |
| C. | Grammar | : | Expansion of Simple Sentences 203 |
| D. | Word Formation | : | *ada, ajar, angkat, baik, bangun* 207 |

## LESSON 15     212

| | | | |
|---|---|---|---|
| A. | Conversation | : | *Sejarah Melayu* (The Malay Annals) 212 |
| B. | Structure | : | Subject–Predicate–Object (*Dia selalu mengunjungi sahabat-sabahatnya.*) 214 |
| C. | Grammar | : | Expansion of Simple Sentences (continuation) 219 |
| D. | Word Formation | : | *benar, boleh, buat, dapat, datang* 223 |

## LESSON 16     227

| | | | |
|---|---|---|---|
| A. | Conversation | : | *Kecelakaan* (An Accident) 227 |
| B. | Structure | : | Subject–Predicate (*Dia sedang menikmati nasi goreng itu.*) 229 |
| C. | Grammar | : | Expansion of Simple Sentences (continuation) 234 |
| D. | Word Formation | : | *dekat, dengar, diam, diri, duduk* 239 |

## LESSON 17 — 244

| | | | |
|---|---|---|---|
| A. | Conversation | : | *Singapura* (Singapore) — 244 |
| B. | Structure | : | Subject–Verb–Indirect Object–Direct Object (*Ibu itu memberikan anak laki-lakinya sepotong roti.*) — 246 |
| C. | Grammar | : | Expansion of Simple Sentences (continuation) — 252 |
| D. | Word Formation | : | *ganti, guna, harga, hati, hubung* — 255 |

## LESSON 18 — 259

| | | | |
|---|---|---|---|
| A. | Conversation | : | *Peraturan di Singapura* (Regulations in Singapore) — 259 |
| B. | Structure | : | Subject–Verb–Object–Predicate (*Saya memanggil orang tua itu Pak Long.*) — 260 |
| C. | Grammar | : | Complex Sentences — 266 |
| D. | Word Formation | : | *jadi, jalan, kasih, kata, kenal* — 270 |

## LESSON 19 — 274

| | | | |
|---|---|---|---|
| A. | Conversation | : | *Belajar Bahasa Indonesia* (Learning Indonesian) — 274 |
| B. | Structure | : | Subject–Predicate (*Dia gembira mendengar berita itu.*) — 275 |
| C. | Grammar | : | Compound Sentences — 280 |
| D. | Word Formation | : | *kerja, laku, nyata, pandang, pinjam* — 284 |

## LESSON 20 — 288

| | | | |
|---|---|---|---|
| A. | Conversation | : | *Wawancara* (An Interview) — 288 |
| B. | Structure | : | Subject–Predicate (*Mobil-mobil Jepang sudah naik harganya.*) — 290 |

| | | | |
|---|---|---|---|
| C. | Grammar | : Sentence Types | 295 |
| D. | Word Formation : | *salah, satu, temu, tinggal, tolak* | 303 |

# PART II

## I. News Headlines — 309

## II. Newspaper Leads — 325

    (a) Politics and Government — 325
    (b) Business News — 327
    (c) Crimes and Courts — 329
    (d) Disasters — 332
    (e) Demonstration and Disputes — 334
    (f) War and Terrorism — 335
    (g) Miscellaneous — 338

## III. Selected Readings — 343

1. Pojok Minggu — 343
2. Gajah Mada Berasal Dari Minang — 344
3. Atasi Pembajakan di Selat Philip — 347
4. Studi Javanologi — 349
5. Bar Di Indonesia — 351
6. Kalau Perlu, Tinggalkan Bahasa Indonesia — 354
7. "Tauke" dan "Tuan" Di Medan — 358
8. Tajuk Rencana — 360
9. Pameran Makanan — 362
10. Agama Islam — 364
11. Pengalaman Tak Terlupakan — 365
12. Pidato H.B. Jassin — 367
13. Pancasila — 369
14. Pria Idaman Jawa — 372
15. Surat Kepada Garuda Indonesian Airways — 374
16. Wayang Kulit — 376
17. Catatan Sebulan Di Negeri Belanda — 379
18. Lalulintas Singapura — 381

| | |
|---|---|
| 19. Nostalgia Uang Lama | 385 |
| 20. Kontak | 388 |

**IV. A List of New Words and Terms** — **391**

**V. Glossary of Acronyms and Abbreviations** — **401**

| | |
|---|---|
| Key to the Exercises | 414 |
| About the Authors | 450 |

# PREFACE

*Standard Indonesian Made Simple* is an Indonesian language course intended to help adult learners to gain a mastery of the language. I use the word to help and not to teach, because language mastery is not possible through teaching alone. It must be learnt, the hard way.

There are several varieties of Indonesian. The form of Indonesian presented here is the standard form taught in school and used in formal or semi-formal occasions in daily life. This is also the type of language used by educated Indonesians. In other words, learners who have mastered the materials in this course will be able to understand the standard form of Indonesian, both in its written and spoken form.

This course is divided into two parts:
Part I consists of 20 lessons. Each lesson consists of four sections:
- (*a*) Conversation
- (*b*) Sentence Patterns
- (*c*) Grammar
- (*d*) Word Formation/Word Study

### (*a*) **Conversation**

The conversation passage is meant for memorization. After memorizing the conversation, the students should be able to carry on a conversation in Indonesian, in a social gathering or in an examination hall. This is the easiest part of the course. If a student has difficulty in following the lessons in the order presented here, he should master this section very well first before tackling other sections of the book.

### (*b*) **Sentence Patterns**

The sentence pattern is the most important part of the course. In every lesson, there is one, sometimes more than one, sentence pattern. These sentence patterns are taught through the usual substitution drills as well as question-answer exercises. The question-answer exercises will strengthen the student's communication skills. It is best to learn them orally before putting them down in writing.

(*c*)  **Grammar**

This section aims to give the students a knowledge of the intricacy of Indonesian grammar. Explanation, however, is kept to the minimum. Students who wish to learn more about the Indonesian grammar can refer to Macdonald and Soenjono's *Indonesian Reference Grammar*, Soenjono Dardjowidjojo's *Sentence Patterns of Indonesian*, Yohanni Johns's *Bahasa Indonesia Book One and Two*, or John U. Wolff's *Formal Indonesian*.

(*d*)  **Word Formation/Word Study**

This section consists of two parts: word formation and word study. Word formation discusses the various affixes used to form the various parts of speech in Indonesian. Word study discusses a number of commonly used words with all the possible combinations of affixes.

All the exercises in *(b), (c)* and *(d)* are provided with an English translation for reference purposes. Students should try to ignore the English translation of the exercises and refer to them only when they have difficulty in doing the exercises.

Part II of this course aims to teach the students how to read Indonesian newspapers. Indeed, reading an Indonesian newspaper may well be an important aim of some students. This part consists of five sections:

**I    News Headlines**

The headlines are arranged according to the sentence patterns taught in the first part of the book.

**II   The Newspaper Leads**

The lead, the first, sometimes also the second, paragraph, is the most important part of a news item. I have included and annotated a number of news leads from a widely circulated Indonesian newspaper, *Kompas*.

**III  Selected Readings**
20 passages have been selected from the Indonesian daily *Kompas*, the weekly *Tempo* and books for reading practice. The passages selected from the daily include editorials, letters to the editor, humour columns and news items of interest. Passages selected from the weekly *Tempo* and books are on information about Indonesian culture.

**IV  A List of New Words and Terms**
One difficulty in learning Indonesian is the rate at which new words are entering the language. This list provides explanations for about 300 new words and old words with new meanings not usually found in existing dictionaries, such as John M. Echols and Hassan Shadily's *An Indonesian-English Dictionary*.

**V  Glossary of Acronyms and Abbreviations**
To be able to read Indonesian newspapers, the students should also know some of the most frequently used acronyms and abbreviations.

The glossary provides explanations for about 300 commonly used acronyms and abbreviations in Indonesian. For an exhaustive list, please refer to Sugeng Maulana's *Kamus Singkatan dan Akronim*, Jakarta 1980.

The first part of *Standard Indonesian Made Simple* is in fact the Indonesian version of *Standard Malay Made Simple* published by Times Books International, 1988. I am grateful to Dra. Nini Tiley-Notodisuryo for helping me to make this version possible.

The second part is entirely new and I am grateful to Dr. Tan Cheng Lim for going through the annotations. However, I alone am responsible for all the shortcomings and weaknesses of this book.

March 1989

Dr. Liaw Yock Fang
Department of Malay Studies
National University of Singapore
SINGAPORE

# NOTES ON PRONUNCIATION

## Vowels

There are five vowels in Indonesian. Each vowel, except **e**, represents one sound.

| | | |
|---|---|---|
| **a** | sounds like | *a* in 'ask', e.g. *atas* |
| **e** | sounds like | *a* in 'ago', e.g. *kera* |
| | (when stressed sounds like | *e* in 'bed', e.g. *meja*) |
| **i** | sounds like | *i* in 'fit', e.g. *kita* |
| **o** | sounds like | *o* in 'body', e.g. *kota* |
| **u** | sounds like | *u* in 'put', e.g. *buku* |

## Diphthongs

| | | |
|---|---|---|
| **ai** | sounds like | *i* in 'I', e.g. *pandai* |
| **au** | sounds like | *o* in 'now', e.g. *pulau* |
| **oi** | sounds like | *oi* in 'boy', e.g. *sepoi* |

## Consonants

Indonesian consonants can be pronounced just like English consonants except that initiated consonants are not aspirated and **p**, **t** and **k** are not explosive.

Below is the pronunciation of alphabets in Indonesian.

A (ah), B (be), C (ce), D (de), E (e), F (ef), G (ge), H (ha), I (i), J (je), K (ka), L (el), M (em), N (en), O (o), P (pe), Q (ki), R (er), S (es), T (te), U (u), V (ve), W (we), X (eks), Y (ye), Z (zet).

# PART I

# LESSON 1

## 1A. Conversation

### *Diri Sendiri*
### (About Oneself)

Ahmad: *Selamat pagi. Siapa nama Anda?*
(Good morning. What is your name?)

John : *Selamat pagi. Nama saya John Tan.*
(Good morning. My name is John Tan.)

Ahmad: *Kapan Anda lahir?*
(When were you born?)

John : *Saya lahir pada tanggal 20 Agustus 1980.*
(I was born on 20th August 1980.)

Ahmad: *Anda lahir di mana?*
(Where were you born?)

John : *Saya lahir di Singapura. Saya orang Singapura. Apakah Anda orang Indonesia?*
(I was born in Singapore. I am a Singaporean. Are you an Indonesian, Mr. Ahmad?)

Ahmad: *Ya, saya orang Indonesia. Saya datang dari Bandung.*
(Yes, I am an Indonesian. I come from Bandung.)

John : *Saya senang sekali berkenalan dengan Anda. Permisi dulu, Pak.*
(I am glad to make your acquaintance. Good-bye.)

## 1B. Structure

Read the following sentences.

| SUBJECT | PREDICATE |
|---|---|
| *Saya* <br> I | *guru.* <br> (am a) teacher. |
| *Anda* <br> You | *murid.* <br> (are a) pupil. |
| *Dia* <br> He/She | *pelajar.* <br> (is a) student. |
| *Pak Musa* <br> Mr. Musa | *saudagar.* <br> (is a) merchant. |
| *Kami, Kita* <br> We | *wartawan.* <br> (are) journalists. |
| *Mereka* <br> They | *pegawai.* <br> (are) officers. |

**Notes**: There is no copula verb, such as the English verb 'to be' in Indonesian. To say: 'He is a teacher', you just say: *Dia guru*, literally translated: 'He teacher'.

*Exercise 1.* Substitute the noun in the model sentence with the one given.

e.g.  *Orang itu **guru**.*
(The man is a teacher.)

*seniman*     *Orang itu **seniman**.*
(artist)      (The man is an artist.)

| | |
|---|---|
| *pengacara* (lawyer) | *Orang itu* **pengacara**. (The man is a lawyer.) |
| *hakim* (judge) | *Orang itu* **hakim**. (The man is a judge.) |
| *dosen* (lecturer) | *Orang itu* **dosen**. (The man is a lecturer.) |
| *karyawan* (worker) | *Orang itu* **karyawan**. (The man is a worker.) |

1. *prajurit* (soldier)
2. *kelasi* (sailor)
3. *polisi* (policeman)
4. *ulama* (Muslim scholar)
5. *mahasiswa* (undergraduate)
6. *duta besar* (ambassador)
7. *majikan* (employer)
8. *peragawan* (male model)
9. *peragawati* (female model)
10. *sarjana* (scholar)

*Exercise 2.* Expand the following sentences by inserting ***seorang*** into them.

e.g.

| Before Expansion | Expanded Form |
|---|---|
| *Pak Musa penterjemah.* (Mr. Musa [is an] interpreter.) | *Pak Musa **seorang** penterjemah.* (Mr. Musa [is] **an** interpreter.) |
| *Abang saya guru bahasa.* (My elder brother [is a] language teacher.) | *Abang saya **seorang** guru bahasa.* (My elder brother [is] **a** language teacher.) |

*Kasim tukang kayu.*     *Kasim **seorang** tukang kayu.*
(Kasim [is a] carpenter.)     (Kasim [is] **a** carpenter.)

*Kakak saya jurumasak.*     *Kakak saya **seorang** jurumasak.*
(My elder sister [is a] cook.)     (My elder sister [is] **a** cook.)

**Notes**: Please note that although there is no copula verb in Indonesian, nouns in Indonesian can be preceded by words called classifiers; in this case *seorang* (a person) which is simply rendered as 'a/an'.

1. *Pak Amir jurubicara.*
   (Mr. Amir [is a] spokesman.)
2. *Dia penyiar.*
   (He/She [is a] broadcaster.)
3. *Dia insinyur.*
   (He/She [is an] engineer.)
4. *Bu Rini juru ketik*
   (Miss Rini [is a] typist.)
5. *Dia ahli menulis steno.*
   (He/She [is a] stenographer.)
6. *Usman tukang kebun.*
   (Usman [is a] gardener.)
7. *Dia penjahit pakaian.*
   (He/She [is a] tailor.)
8. *Ibu Katijah kasir.*
   (Miss Katijah [is a] cashier.)
9. *Tini pramugari.*
   (Tini [is a] stewardess.)
10. *Robert pramugara.*
    (Robert [is a] steward.)

*Exercise 3.* Give affirmative answers to the following questions.

e.g.

| Question | Answer |
|---|---|
| *Apakah dia seorang seniman?* (Is he/she an artist?) | ***Ya**, dia seorang seniman.* (Yes, he/she is an artist.) |
| *Apakah dia seorang guru sekolah?* (Is he/she a school teacher?) | ***Ya**, dia seorang guru sekolah.* (Yes, he/she is a school teacher.) |
| *Apakah kakak laki-laki Ahmad seorang inspektur?* (Is Ahmad's elder brother an inspector?) | ***Ya**, kakak laki-laki Ahmad seorang inspektur.* (Yes, Ahmad's elder brother is an inspector.) |
| *Apakah ayah Ahmad seorang hartawan?* (Is Ahmad's father a millionaire?) | ***Ya**, ayah Ahmad seorang hartawan.* (Yes, Ahmad's father is a millionaire.) |

**Notes:** The word *dia* means 'he/she'. However, for the sake of simplicity, we shall use 'he' in translating *dia* in the rest of the book, except where *dia* refers specifically to 'she'.

1. *Apakah dia seorang tukang sepatu?*
   (Is he a shoemaker?)

2. *Apakah dia seorang pekerja?*
   (Is he a labourer?)

3. *Apakah dia seorang penjual bakso?*
   (Is he a soup vendor?)

4. *Apakah dia seorang nelayan?*
   (Is he a fisherman?)

5. *Apakah dia seorang pegawai?*
   (Is he an officer?)

6. *Apakah dia seorang pegawai bahasa?*
   (Is he a language officer?)

7. *Apakah dia seorang pegawai pemerintah?*
   (Is he a government employee?)

8. *Apakah dia seorang pegawai tinggi?*
   (Is he a senior officer?)

9. *Apakah dia seorang pegawai bank?*
   (Is he a bank employee?)

10. *Apakah dia seorang pegawai kantor?*
    (Is he an office employee?)

*Exercise 4.*   Give negative answers to the following questions.

e.g.

| Question | Answer |
|---|---|
| *Apakah dia seorang ahli bahasa?* (Is he a linguist?) | **Bukan**, *dia* **bukan** *seorang ahli bahasa.* (No, he is not a linguist.) |
| *Apakah dia seorang sarjana?* (Is he a university graduate?) | **Bukan**, *dia* **bukan** *seorang sarjana.* (No, he is not a university graduate.) |
| *Apakah dia seorang olahragawan?* (Is he a sportsman?) | **Bukan**, *dia* **bukan** *seorang olahragawan.* (No, he is not a sportsman.) |
| *Apakah dia seorang ahli ekonomi?* (Is he an economist?) | **Bukan**, *dia* **bukan** *seorang ahli ekonomi.* (No, he is not an economist.) |

1. *Apakah dia seorang anggota?*
   (Is he a member?)

2. *Apakah Yusuf seorang pemusik?*
   (Is Yusuf a musician?)

3. *Apakah Pak Samsuri seorang pengusaha?*
   (Is Mr. Samsuri an entrepreneur?)

4. *Apakah dia seorang direktur?*
   (Is he a director?)

5. *Apakah Ahmad seorang ahli sejarah?*
   (Is Ahmad a historian?)

6. *Apakah dia seorang ahli bedah?*
   (Is he a surgeon?)

7. *Apakah Pak Usman seorang apoteker?*
   (Is Mr. Usman a chemist?)

8. *Apakah dia seorang ahli ilmu jiwa?*
   (Is he a psychologist?)

9. *Apakah Pak Surono seorang negarawan?*
   (Is Mr. Surono a statesman?)

10. *Apakah dia seorang ahli ilmu pengetahuan?*
    (Is he a scientist?)

## 1C. Grammar

There are eight parts of speech in Indonesian, namely: noun, pronoun, adjective, verb, adverb, preposition, conjunction and interjection.

### Nouns

Nouns are naming words. A noun names a person, a place, a thing or an idea. Nouns have several characteristics. They may be followed by a determiner like *ini* (this/the) or *itu* (that/the), and can be preceded by a numeral like *satu* (one), or a quantifier like *semua* (all), *banyak* (a lot of), *sedikit* (few), etc.

**Notes:** The word 'the' may sometimes be used to translate *ini* and *itu*, depending on the context.

e.g. (*a*) followed by determiners:

>   *Pisau **ini** tumpul.*
>   (This knife is blunt.)
>
>   *Bis **itu** berhenti.*
>   (That bus stopped.)
>
>   *Hari **ini** panas.*
>   (Today is hot.)
>
>   *Air **itu** keruh.*
>   (That water is muddy.)

(*b*) preceded by numerals or quantifiers:

>   *Dia makan **dua** butir telur pagi ini.*
>   (He ate two eggs this morning.)
>
>   ***Semua** orang tahu hal itu.*
>   (All the people know about that matter.)
>
>   *Laki-laki itu menyimpan **banyak** uang di bank.*
>   (The man put a lot of money in the bank.)
>
>   ***Banyak** orang Singapura bisa berbicara bahasa Inggeris.*
>   (Many Singaporeans can speak English.)

*Exercise 5.* Fill in the blanks with suitable nouns.

1. *Pemuda itu ialah* _____ *saya.*
   (The young man is my _____ .)

2. _____ *yang nakal itu dimarahi oleh gurunya.*
   (The naughty _____ was scolded by his teacher.)

3. _____ *ini buatan Jepang.*
   (This _____ was made in Japan.)

4. *Simpanlah _____ itu di dalam laci.*
   (Please keep that _____ in the drawer.)

5. *Buku itu seratus _____ harganya.*
   (That book costs one hundred _____.)

6. *Banyak _____ bertamasya di Pantai Sanur.*
   (Many _____ are picnicking at Pantai Sanur.)

7. *Berilah saya sedikit _____ .*
   (Please give me some _____.)

8. *Separuh dari _____ diberikan kepada anak laki-lakinya.*
   (One half of the _____ was (divided and) given to his son.)

9. *Para _____ di sekolah itu rajin-rajin belaka.*
   (The _____ in that school are all hardworking.)

10. *Beberapa orang _____ tidak hadir hari ini.*
    (A few _____ are not present today.)

**Note:** Many nouns can fill in the above blanks. Some of these nouns are:-

| | | |
|---|---|---|
| *teman* (friend) | *murid* (pupil) | *polisi* (police officer) |
| *anak* (child) | *barang* (thing) | *kursi* (chair) |
| *meja* (table) | *air* (water) | *pensil* (pencil) |
| *suratkabar/koran* (newspaper) | *rokok* (cigarettes) | *rupiah* (rupiah) |
| *harga* (price) | *nilai* (value) | *orang* (people) |
| *pahlawan* (hero) | *pelayan/jongos* (waiter) | *aktor* (actor) |
| *uang* (money) | *roti* (bread) | *buah-buahan* (fruits) |

*ikan*
  (fish)
*telur*
  (eggs)
*pegawai*
  (officer)
*harta*
  (property)
*duit*
  (money)
*daging*
  (meat)
*guru bahasa*
  (language teacher)

*Exercise 6.* Pick out the nouns in the following sentences.

1. *Joko pelajar sekolah menengah.*
   (Joko is a secondary school student.)

2. *Di sana banyak orang mandi.*
   (Many people are bathing there.)

3. *Mereka memakai baju berwarna-warni.*
   (They wear colourful clothes.)

4. *Adik laki-laki saya takut kepada ombak.*
   (My younger brother is afraid of waves.)

5. *Saya membawa adik bermain pasir di pantai.*
   (I brought my younger brother to play with the sand on the beach.)

6. *Saya melihat seorang laki-laki berbaring di atas pasir.*
   (I saw a man lying on the sand.)

7. *Orang itu dipagut ular.*
   (The man had been bitten by a snake.)

8. *Orang itu dibawa ke rumah sakit.*
   (The man was taken to hospital.)

## 1D. Word Formation

### Noun-forming Affixes: *pe-*, *-an*

Nouns can often be formed by using affixes. Two of the most common noun-forming affixes are the prefix *pe-* and the suffix *-an*.

(*a*) The prefix *pe-* has three important functions:-

    (*i*) indicating the person doing the action; i.e. the doer, e.g.

| | |
|---|---|
| *pembaca* (reader) | – *orang yang membaca (baca)* [one who reads] |
| *pengarang* (writer) | – *orang yang mengarang (karang)* [one who writes] |
| *pengirim* (sender) | – *orang yang mengirim (kirim)* [one who sends things] |

    (*ii*) indicating the instrument used in the action, e.g.

| | |
|---|---|
| *penggali* (digger) | – *alat untuk menggali (gali)* [a thing used for digging] |
| *pemotong* (cutter) | – *alat untuk memotong (potong)* [a thing used for cutting] |
| *penyapu* (sweeper) | – *alat untuk menyapu (sapu)* [a thing used for sweeping] |

    (*iii*) indicating a person who has the characteristic indicated by the root word, e.g.

| | |
|---|---|
| *pemalas* | – *orang yang malas* [a lazy person] |
| *pemarah* | – *orang yang mudah marah* [a quick-tempered person] |
| *pemuda* | – *orang yang muda* [a young person] |

Please note that words in group (*ii*) above may also refer to the person performing the action. Hence, *penggali* may refer to the person doing the digging as well.

*pe-*, when added to the root word, may become ***pem-***, ***pen-***, ***peng-*** and ***peny-***, depending on the first letter or syllable of the root word. The changes are parallel to ***me-***, which will be discussed in Lesson 4D. The prefix *pe-* may also be added to verbs with the prefix ***ber-***:

    berdagang (to trade)    pedagang (trader)
    bertani (to work on a farm)  petani (farmer)

(*b*) The suffix *-an* has four functions:-

    (*i*)    indicating the result of an action, e.g.

        *ucapan*   — from *ucap* (to express); *hasil mengucap* (the result of saying something, statement)

        *harapan*   — from *harap* (to hope); *hasil mengharap* (the result of hoping, hope)

    (*ii*)    indicating the thing or product of an action, e.g.

        *makanan*   — from *makan* (to eat); the thing that is eaten (food)

        *pakaian*   — from *pakai* (to wear); the thing that is worn (clothes)

    (*iii*)    indicating the instrument used in an action, e.g.

        *saringan*   — from *saring* (to filter); *alat untuk menyaring* (an instrument for filtering, a filter)

        *kukusan*   — from *kukus* (to steam); *alat untuk mengukus* (an instrument for steaming rice, etc., a steamer)

    (*iv*)    indicating a thing having the characteristic indicated by the root word, e.g.

| | |
|---|---|
| *manisan* | – from *manis* (sweet); *makanan yang manis* (food which is sweet, sweets) |
| *lapangan* | – from *lapang* (spacious); *tempat yang lapang* (a spacious place, open space) |
| *harian* | – from *hari* (day); *setiap hari* (daily) |
| *mingguan* | – from *minggu* (week); *setiap minggu* (weekly) |

*Exercise 7.* Replace phrases in bold with single words formed by the prefix *pe-*.

1. **Orang yang menumpang** *pesawat terbang sudah tiba.*
   (People who are riding (= passengers) the aeroplane have arrived.)

2. **Orang yang melukis** *itu teman ayah saya.*
   (The person who is painting is my father's friend.)

3. *Ahmad ingin menjadi* **orang yang menjual barang**.
   (Ahmad wishes to become a man who sells goods.)

4. **Gadis yang menari** *itu kakak teman saya.*
   (The girl who is dancing is my friend's elder sister.)

5. *Suami perempuan itu* **lekas marah**.
   (The woman's husband is a quick-tempered man.)

6. **Orang yang mencuri** *mobil itu sudah ditangkap oleh polisi.*
   (The man who stole the car had been arrested by the police.)

7. *Ibu baru saja membeli sebuah* **alat untuk menyapu**.
   (Mother has just bought a broom.)

8. *Pemilik toko itu menimbang gula* **dengan alat timbangan**.
   (The shopkeeper weighs sugar with a pair of scales.)

9. *Dia menggunakan* **alat menggaris** *untuk membuat garis.*
   (He uses a ruler to draw lines.)

10. *Guru kita* **orang yang ramah**.
    (Our teacher is a friendly person.)

*Exercise 8.* Form a noun by adding the suffix *-an* to the root word in bold.

1. *Ulama itu menerangkan **ajar**.*
   (The Muslim scholar explains his teaching.)
2. *Sudah tidak ada **harap** untuk saya.*
   (There is no more hope for me.)
3. *Saya suka **makan** pedas.*
   (I like spicy food.)
4. ***Pakai** anak itu basah.*
   (The child's clothes are wet.)
5. *Dia suka **minum** dingin.*
   (He likes cold drinks.)
6. *Ibu menyaring santan dengan **saring**.*
   (Mother filters coconut milk with a filter.)
7. *Semut mati karena **manis**.*
   (Ants die because of sweets.)
8. *Tidak ada **lapang** untuk berolahraga di sini.*
   (There is no open space for sports here.)
9. ***Hari** 'Kompas' mempunyai banyak pembaca.*
   (The daily 'Kompas' has many readers.)
10. ***Minggu** kesukaan saya ialah 'Tempo'.*
    (My favourite weekly is 'Tempo'.)

# LESSON 2

## 2A. Conversation

### *Keluarga*
### (Family)

Tomo: *Selamat sore, Pak Yusuf.*
(Good afternoon, Mr. Yusuf.)

Yusuf: *Selamat sore, Pak Tomo. Apa kabar?*
(Good afternoon, Mr. Tomo. How are you?)

Tomo: *Baik! Terima kasih. Pak Yusuf, boleh saya bertanya?*
(Fine. Thank you. Mr. Yusuf, may I ask you some questions?)

Yusuf: *Tentu saja.*
(Sure.)

Tomo: *Bapak tinggal di mana?*
(Where do you live?)

Yusuf: *Saya tinggal di Jalan Surabaya nomor 25, Jakarta.*
(I live at No 25, Jalan Surabaya, Jakarta.)

Tomo: *Apakah Bapak sudah berkeluarga?*
(Mr. Yusuf, are you married?)

Yusuf: *Sudah. Anak-anak saya sudah bersekolah.*
(Yes. My children are already in school.)

Tomo: *Berapa orang anak Bapak?*
(How many children do you have?)

Yusuf: *Dua orang, seorang (anak) laki-laki dan seorang (anak) perempuan. Ayo, singgah ke rumah.*
(Two, one boy and one girl. Please do come to my house.)

Tomo: *Ya, Pak, lain kali. Terima kasih.*
(Yes, I'll come another time. Thank you.)

Yusuf: *Kembali.*
(The same to you.)

## 2B. Structure

Read the following sentences.

| SUBJECT | PREDICATE |
|---|---|
| *Ini* <br> This | *buku.* <br> (is a) book. |
| *Ini* <br> This | *kamus.* <br> (is a) dictionary. |
| *Ini* <br> This | *majallah.* <br> (is a) magazine. |
| *Itu* <br> That | *laci.* <br> (is a) drawer. |
| *Itu* <br> That | *lonceng.* <br> (is a) bell. |

*Exercise 1.* Give affirmative answers to the following questions.

e.g.

| *Question* | *Answer* |
|---|---|
| *Apakah ini pintu?* <br> (Is this a door?) | ***Ya**, ini pintu.* <br> (Yes, this is a door.) |

*Apakah ini lampu?*  
(Is this a lamp?)

*Ya, ini lampu.*  
(Yes, this is a lamp.)

*Apakah itu jendela?*  
(Is that a window?)

*Ya, itu jendela.*  
(Yes, that is a window.)

*Apakah itu lemari?*  
(Is that a cupboard?)

*Ya, itu lemari.*  
(Yes, that is a cupboard.)

1. *Apakah ini anak kunci?*  
   (Is this a key?)
2. *Apakah itu kursi?*  
   (Is that a chair?)
3. *Apakah ini meja?*  
   (Is this a table?)
4. *Apakah itu bangku?*  
   (Is that a stool?)
5. *Apakah ini kipas?*  
   (Is this a fan?)
6. *Apakah itu kertas?*  
   (Is that [a piece of] paper?)
7. *Apakah ini penggaris?*  
   (Is this a ruler?)
8. *Apakah itu papan tulis?*  
   (Is that a blackboard?)
9. *Apakah ini penghapus?*  
   (Is this a duster?)
10. *Apakah itu tinta?*  
    (Is that ink?)

*Exercise 2.* Give negative answers to the following questions.

e.g.

| *Question* | *Answer* |
|---|---|
| *Apakah ini keranjang?* (Is this a basket?) | **Bukan**, ini **bukan** keranjang. (No, this is not a basket.) |
| *Apakah ini gambar?* (Is this a picture?) | **Bukan**, ini **bukan** gambar. (No, this is not a picture.) |
| *Apakah itu surat?* (Is that a letter?) | **Bukan**, itu **bukan** surat. (No, that is not a letter.) |
| *Apakah itu amplop?* (Is that an envelope?) | **Bukan**, itu **bukan** amplop. (No, that is not an envelope.) |

1. *Apakah ini piring?*
   (Is this a plate?)
2. *Apakah itu dapur?*
   (Is that a kitchen?)
3. *Apakah ini cangkir?*
   (Is this a cup?)
4. *Apakah itu arloji?*
   (Is that a watch?)
5. *Apakah ini cermin?*
   (Is this a mirror?)
6. *Apakah itu sisir?*
   (Is that a comb?)
7. *Apakah ini pisau?*
   (Is this a knife?)
8. *Apakah itu suratkabar/koran?*
   (Is that a newspaper?)
9. *Apakah ini perpustakaan?*
   (Is this a library?)

10. *Apakah itu asrama?*
    (Is that a hostel?)

*Exercise 3.* Give affirmative answers, using ***adalah*** or ***ialah***, to the following questions.

e.g.

| Question | Answer |
| --- | --- |
| *Apakah dia teman anda?* (Is he your friend?) | *Ya, dia **adalah** teman saya.* (Yes, he is my friend.) |
| *Apakah ayahmu seorang pengusaha?* (Is your father an entrepreneur?) | *Ya, ayah saya **adalah** seorang pengusaha.* (Yes, my father is an entrepreneur.) |
| *Apakah Ahmad orang Melayu?* (Is Ahmad a Malay?) | *Ya, Ahmad **adalah** orang Melayu.* (Yes, Ahmad is a Malay.) |
| *Apakah Fatimah isteri Ali?* (Is Fatimah Ali's wife?) | *Ya, Fatimah **adalah** isteri Ali.* (Yes, Fatimah is Ali's wife.) |

1. *Apakah orang itu sahabatmu?*
   (Is that man your friend?)

2. *Apakah wanita itu ibumu?*
   (Is that woman your mother?)

3. *Apakah gadis itu adikmu?*
   (Is that girl your younger sister?)

4. *Apakah wanita itu seorang dokter?*
   (Is that woman a doctor?)

5. *Apakah orang tua itu kakekmu?*
   (Is that old man your grandfather?)

6. *Apakah dia itu nenekmu?*
   (Is that old woman your grandmother?)

7. *Apakah pemuda itu seorang insinyur?*
   (Is that young man an engineer?)

8. *Apakah wanita muda itu seorang jururawat?*
   (Is that young woman a nurse?)

9. *Apakah orang itu tetanggamu?*
   (Is that person your neighbour?)

10. *Apakah rumah itu rumahmu?*
    (Is that house yours?)

*Exercise 4.* Change the following statements into questions.

e.g.

| *Statement* | *Question* |
| --- | --- |
| *Pak Ali sastrawan.* (Mr. Ali is a man of letters.) | ***Apakah** Pak Ali sastrawan?* (Is Mr. Ali a man of letters?) |
| *Pak Lukman seorang pedagang.* (Mr. Lokman is a trader.) | ***Apakah** Pak Lukman seorang pedagang?* (Is Mr. Lukman a trader?) |
| *Usman seorang penulis.* (Usman is a writer.) | ***Apakah** Usman seorang penulis?* (Is Usman a writer?) |
| *Karman seorang pemilik toko.* (Karman is a shopowner.) | ***Apakah** Karman seorang pemilik toko?* (Is Karman a shopowner?) |

1. *Ahmad peserta.*
   (Ahmad is a participant.)

2. *John seorang turis.*
   (John is a tourist.)

3. *Nona Fatimah sekretaris.*
   (Miss Fatimah is a secretary.)

4. *Nona Tina seorang ahli kecantikan.*
   (Miss Tina is a beautician.)

5. *Pak Talib seorang dokter.*
   (Mr. Talib is a doctor.)

6. *Pak Mulyono dokter gigi.*
   (Mr. Mulyono is a dentist.)

7. *Ahmad seorang perajin.*
   (Ahmad is a craftsman.)

8. *Dr. Candra seorang menteri.*
   (Dr. Candra is a minister.)

9. *Dr. Yusuf duta.*
   (Dr. Yusuf is an ambassador.)

10. *Abdullah kepala desa.*
    (Abdullah is a village chief.)

## 2C. Grammar

### Noun Modifier

A noun can be modified by a pronoun, an adjective or another noun to form a noun phrase. It can also be followed by a phrase preceded by *yang* (who/that/which). Although *yang* is translated as 'who/that/which', this is not done when the noun modifier is a pronoun or another noun.

e.g. (*a*) modified by pronoun/adjective/noun:

*Kakak laki-laki **saya** guru.*
(My elder brother is a teacher.)

*Anak **kecil** itu menangis.*
(The small child is crying.)

*Guru **sekolah** itu pandai.*
(The school teacher is clever.)

*Rumah **Ahmad** jauh sekali.*
(Ahmad's house is far away.)

(b) followed by phrase preceded by *yang*:

*Kakak laki-laki saya **yang tinggal di kota itu** guru.*
(My elder brother who stays in that town is a teacher.)

*Anak **yang kecil itu** menangis.*
(The child who is small is crying.)

*Guru **yang mengajar di sekolah itu** pandai.*
(The teacher who is teaching in that school is clever.)

*Rumah **yang dibeli Ahmad itu** jauh sekali.*
(The house which was bought by Ahmad is very far away.)

*Exercise 5.* Fill in the blanks with suitable noun modifiers.

1. *Bahasa _____ penting.*
   (_____ language is important.)

2. *Tingkat pelajaran _____ itu tinggi.*
   (The standard of the _____ lessons is high.)

3. *Lonceng _____ sudah berbunyi.*
   (That _____ bell is ringing.)

4. *Tong _____ berbunyi nyaring.*
   (An _____ tin makes the most noise.)

5. *Sepatu _____ mahal.*
   (_____ shoes are expensive.)

6. *Jumlah anggota _____ empat puluh.*
   (The number of members _____ is forty.)

7. *Sekolah _____ itu sudah dibuka.*
   (The _____ school has opened.)

8. *Baju* _____ *saya kotor.*
   (My _____ blouse is dirty.)

9. *Dokter* _____ *memeriksa gigi murid.*
   (The dentist checks the students' teeth.)

10. *Tahun* _____ *baru sudah mulai.*
    (_____ new year has begun.)

**Note:** Many modifiers can fill in the blanks. Some of them are:-

| | | |
|---|---|---|
| *Indonesia* (Indonesian) | *Inggeris* (English) | *sekolah* (school) |
| *madrasah* (religious school) | *kaya* (rich) | *malang* (unlucky) |
| *kosong* (empty) | *penuh* (full) | *kulit* (leather) |
| *kayu* (wood) | *miskin* (poor) | *kasar* (rough) |
| *baru* (new) | *lama* (old) | *perempuan* (female) |
| *laki-laki* (male) | *hitam* (black) | *putih* (white) |
| *murid* (pupil) | *gigi* (tooth) | *ajaran* (teachings) |

*Exercise 6.* Omit all phrases preceded by *yang* from the following sentences.

e.g.

| *Before Omission* | *After Omission* |
|---|---|
| *Gadis **yang kecil** itu menangis.* (The girl who is small is crying.) | *Gadis itu menangis.* (The girl is crying.) |

*Guru **yang mengajar** di sekolah itu pandai.*
(The teacher who is teaching in that school is clever.)

*Guru itu pandai.*
(The teacher is clever.)

1. *Orang laki-laki yang sedang membaca buku itu ialah paman saya.*
   (The man who is reading a book is my uncle.)

2. *Anjing yang garang itu menggigit seorang anak laki-laki.*
   (The dog which is fierce bites a boy.)

3. *Penulis yang masyhur itu guru kita.*
   (The writer who is famous is our teacher.)

4. *Hujan yang lebat sudah reda.*
   (The rain which is heavy has subsided.)

5. *Anak laki-laki yang lapar itu selalu menangis.*
   (The boy who is hungry is always crying.)

6. *Ikan yang di dalam air itu berkejaran.*
   (The fish which are in the water are chasing [one another].)

7. *Buku yang terletak di atas meja itu buku saya.*
   (The book which is on the table is my book.)

8. *Ali yang baru berumur dua belas tahun itu pandai.*
   (Ali who is just twelve years old is clever.)

9. *Sopir yang baik hati itu abang saya.*
   (The driver who is kind-hearted is my elder brother.)

10. *Orang yang menggunakan jalan raya itu harus berhati-hati.*
    (People who use the main road should be careful.)

## 2D. Word Formation

### Noun-forming Affixes: *pe-an*, *per-an*, *ke-an*

Besides *pe-* and *-an*; *pe-an*, *per-an* and *ke-an* are also widely used to form nouns.

(*a*) *pe-an* has many meanings, the most important being:

(*i*) indicating the process of an activity, e.g.

> ***Penulisan*** *buku pelajaran sekolah sukar sekali.*
> (The writing of school text books is very difficult.)

> ***Pengambilan*** *terlalu banyak pekerja asing tidak baik.*
> (The employing [literally 'taking'] of too many foreign workers is not good.)

Please note that *pe-an* will become *pem-an*, *pen-an*, *peng-an* and *peny-an* according to the initial letter of the verb it joins. The changes are in accordance with those of the verb-forming prefix *me-*, which is discussed later in Lesson 4D.

(*ii*) indicating the result of an activity, e.g.

> *Saya menerima **pemberian** itu dengan senang hati.*
> (I accept the gift [what is being given] gladly.)

> *Saya belum mendengar **pengumuman** itu.*
> (I have not heard the announcement [what is being announced].)

(*b*) *per-an* has three important functions:

(*i*) indicating an activity, e.g.

> ***Perkelahian*** *sudah terjadi.*
> (A fight broke up.)

> ***Perniagaan*** *orang laki-laki itu maju.*
> (The man's business is prospering.)

(ii) indicating a place where an activity takes place, e.g.

> *Mereka menanti di **perhentian** bis.*
> (They are waiting at the bus stop.)
>
> *Itu **pekuburan** orang Cina.*
> (That is a Chinese cemetery.)

(iii) indicating an instrument used in an activity, e.g.

> ***Permainan** anak laki-laki itu banyak sekali.*
> (The boy's toys are many.)
>
> ***Pendengaran** laki-laki tua itu masih baik.*
> (The old man's hearing [referred to as a faculty] is still good.)

The meanings of **pe-an** and **per-an** are very close and are rather difficult to differentiate. Suffice if we can remember that **pe-an** is always derived from verbs using prefix **me-**, where as **per-an** tends to be derived from verbs using prefix **ber-**.

(c) **ke-an** has many meanings, the most important being:

(i) indicating the fact that something is being done, e.g.

> ***Kedatangan** abang sedang ditunggu.*
> (Elder brother's arrival is being awaited.)
>
> ***Kemajuan** anak itu cepat sekali.*
> (The boy's advancement is very fast.)

(ii) indicating a place, e.g.

> ***Kementerian** Pendidikan terletak agak jauh dari sini.*
> (The Ministry of Education is rather far from here.)
>
> *Rumah itu tempat **kediaman** orang kaya.*
> (The house is a rich man's dwelling place.)

*Exercise 7.* Add **pe-an** to the words in bold to form nouns.

1. *Buku itu **beri** ibu saya.*
   (The book is a gift from my mother.)

2. ***Dengar** kakek saya masih baik.*
   (My grandfather's hearing is still good.)

3. ***Aku** itu dibuat di depan seorang hakim.*
   (The confession is made in front of a judge.)

4. ***Bagi** harta akan diumumkan besok.*
   (The dividing of property will be announced tomorrow.)

5. ***Bangun** rumah-rumah susun berjalan dengan pesat.*
   (The building of public housing is going on speedily.)

6. ***Bayar** harus dibuat pada akhir bulan.*
   (Payment must be made at the end of the month.)

7. ***Betul** akan dibuat tidak lama lagi.*
   (Correction will be made soon.)

8. ***Luas** rumah mahal.*
   (Enlarging [The enlargement of] the house is expensive.)

9. ***Dapat** ayahnya seribu sebulan.*
   (His father's income is one thousand a month.)

10. *Tidak ada **beda** gaji di antara laki-laki dan perempuan di sini.*
    (There is no difference between men's and women's salaries here.)


*Exercise 8.* Add **per-an** to the words in bold to form nouns.

1. ***Buat** anak laki-laki itu baik.*
   (The boy's action is good.)

2. ***Kerja** Ali baik.*
   (Ali's work is good.)

3. ***Tahan** Indonesia sedang dibicarakan.*
   (Indonesian defence is being discussed.)

4. ***Tanding** sepak bola menimbulkan minat.*
   (A football match is interesting.)

5. ***Saing** adalah suatu hal yang baik.*
   (Competition is a good thing.)

6. ***Jalan** itu memakan waktu lima jam.*
   (The journey takes five hours.)

7. ***Ubah** itu besar sekali.*
   (The change is great.)

8. ***Tanya** masih belum dijawab.*
   (The question has not been answered.)

9. ***Cakap** itu tidak menarik.*
   (The conversation is not interesting.)

10. *Hari **kawin** sudah ditentukan.*
    (The date of marriage has been fixed.)


*Exercise 9.* Add ***ke-an*** to the words in bold to form nouns.

1. *Saya akan selalu ingat **baik** hatimu.*
   (I will always remember the kindness of your heart.)

2. *Kita harus menjaga **sehat** kita.*
   (We must look after our health.)

3. *Laki-laki itu hanya memperhatikan **penting** diri.*
   (The man is only looking after his own interest.)

4. *Beliau diberi **kuasa** penuh.*
   (He has been given absolute authority.)

5. *Guru memuji **rajin** muridnya.*
   (The teacher praised his pupil's diligence.)

6. *Kita harus menjaga **makmur** kita.*
   (We must defend our prosperity.)

7. ***Lalai**nya mendatangkan kerugian.*
   (His negligence caused a loss.)

8. *Kita tidak boleh menyalahgunakan **bebas** kita.*
   (We must not misuse our freedom.)
9. ***Duduk** Singapura penting.*
   (Singapore's position is important.)
10. ***Hidup** laki-laki itu susah.*
    (The man's life is difficult.)

# LESSON 3

## 3A. Conversation

### *Pekerjaan*
### (Occupation)

Amin: *Selamat pagi, Saudara. Bolehkah saya bertanya sedikit tentang diri Saudara?*
(Good morning, sir. May I ask you something about yourself?)

Suparman: *Ya, boleh saja.*
(Just ask, I don't mind.)

Amin: *Apa pekerjaan Saudara?*
(What is your profession?)

Suparman: *Saya seorang pegawai bank.*
(I am a bank officer.)

Amin: *Di mana bank tempat Saudara bekerja?*
(What is the location of the bank where you work?)

Suparman: *Bank tempat saya bekerja (itu letaknya) di Jakarta.*
(The bank where I work is situated in Jakarta.)

Amin: *Naik apa Saudara ke sana?*
(How do you go to work?)

Suparman: *Dengan mobil.*
(By car.)

Amin: *Maaf, Saudara dulu belajar apa?*
(Excuse me, what did you study before?)

Suparman: *Saya lulusan Fakultas Ekonomi dari salah satu universitas di Amerika.*
(I have an Economics degree from a university in the United States.)

Amin: *Pantas, Saudara bekerja di bank.*
(No wonder you work in a bank.)

## 3B. Structure

Read the following sentences.

| SUBJECT | PREDICATE |
|---|---|
| *Pedagang itu* <br> The trader | *kaya.* <br> (is) rich. |
| *Mahasiswa itu* <br> The student | *rajin.* <br> (is) diligent. |
| *Wanita itu* <br> The woman | *cantik.* <br> (is) beautiful. |
| *Mobil itu* <br> The car | *baru.* <br> (is) new. |
| *Buku itu* <br> The book | *tebal.* <br> (is) thick. |

*Exercise 1.* Substitute the adjectives in the model sentences with the ones given.

e.g                 *Pemuda itu **berani**.*
                    (The young man is brave.)

    *pandai*          *Pemuda itu **pandai**.*
    (clever)         (The young man is clever.)

    *tampan*        *Pemuda itu **tampan**.*
    (handsome)    (The young man is handsome.)

    *malas*           *Pemuda itu **malas**.*
    (lazy)            (The young man is lazy.)

*gemuk*  *Pemuda itu **gemuk**.*
(fat)  (The young man is fat.)

1. *hemat* (thrifty)
2. *cermat* (careful)
3. *gembira* (happy)
4. *cerdas* (intelligent)
5. *pintar* (clever)
6. *kikir* (stingy)
7. *jujur* (honest)
8. *sehat* (healthy)
9. *sibuk* (busy)
10. *sombong* (proud)


*Exercise 2.* Join the words given below to produce ten sentences.

e.g.

| *Word(s)* | *Sentence* |
| --- | --- |
| 1. *Hassan* <br> *lapar* (hungry) | 1. *Hassan lapar.* <br> (Hassan is hungry). |
| 2. *Gadis itu* (The girl) <br> *cantik* (beautiful) | 2. *Gadis itu cantik.* <br> (The girl is beautiful.) |
| 3. *Hassan* <br> *ganteng* (smart) | 3. *Hassan ganteng.* <br> (Hassan is smart.) |

1. *pakaian itu* (clothes)
   *murah* (cheap)

2. *kemeja itu* (the shirt)
   *mahal* (expensive)

3. *celana itu* (the trousers)
   *panjang* (long)

4. *jalan itu* (the road)
   *lebar* (wide)

5. *lorong itu* (lane)
   *sempit* (narrow)

6. *hitungan itu* (the calculation)
   *sukar* (difficult)

7. *cuaca hari ini* (today's weather)
   *cerah* (good)

8. *daerah ini* (the area))
   *aman* (peaceful)

9. *obat ini* (the medicine)
   *pahit* (bitter)

10. *malam itu* (the night)
    *gelap* (dark)

*Exercise 3.* Give affirmative answers to the following questions.

e.g.

| Question | Answer |
|---|---|
| *Apakah air itu bersih?* (Is the water clean?) | *Ya, air itu bersih.* (Yes, the water is clean.) |
| *Apakah makanan itu lazat?* (Is the food delicious?) | *Ya, makanan itu lazat.* (Yes, the food is delicious.) |
| *Apakah pelajaran itu sukar?* (Is the lesson difficult?) | *Ya, pelajaran itu sukar.* (Yes, the lesson is difficult.) |
| *Apakah anak itu lucu?* (Is the child cute?) | *Ya, anak itu lucu.* (Yes, the child is cute.) |

1. *Apakah bangunan itu tinggi?*
   (Is the building tall?)

2. *Apakah rumah ini rendah?*
   (Is this house low?)

3. *Apakah air itu jernih?*
   (Is the water clear?)

4. *Apakah lampu itu terang?*
   (Is the lamp bright?)

5. *Apakah murid itu pintar?*
   (Is the student clever?)

6. *Apakah sungai itu dalam?*
   (Is the river deep?)

7. *Apakah taman itu indah?*
   (Is the garden beautiful?)

8. *Apakah kembang itu wangi?*
   (Is the flower fragrant?)

9. *Apakah kamar itu gelap?*
   (Is the room dark?)

10. *Apakah meja itu berat?*
    (Is the table heavy?)

*Exercise 4.* Change the following statements into questions.

e.g.

| Statement | Question |
|---|---|
| *Hakim itu adil.* (The judge is fair.) | *Apakah hakim itu adil?* (Is the judge fair?) |
| *Tebu itu manis.* (The sugarcane is sweet.) | *Apakah tebu itu manis?* (Is the sugarcane sweet?) |
| *Mahasiswa itu lelah.* (The student is tired.) | *Apakah mahasiswa itu lelah?* (Is the student tired?) |
| *Masakan itu hambar.* (The food is tasteless.) | *Apakah masakan itu hambar?* (Is the food tasteless?) |

1. *Pekerja itu cekap.*
   (The worker is competent.)

2. *Ketua itu teliti.*
   (The chief is thorough.)

3. *Perempuan itu sabar.*
   (The woman is patient.)

4. *Danau itu dangkal.*
   (The lake is shallow.)

5. *Orang itu bodoh.*
   (The man is stupid.)

6. *Perajin itu cerdik.*
   (The craftsman is clever.)

7. *Ibu Yusuf cemas.*
   (Yusuf's mother is anxious.)

8. *Pekerja asing itu sial.*
   (The foreign worker is unlucky.)

9. *Masakan itu pedas.*
   (The food is spicy.)

10. *Minuman itu panas.*
    (The drink is hot.)

## 3C. Grammar

### Adjectives

An adjective is a word used to describe a noun or a pronoun and is always placed behind the noun or pronoun it describes.

e.g.

| | | |
|---|---|---|
| *kamar besar* | *orang muda* | *gambar cantik/bagus* |
| (big room) | (young person) | (beautiful picture) |
| *anak gemuk* | *pelajar rajin* | |
| (fat child) | (diligent student) | |

When an adjective is used in a sentence, it can be preceded by words signifying 'very' such as *amat*, *sungguh* and *sangat*; or followed by words meaning 'really', 'truly' and 'indeed' such as *sekali*, *betul* and *benar*. It can, of course, be preceded by *agak* (rather) too.

e.g. *Kamar itu **amat** besar/luas.*
(The room is very big.)

*Laki-laki itu **sangat** muda.*
(The man is very young.)

*Gambar itu bagus **sekali**.*
(The picture is very beautiful.)

*Anak laki-laki itu gemuk **benar**.*
(The boy is really fat.)

*Laki-laki itu **agak** tinggi.*
(The man is rather tall.)

An adjective has three degrees of comparison. The comparison is expressed by the use of *sama ... dengan* (as ... as) for positive degree, *lebih ... daripada* (more ... than) or *tidak ... se* (not ... as) for comparative degree, and *paling* (most) for superlative degree.

e.g.

*Saya tinggi.*  *Samad **sama tingginya dengan** saya.*
(I am tall.)   (Samad is as tall as I am.)

*Ali **lebih tinggi dari** saya.*
(Ali is taller than I am.)

*Sumadi **tidak setinggi** saya.*
(Sumadi is less tall than I am.)

*Aldi **paling** tinggi.*
(Aldi is the tallest.)

*Ayah saya kaya.*  *Ayah Ahmad **sama kayanya dengan** ayah*
(My father is rich).   *saya.*
(Ahmad's father is as rich as my father.)

*Ayah Ali **lebih kaya dari** ayah saya.*
(Ali's father is richer than my father.)

*Ayah Sumadi **tidak sekaya** ayah saya.*
(Sumadi's father is not as rich as my father.)

*Ayah Aldi **paling** kaya.*
(Aldi's father is the richest.)

*Exercise 5.* Fill in the blanks with suitable adjectives.

1. *Rumah itu _____ .*
   (The house is _____ .)

2. *Rumah _____ itu ialah rumah Pak Yahya.*
   (That _____ house is Mr. Yahya's house.)

3. *Anak itu _____ .*
   (The child is _____ .)

4. *Anak _____ itu kuat makan.*
   (The _____ child eats a lot.)

5. *Rumah saya rumah _____ .*
   (My house is an/a _____ house.)

6. *Rumah _____ saya masih bagus.*
   (My _____ house is still in a good condition.)

7. *Meja itu _____ .*
   (The table is _____ .)

8. *Meja _____ itu bukan meja tulis.*
   (The _____ table is not a writing table.)

9. *Orang laki-laki itu sangat _____ .*
   (The man is very _____ .)

10. *Orang _____ bisa menolong orang lemah.*
    (A _____ person can help a weak person.)

**Note:** Many adjectives can fill in the blanks. Some of them are:-

| | | |
|---|---|---|
| *baru* (new) | *gemuk* (fat) | *jahat* (bad) |
| *sehat* (healthy) | *lama* (old) | *lucu* (cute) |
| *malang* (unlucky) | *galak* (fierce) | *berat* (heavy) |
| *ringan* (light) | *penting* (important) | *bahagia* (happy) |
| *kuat* (strong) | *mampu* (capable) | *sulit* (difficult) |
| *lemah* (weak) | *sopan* (polite) | *sombong* (proud) |
| *angkuh* (arrogant) | *rendah* (low) | *capek* (tired) |

*Exercise 6.* Pick out the adjectives from the following sentences.

1. *Pisau itu tajam.*
   (The knife is sharp.)

2. *Perajurit itu tangkas.*
   (The soldier is skilful.)

3. *Wanita itu betul-betul cemas.*
   (The woman is really worried.)

4. *Kereta api itu cepat.*
   (The train is fast.)

5. *Kapal itu lambat.*
   (The ship is slow.)

6. *Samudra Indonesia dalam sekali.*
   (The Indonesian waters are very deep.)

7. *Gulai ini kurang pedas.*
   (This curry is less spicy.)

8. *Bahasa Indonesia lebih mudah daripada bahasa Inggeris.*
   (Indonesian language is easier than English.)

9. *Bahasa Inggeris sama sukarnya dengan bahasa Cina.*
   (The English language is as difficult as Chinese.)

10. *Bahasa Arab paling sukar.*
    (Arabic is the most difficult.)

## 3D. Word Formation

### Adjective-forming Affixes

*Se-* and *ter-* are two affixes often used to form adjectives.

e.g. *Rumah Ali tidak **sebesar** rumah saya.*
(Ali's house is not as big as my house.)

*Ayah saya **setua** ayah Ahmad.*
(My father is as old as Ahmad's father.)

*Karto adalah murid yang **terpandai**.*
(Karto is the cleverest student.)

*Ayahnya orang yang **terkaya**.*
(His father is the richest man.)

Besides *se-* and *ter-*, some words with the affixes *me-*, *pe-* and *ber-* are also classified as adjectives because they can be preceded by words of comparison like *sangat* and *amat* which mean 'very'.

e.g. *Laki-laki itu **sangat bersopan-santun**.*
(The man is very polite.)

*Wanita itu **sangat penyayang**.*
(The woman is very compassionate.)

*Ibu saya **sangat berhemat**.*
(My mother is very thrifty.)

*Sop itu **sangat berminyak**.*
(The soup is very oily.)

*Cerita itu **sangat menarik**.*
(The story is very interesting.)

*Exercise 7.* Replace the phrases in bold with single words using the affix **se-** or **ter-**.

e.g.

| | |
|---|---|
| *Saya tidak **sama pandainya dengan** Ahmad.* (I am not as clever as Ahmad.) | *Saya tidak **sepandai** Ahmad.* (I am not as clever as Ahmad.) |
| *Ayahnya **sama kayanya dengan** ayah saya.* (His father is as rich as my father.) | *Ayahnya **sekaya** ayah saya.* (His father is as rich as my father.) |
| *Rumah Suyatin **paling besar**.* (Suyatin's house is the biggest.) | *Rumah Suyatin **terbesar**.* (Suyatin's house is the biggest.) |
| *Uangnya **paling sedikit**.* (His money is the least.) | *Uangnya **tersedikit**.* (His money is the least.) |

1. *Gadis itu **sama cantiknya dengan** bidadari.*
   (The girl is as beautiful as a nymph.)

2. *Ali tidak **sama kuatnya dengan** abangnya.*
   (Ali is not as strong as his elder brother.)

3. *Hassan **sama tingginya dengan** abangnya.*
   (Hassan is as tall as his elder brother.)

4. *Laki-laki itu **sama bodohnya dengan** keledai.*
   (The man is as stupid as a donkey.)

5. *Pensil kamu tidak **sama baiknya dengan** pensil saya.*
   (Your pencil is not as good as mine.)

6. *Sekolah itu **paling dekat** dengan rumah saya.*
   (The school is nearest to my house.)

7. *Dia orang yang **paling istimewa**.*
   (He is the most special person.)

8. *Hang Tuah pahlawan Melayu yang **paling dikenal orang**.*
   (Hang Tuah is the most famous of Malay heroes.)

9. *Fatimah anak yang **paling disayangi**.*
   (Fatimah is the most loved child.)

10. *Gunung itu **paling tinggi** di Jawa.*
    (The mountain is the highest in Java.)

*Exercise 8.* Pick out the adjectives from the following sentences.

1. *Perempuan itu sangat pemalu.*
   (The woman is very shy.)

2. *Bapak saya seorang yang agak pendiam.*
   (My father is a rather quiet person.)

3. *Dia seorang perempuan yang sangat pengasih.*
   (She is a very affectionate woman.)

4. *Tuan Basir sangat bersopan-santun.*
   (Mr. Basir is very polite.)

5. *Laki-laki itu sangat berbahaya.*
   (The man is very dangerous.)

6. *Kamus sangat berguna.*
   (A dictionary is very useful.)

7. *Saya sangat (ber)gembira.*
   (I am very happy.)

8. *Abang saya sangat berterima kasih.*
   (My elder brother is very thankful.)

9. *Laki-laki itu sangat bersemangat.*
   (The man is very lively.)

10. *Pegawai itu sangat ramah.*
    (The officer is very friendly.)

# LESSON 4

## 4A. Conversation

### *Salam*
### (Greetings)

Bambang: *Selamat pagi, Pak Ali.*
(Good morning, Mr. Ali.)

Ali: *Selamat pagi, Pak Bambang.*
(Good morning, Mr. Bambang.)

Bambang: *Apa kabar, Pak Ali?*
(How are you, Mr. Ali?)

Ali: *Baik, terima kasih. Bagaimana kabar Pak Bambang?*
(Fine, thank you. How are you, Mr. Bambang?)

Bambang: *Saya juga baik, terima kasih. Bagaimana kabar keluarga Bapak?*
(I am also fine, thank you. How is your family, Mr. Ali?)

Ali: *Keluarga saya baik-baik saja. Isteri saya masih bekerja. Anak-anak saya sudah masuk sekolah.*
(My family is fine. My wife is still working. My children have started school.)

Bambang: *Apa anak-anak Bapak berbicara bahasa Inggeris?*
(Can your children speak English?)

Ali: *Ya, mereka bisa berbicara bahasa Inggeris sedikit tetapi kami selalu memakai bahasa Indonesia.*
(Yes, they can speak English a little but we always use Indonesian.)

## 4B. Structure

Read the following sentences.

| SUBJECT | PREDICATE |
|---|---|
| *Saya* <br> I | *akan pulang.* <br> will return (home). |
| *Dia* <br> He | *mau pergi.* <br> wants to go. |
| *Buku saya* <br> My book | *hilang.* <br> has disappeared. |
| *Matahari* <br> The sun | *belum terbit.* <br> has not yet risen. |
| *Air* <br> The water | *surut.* <br> is subsiding. |

**Note:** The verb in Indonesian does not indicate present or past tenses. *Dia datang* may mean 'He comes/came.' However, auxiliary verbs like *akan* (will/would/shall/should), *sedang* (is/are/was/were ...ing) and *sudah/telah* (has/have/had) are widely used in Indonesian to express tenses. Observe that even with the use of these auxiliary verbs, the main verb remains the same.

*Exercise 1.* Complete the following sentences by adding verb phrases given.

e.g. *Dia* _____ .

    akan pulang      ***Dia akan pulang.***
    (will return      (He will return [home].)
    [home])

| | |
|---|---|
| *akan kembali* (will return) | *Dia **akan kembali**.* (He will return.) |
| *akan keluar* (will go out) | *Dia **akan keluar**.* (He will go out.) |
| *sudah keluar* (has gone out) | *Dia **sudah keluar**.* (He has gone out.) |
| *belum tidur* (not yet sleep) | *Dia **belum tidur**.* (He has not slept yet.) |

1. *sudah lari* (has run away/has run)
2. *sudah masuk* (has entered)
3. *akan sampai* (will arrive)
4. *akan pergi* (will go)
5. *telah pindah* (has moved)
6. *sedang makan* (is eating)
7. *sudah kawin* (has married)
8. *belum bangun* (not yet got up)
9. *sedang tertawa* (is laughing)
10. *belum mandi* (not yet bathed)

*Exercise 2.* Give affirmative answers to the following questions.

e.g.

| *Question* | *Answer* |
|---|---|
| *Jatuhkah dia?* (Did he fall?) | *Ya, dia jatuh.* (Yes, he fell.) |
| *Tinggal di kotakah dia?* (Does he live in town?) | *Ya, dia tinggal di kota.* (Yes, he lives in town.) |
| *Hendak pergikah dia?* (Does he want to go?) | *Ya, dia hendak pergi.* (Yes, he wants to go.) |
| *Sudah makankah dia?* (Has he eaten?) | *Ya, dia sudah makan.* (Yes, he has eaten.) |

1. *Gagalkah dia?*
   (Did he fail?)

2. *Menangkah orang laki-laki itu?*
   (Did the man win?)

3. *Belum sembuhkah dia?*
   (Hasn't he recovered [from illness] yet?)

4. *Telah larikah pencuri itu?*
   (Did the thief get free/away?)

5. *Lupakah dia?*
   (Did he forget?)

6. *Kalahkah dia?*
   (Was he defeated?)

7. *Sudah tamatkah pelajar itu?*
   (Has the student graduated?)

8. *Masih belum siapkah dia?*
   (Is he still not ready?)

9. *Sudah turunkah harga beras?*
   (Has the price of rice fallen?)

10. *Sudah naikkah harga rumah?*
    (Has the price of houses increased?)

**Note**: *Belum* is translated as 'has/have/had not' or 'is/are/was/were not'. (Refer to questions 3 and 8 above.)

*Exercise 3.* Change the following statements into questions.

e.g.

| Statement | Question |
|---|---|
| *Matahari masih belum terbit.* (The sun has not risen yet.) | *Matahari masih belum terbitkah?* (Hasn't the sun risen yet?) |

*Kapal itu sudah tenggelam.*
(The ship has sunk.)

*Kapal itu sudah tenggelamkah?*
(Has the ship sunk?)

*Pensil itu sudah patah.*
(The pencil was already broken.)

*Pensil itu sudah patahkah?*
(Was the pencil already broken?)

*Pohon itu sudah tumbang.*
(The tree has fallen.)

*Pohon itu sudah tumbangkah?*
(Has the tree fallen?)

1. *Toko itu masih belum tutup.*
   (The shop was not closed yet.)

2. *Burung terbang.*
   (Birds fly.)

3. *Rantai itu sudah putus.*
   (The chain has broken.)

4. *Cangkir itu sudah pecah.*
   (The cup has broken.)

5. *Pohon itu sudah tumbuh.*
   (The tree has grown.)

6. *Daun gugur.*
   (Leaves are dropping.)

7. *Bangunan itu sudah roboh.*
   (The building has collapsed.)

8. *Gigi nenek sudah tanggal.*
   (Grandmother's teeth are falling out.)

9. *Harga barang-barang naik.*
   (Prices of things are going up.)

10. *Perniagaan mundur.*
    (Business is declining.)
    E

*Exercise 4.* Answer the following questions by using the words provided.

e.g.

| *Question* | *Answer* |
|---|---|

*Kapan dia mau datang?*
 – *besok*
(When does he want to come?
 – tomorrow)

*Dia mau datang besok.*
(He wants to come tomorrow.)

*Kapan dia pergi?*
 – *kemarin*
(When did he go?
 – yesterday)

*Dia pergi kemarin.*
(He went yesterday.)

*Kapan dia bangun?*
 – *pagi-pagi*
(When did he wake up?
 – in the morning)

*Dia bangun pagi-pagi.*
(He woke up early in the morning.)

*Kapan air surut?*
 – *tadi pagi*
(When did the water subside?
 – this morning

*Air surut tadi pagi.*
(The water subsided this morning.)

1. *Kapan dia bekerja? – hari ini*
   (When does he work? – today)

2. *Kapan dia sakit? – kemarin*
   (When was he sick? – yesterday)

3. *Kapan dia akan sembuh? – lusa*
   (When will he recover? – day after tomorrow)

4. *Kapan dia jatuh? – minggu yang lalu*
   (When did he fall? – last week)

5. *Kapan dia akan pulang? – minggu depan*
   (When will he return? – next week)

6. *Kapan dia akan terbang ke Jakarta? – besok*
   (When will he fly to Jakarta? – tomorrow)

7. *Kapan dia singgah di rumah Anda? – tadi malam*
   (When did he stop by your house? – last night)

8. *Kapan anakmu lahir? – setahun kemudian*
   (When was your child born? – one year later)

9. *Kapan Anda lewat di depan toko itu? – setiap hari*
   (When do you pass by the shop? – every day)

10. *Kapan lampu padam? – jam enam*
    (When did the light go off? – six o'clock)

## 4C.  Grammar

### Pronouns

A pronoun is a word used in place of a noun or nouns, e.g.

*Tuti berkata bahwa **Tuti** akan datang besok.*
(Tuti said that Tuti would come tomorrow.)

*Tuti berkata bahwa **dia** akan datang besok.*
(Tuti said that she would come tomorrow.)

*Ahmad dan saya pergi menonton bioskop. **Ahmad dan saya** sangat senang.*
(Ahmad and I went to see a film show. Ahmad and I were very happy.)

*Ahmad dan saya pergi menonton bioskop. **Kami** sangat senang.*
(Ahmad and I went to see a film show. We were very happy.)

*Murid-murid sedang menyanyi. **Murid-murid** sedang menyanyikan lagu kebangsaan.*
(The pupils are singing. The pupils are singing the national anthem.)

*Murid-murid sedang menyanyi. **Mereka** sedang menyanyikan lagu kebangsaan.*
(The pupils are singing. They are singing the national anthem.)

# Kinds of Pronouns

## (a) Personal Pronouns

There are three classes of personal pronouns: first person, second person and third person. First person pronouns indicate the person who is speaking. Second person pronouns indicate the person spoken to. And third person pronouns indicate the person spoken of. Below is a list of personal pronouns in Indonesian.

| CLASS | SINGULAR | PLURAL |
|---|---|---|
| First person | *saya* (I, me, my) *aku* (I, me, my) | *kita* (we, us, our) *kami* (we, us, our) |
| Second person | *Bapak/Ibu* (you) *Anda* (you, your) *Saudara* (you) *engkau* (you, your) *kamu* (you, your) | *Bapak/Ibu sekalian* (all of you) *Anda sekalian, kalian* (all of you) *Saudara sekalian* (all of you) *engkau sekalian* (all of you) *kamu sekalian* (all of you) |
| Third person | *ia* (he/she, him/her) *dia* (he/she, him/her) *beliau* (he/she, him/her) | *mereka* (they, them, their) |

Personal pronouns should be used carefully, lest we offend the person we speak to. Please note that while *saya* and *aku*; both mean 'I' and 'me', *saya* can be used when speaking to anyone whereas *aku* is used when speaking to intimate friends only. There is also a difference between *kami* and *kita*.

e.g.

***Kami*** *bersahabat baik sejak kecil.*
(We have been good friends since young.) — excluding the person spoken to

*Marilah **kita** pergi ke perpustakaan.*
(Let us go to the library.) — including the person spoken to

The use of second person pronouns is even more difficult. *Engkau* and *kamu* can only be used when speaking to friends or to a younger person. When speaking to a stranger, an older person or one of higher social standing, *Bapak* (for man) and *Ibu* (for woman) are often used.

*Saudara* is used for addressing one's equals or juniors. When addressing one's seniors or persons holding high positions, *Bapak* (literally 'father') and *Ibu* (literally 'mother') are used. About thirty years ago, a new pronoun, *Anda*, was coined in Indonesia. It is now widely used as a general form of address, irrespective of social position, age and sex.

There is practically no difference between *dia* and *ia*. Usually *ia* is used in the written language. *Beliau* is adopted in addressing a respected person or persons of high social standing. *Dia* is often written as *-nya* when joined to a noun.

*Ayah **dia** guru olahraga.*
(His father is a sports teacher.)

***Ayahnya*** *guru olahraga.*
(His father is a sports teacher.)

*Ibu **beliau** guru bahasa.*
(His mother is a language teacher.)

***Ibunya*** *guru bahasa.*
(His mother is a language teacher.)

There is no possessive pronoun in Indonesian, except for the suffix *-nya*. The words stated in the table above are also used as possessive pronouns, e.g.

*Tas itu tas **saya**.*
(That bag is mine [my bag].)

*Dia meletakkan tas**nya** di atas meja.*
(He places his bag on the table.)

*Exercise 5.* Fill in the blanks with suitable pronouns.

e.g.

**Tuti** *seorang pelajar.*
_____ *belajar di sekolah dasar.*
(**Tuti** is a pupil. _____ is studying in a primary school.)

*Tuti seorang pelajar.* **Dia** *belajar di sekolah dasar.*
(Tuti is a pupil. **She** is studying in a primary school.)

**Diman dan Ali** *sopir.*
_____ *menyetir mobil.*
(**Diman and Ali** are drivers. _____ drive cars.)

*Diman dan Ali sopir.* **Mereka** *menyetir mobil.*
(Diman and Ali are drivers. **They** drive cars.)

1. **Ali** *seorang pencuri.* _____ *selalu mencuri uang.*
   (**Ali** is a thief. _____ always steals money.)

2. **Husni dan Sani** *pemilik toko.* _____ *menjual berbagai barang di toko mereka.*
   (**Husni and Sani** are shopowners. _____ sell various things in their shops.)

3. **Saya dan Ramli** *pekerja.* _____ *bekerja di kota.*
   (**Ramli and I** are workers. _____ work in the town.)

4. **Ratna dan Dewi** *wanita.* _____ *tinggal di rumah.*
   (**Ratna and Dewi** are women. _____ stay at home.)

5. ***Rini*** *juru ketik.* _____ *sedang mengetik.*
   (**Rini** is a typist. _____ is typing.)

6. ***Ahmad*** *nakal.* _____ *suka mengganggu teman-temannya.*
   (**Ahmad** is naughty. _____ likes to tease his friends.)

7. ***Murid*** *itu rajin.* _____ *seorang murid yang rajin.*
   (**The student** is hard-working. _____ is a hard-working student.)

8. ***Emilia dan Lastri*** *cantik.* _____ *suka berpakaian bagus.*
   (**Emilia and Lastri** are beautiful. _____ like to dress elegantly.)

9. ***Ahmad dan abangnya*** *mahasiswa.* _____ *belajar di Universitas Indonesia.*
   (**Ahmad and his brother** are undergraduates. _____ study at the University of Indonesia.)

10. ***Wati dan kakaknya*** *sombong.* _____ *sangat kaya.*
    (**Wati and her sister** are arrogant. _____ are very wealthy.)

*Exercise 6.* Fill in the blanks with suitable pronouns.

e.g.

'_____ *datang dari mana?' pegawai itu bertanya.*
('Where do _____ come from?' the officer asked.)

'***Bapak*** *datang dari mana?' pegawai itu bertanya.*
('Where do **you** come from?' the officer asked.)

'_____ *datang dari Sumatra Barat,' jawab Rusli.*
('_____ come from Sumatra Barat,' Rusli answered.

'***Saya*** *datang dari Sumatra Barat,' jawab Rusli.*
('**I** come from Sumatra Barat,' Rusli answered.)

1. '_____ datang dari mana'? pegawai itu bertanya.
   ('Where are _____ from?' ['What kind of people are you?'] the officer asked.)

2. '_____ orang Aceh,' Ibrahim menjawab.
   ('_____ am an Achenese,' Ibrahim answered.)

3. 'Siapa nama _____?' Ali bertanya kepada gadis itu.
   ('What is _____ name?' Ali asked the girl.)

4. 'Nama _____ Siti,' gadis itu menjawab.
   ('_____ name is Siti,' the girl answered.)

5. 'Apa _____ kenal orang itu?'
   ('Do _____ know that person?')

6. 'Tidak, _____ belum pernah melihat dia.'
   ('No, _____ have never seen him.')

7. 'Apa kabar, _____ Suparman?' Maslan bertanya kepada seorang turis dari Jakarta.
   ('How are you, _____ Suparman?' Maslan asked a tourist from Jakarta.)

8. 'Sore ini, _____ beristirahat saja,' kata Ahmad kepada teman-temannya.
   ('This afternoon, let _____ just rest,' Ahmad said to his friends.)

9. 'Jangan mengganggu _____. Saya sedang bekerja,' kata Mahmud kepada adiknya.
   ('Do not disturb _____. I am working,' Mahmud told his younger brother.)

10. Ahmad bertanya kepada laki-laki itu, '_____ mencari apa?'
    (Ahmad asked the man, 'What are _____ looking for?')

## 4D. Word Formation

### Verb-forming Prefix: *me-*

The prefix *me-* is a very important verb-forming affix. Indeed, some linguists argue that all transitive verbs must use the prefix *me-*. But the general opinion is that though the use of *me-* is preferred in formal communication, *me-* is often dropped in informal communication and newspaper headings.

Please note that the prefix *me-* may become *men-*, *mem-*, *meng-*, and *meny-*, depending on the initial letter of the root word. Below are some rules for guidance:

(*a*) *me-* is used when the root word begins with *l*, *m*, *n*, *ng*, *ny*, or *r*. e.g.

| | |
|---|---|
| *Ali sedang **melukis** potret.* (Ali is painting a portrait.) | (*lukis* – to paint) |
| *Kucing itu **memakan** seekor tikus.* (The cat eats a rat.) | (*makan* – to eat) |
| *Anak-anak itu sedang **menunggu** bis.* (The children are waiting for buses.) | (*tunggu* – to wait) |
| *Anak laki-laki itu suka **menganga**.* (The boy likes to open his mouth widely.) | (*nganga* – to open one's mouth widely) |
| *Sandra sedang **menyanyi**.* (Sandra is singing.) | (*nyanyi* – to sing) |
| *Perampok telah **merampok** laki-laki itu.* (A robber has robbed the man.) | (*rampok* – to rob) |

(*b*) *mem-* is used when the root word begins with *b*, *f* or *p*. (*p* is dropped.) e.g.

*Tiap-tiap hari kami **membaca** buku.*   (*baca* – to read)
(Every day we read books.)

*Orang itu sedang **memancing** ikan di tepi sungai.*  (*pancing* – to fish)
(The man is fishing by the river.)

*Mereka **memfokuskan** pembicaraan pada masalah pangan.*  (*fokus* – to focus)
(They focus the discussion on food problems.)

(c) **men-** is used when the root word begins with *c, d, j, z* and *t*. (*t* is dropped.) e.g.

*Suwito sudah **mendengar** kabar baik itu.*  (*dengar* – to listen)
(Suwito heard the good news.)

*Kucing itu **mencuri** seekor ikan.*  (*curi* – to steal)
(The cat steals a fish.)

*Ibu Yusuf **menjual** nasi.*  (*jual* – to sell)
(Yusuf's mother sells rice.)

*Dia **menziarahi** kubur kakeknya.*  (*ziarah* – to visit)
(He visits his grandfather's grave.)

*Kami **menonton** film.*  (*tonton* – to watch)
(We watch a picture.)

(d) **meng-** is used when the root word begins with vowels *a, e, i, o, u*, and the letters *g, h* and *k*. (*k* is dropped.) e.g.

*Dewi **mengajak** saya ke rumahnya.*  (*ajak* – to invite informally)
(Dewi invited me to her house.)

*Saya tidak dapat **mengeja** perkataan itu.*  (*eja* – to spell)
(I cannot spell the word.)

*Adik saya **menginap** di rumah paman.*  (*inap* – to stay)
(My younger brother stayed at uncle's house.)

*Marilah kita **mengobrol** sebentar.*      (*obrol* – to chat)
(Let us chat for a while.)

*Pengukir sedang **mengukir** kayu.*      (*ukir* – to carve)
(The engraver is carving a piece of wood.)

*Adik saya **menggosok** giginya setiap pagi.*      (*gosok* – to brush)
(My younger brother brushes his teeth every morning.)

*Sopir taksi itu **mengendarai** taksinya dengan cepatnya.*      (*kendara* – to drive)
(The taxi driver drives his taxi fast.)

(*e*) **menge-** is used when the root word consists of only one syllable, such as *bom*, *cat* etc. e.g.

*Tentara musuh **mengebom** daerah kita.*      (*bom* – to bomb)
(The hostile army bombs our area.)

*Ayah saya **mengecat** rumah.*      (*cat* – to paint)
(My father paints the house.)

(*f*) **meny-** is used when the root word begins with *s*. (*s* is dropped.) e.g.

*Abang saya **menyuruh** saya mengerjakan pekerjaan itu.*      (*suruh* – to ask)
(My elder brother asked me to do the work.)

*Pembantu **menyapu** lantai.*      (*sapu* – to sweep)
(The helper/maid swept the floor.)

*Exercise 7.* Add the prefix *me, mem-*, or *men-* to the verbs in bold.

1. *Dia sudah **lamar** pekerjaan itu.*
   (He applied for the job.)

2. *Kakak **masak** di dapur.*
   (Elder sister is cooking in the kitchen.)

3. *Ali **jual** dagangan ke seluruh negara.*
   (Ali sells merchandise throughout the country.)

4. *Orang itu sudah **nyatakan** pendapatnya.*
   (The man explained his opinion.)

5. *Orang buta itu **raba** muka anaknya.*
   (The blind man is touching his child's face.)

6. *Ali **bahas** pendapat temannya.*
   (Ali criticised his friends' opinion.)

7. *Saya **pekik** sekuat-kuatnya.*
   (I screamed out loudly.) (as loud as I could.)

8. *Dia sudah **dapat** kabar itu.*
   (He has received the news.)

9. *Kita tidak bisa **tantang** keputusan mahkamah.*
   (We cannot challenge the court's decision.)

10. *Dia **lepa** tembok.*
    (He plastered the wall.)

*Exercise 8.* Add prefix *meng-, menge-*, or *meny-* to the verbs in bold.

1. *Pemuda itu sedang **anggur**.*
   (The young man is at the moment unemployed.)

2. *Dia tidak **erti** makna perkataan itu.*
   (He does not understand the meaning of that word.)

3. *Dia coba **ingat** semua pesan ibunya.*
   (He tries to remember all his mother's advice.)

4. *Teman saya suka **omel**.*
   (My friend likes to grumble.)

5. *Seorang isteri harus tahu **urus** rumah.*
   (A wife should know [how to] look after the house.)

6. *Anjing itu tidak **gigit** orang.*
   (That dog does not bite people.)

7. *Dia tidak **kirim** surat kepada orang tuanya.*
   (He did not send a letter to his parents.)

8. *Dia **ulang** pertanyaannya.*
   (He repeated his question.)

9. *Dia **samar** sebagai seorang polisi.*
   (He disguised himself as a policeman.)

10. *Dia pandai **sajak**.*
    (He is adept at composing poems.)

# LESSON 5

## 5A. Conversation

### *Mengenal Seseorang dengan Lebih Dekat*
### (Getting to Know a Person Better)

Marno: *Selamat pagi, Pak Kasim.*
(Good morning, Mr. Kasim.)

Kasim: *Selamat pagi, Pak Marno.*
(Good morning, Mr. Marno.)

Marno: *Wah, kemarin saya melihat Anda berjalan dengan nona cantik!*
(Yesterday I saw you walking with a pretty girl!)

Kasim: *Oh, ya, itu adik saya.*
(Oh, yes, that was my sister.)

Marno: *Apakah Anda datang dari keluarga besar?*
(Are you from a large family?)

Kasim: *Kami berempat. Saya ada seorang kakak laki-laki, seorang kakak perempuan, saya sendiri dan seorang adik perempuan.*
(There are four of us. I have one elder brother, one elder sister and one younger sister.)

Marno: *Berapa umur adik perempuan Anda?*
(How old is your younger sister?)

Kasim: *Lima belas tahun. Dia masih di sekolah menengah. Mengapa Anda bertanya tentang dia?*
(She is fifteen years old. She is still in secondary school. Why do you ask about her?)

Marno: *Tidak apa-apa. Saya ingin tahu saja.*
(For no reason. I am just keen to know.)

## 5B. Structure

Read the following sentences.

| SUBJECT | PREDICATE | OBJECT |
|---|---|---|
| *Saya* <br> I | *baca* <br> read | *namanya.* <br> his name. |
| *Kamu* <br> You | *belum bantu* <br> have not helped | *orang itu.* <br> the man. |
| *Dia* <br> He | *akan sokong* <br> will support | *usaha itu.* <br> that effort. |
| *Kita* <br> We | *hendak pilih* <br> intend to choose | *orang itu.* <br> that man. |
| *Mereka* <br> They | *mau rebut* <br> wish to fight for | *gelar juara.* <br> the title of champion. |

*Exercise 1.* Substitute the verb in the model sentence with the one given.

e.g. *Saudara bisa **maki** orang itu.*
(You may abuse the man.)

*panggil*     *Saudara bisa **panggil** orang itu.*
(to call)     (You may call the man.)

*tolong*     *Saudara bisa **tolong** orang itu.*
(to help)     (You may help the man.)

*tanya*     *Saudara bisa **tanya** orang itu.*
(to ask)     (You may ask the man.)

*lantik*     *Saudara bisa **lantik** orang itu.*
(to appoint)     (You may appoint the man.)

| | |
|---|---|
| *tangkap* | *Saudara bisa **tangkap** orang itu.* |
| (to arrest) | (You may arrest the man.) |

1. *bela* (to defend)
2. *turut* (to follow)
3. *tuduh* (to accuse)
4. *sewa* (to hire)
5. *cari* (to look for)
6. *terima* (to accept)
7. *tampung* (to accept)
8. *tegur* (to address)
9. *periksa* (to examine)
10. *tanggung* (to guarantee)

*Exercise 2.* Give affirmative answers to the following questions.

e.g.

| Question | Answer |
|---|---|
| *Apakah dia mengejek anak laki-laki itu?* (Did he tease the boy?) | *Ya, dia mengejek anak laki-laki itu.* (Yes, he teased the boy.) |
| *Apakah dia mengganggu gadis itu?* (Did he disturb the girl?) | *Ya, dia mengganggu gadis itu.* (Yes, he disturbed the girl.) |
| *Apakah dia mengusir pengemis itu?* (Did he chase the beggar away?) | *Ya, dia mengusir pengemis itu.* (Yes, he chased the beggar away.) |
| *Apakah dia mencaci-maki pelajar itu?* (Did he scold the student?) | *Ya, dia mencaci-maki pelajar itu.* (Yes, he scolded the student.) |

1. *Apakah dia menghukum penjahat itu?*
   (Did he punish the criminal?)

2. *Apakah dia mengundang guru itu?*
   (Did he invite the teacher?)

3. *Apakah dia melanggar laki-laki itu?*
   (Did he knock down the man?)

4. *Apakah dia mencetak buku itu?*
   (Did he print the book?)

5. *Apakah dia menelepon ayahnya?*
   (Did he telephone his father?)

6. *Apakah dia menyindir sahabat Anda?*
   (Did he tease your friend?)

7. *Apakah polisi mengejar orang itu?*
   (Did the policeman chase after the man?)

8. *Apakah polisi mengenal orang itu?*
   (Did the policeman identify the man?)

9. *Apakah polisi menembak orang itu?*
   (Did the policeman shoot the man?)

10. *Apakah dia memukul binatang itu?*
    (Did he hit the animal?)

*Exercise 3.* Give negative answers to the following questions.

e.g.

| Question | Answer |
| --- | --- |
| *Apakah dia membuang sampah di jalan?* (Did he throw rubbish on the road?) | *Tidak, dia tidak membuang sampah di jalan.* (No, he didn't throw rubbish on the road.) |
| *Apakah dia menyewa rumah itu?* (Did he rent the house?) | *Tidak, dia tidak menyewa rumah itu.* (No, he did not rent the house.) |

*Apakah guru kita memesan buku itu?*
(Did our teacher order the book?)

*Tidak, guru kita tidak memesan buku itu.*
(No, our teacher did not order the book.)

*Apakah pelajar itu menyimpan petanya?*
(Did the student put away his map?)

*Tidak, pelajar itu tidak menyimpan petanya.*
(No, the student didn't put away his map.)

1. *Apakah teman anda meminta buku itu?*
   (Did your friend ask for the book?)

2. *Apakah dia melamar pekerjaan itu?*
   (Did he apply for the job?)

3. *Apakah anak itu menggosok giginya?*
   (Does the child brush his teeth?)

4. *Apakah anak itu menyisir rambutnya?*
   (Does the child comb his hair?)

5. *Apakah wanita itu mencuci pakaian?*
   (Does the woman wash clothes?)

6. *Apakah pekerja itu meminjam uang?*
   (Does the worker borrow money?)

7. *Apakah dia sudah memegang jabatan itu?*
   (Has he held that position?)

8. *Apakah dia sudah memasang lampu?*
   (Has he lit the lamp?)

9. *Apakah Marini sudah menukar baju?*
   (Has Marini changed her dress?)

10. *Apakah ayah melawan orang itu?*
    (Did father fight the man?)

*Exercise 4.* Change the following statements into questions.

e.g.

| *Statement* | *Question* |
|---|---|
| *Dia menulis surat itu.* (He wrote the letter.) | *Apakah dia menulis surat itu?* (Did he write the letter?) |
| *Dia memesan buku itu.* (He ordered the book.) | *Apakah dia memesan buku itu?* (Did he order the book?) |
| *Dia mempelajari perkara itu.* (He studies the matter.) | *Apakah dia mempelajari* perkara *itu?* (Does he study the matter?) |
| *Dia menukar uang itu di bank.* (He changed the money in a bank.) | *Apakah dia menukar uang itu di bank?* (Did he change the money in a bank?) |

1. *Ibu sedang merangkai bunga.*
   (Mother is arranging flowers.)

2. *Dia sedang menggubah lagu.*
   (She is composing a melody.)

3. *Wanita itu sedang mencuci pakaian.*
   (The woman is washing clothes.)

4. *Pak Ali membantah kabar itu.*
   (Mr. Ali contradicts the news.)

5. *Ibu sudah membuka peti itu.*
   (Mother has opened the box.)

6. *Kakak perempuannya belum membungkus nasi.*
   (His elder sister has not wrapped the rice.)

7. *Kakak laki-laki saya sedang mencari dompetnya.*
   (My elder brother is looking for his wallet.)

8. *Ayah menghalau anjing itu.*
   (Father chases the dog away.)

9. *Orang miskin itu sudah menggadaikan rumahnya.*
   (The poor man has mortgaged his house.)

10. *Polisi masih melacak penjahat itu.*
    (The police are still tracking the criminal.)

## 5C. Grammar

### Pronouns (continuation)

*(b) Demonstrative Pronouns*

A demonstrative pronoun indicates the noun replaced or referred to. There are two demonstrative pronouns in Indonesian, namely *ini* (this) and *itu* (that).

e.g.

***Ini** buku.*
(This is a book.)

*Buku **ini** buku saya.*
(This book is mine [literally 'my book'].)

***Itu** mobil.*
(That is a car.)

***Itu** mobil Pak Herman.*
(That is Mr. Herman's car.)

A demonstrative pronoun, when referring to a noun or qualifying it, always comes after the noun. It can also become the subject of a sentence, e.g.

*Ini buku.*

*(c) Interrogative Pronouns*

Interrogative pronouns are used in questions. There are four interrogative pronouns in Indonesian: *siapa* (who/whom) – applied to persons, *apa* (what) – applied to things, *yang mana* (which) and *berapa* (how many/much/etc.).

e.g. ***Siapa** datang?*
(**Who** comes?)

*Saudara mencari **siapa**?*
(**Whom** are you looking for?)

*Dia sedang **apa**?*
(**What** is he doing?)

***Yang mana** buku Saudara?*
(**Which** is your book?)

***Berapa** harga buku itu?*
(**How much** does the book cost?)

**Note:** The last sentence can also be translated as 'What is the price of the book?' However, *berapa* is always used in relation to degree of measurement.

*(d) Relative Pronouns*

There is just one relative pronoun in Indonesian, i.e. *yang* (which/who/whom/that). It is used to join two sentences. This pronoun will be further discussed in the section on complex sentences in Lesson 18.


*Exercise 5.* Fill in the blanks with *siapa* or *apa*.

e.g.

| _____ *guru Saudara?* | ***Siapa** guru Saudara?* |
| (_____ is your teacher?) | (**Who** is your teacher?) |
| *Dia sedang* _____ *?* | *Dia sedang **apa**?* |
| (_____ is he doing?) | (**What** is he doing?) |

1. *Itu buku* _____ *? Itu buku Ali.*
   (_____ book is that? That is Ali's book.)

2. *Itu lagu* _____ *? Itu lagu Indonesia.*
   (_____ song is that? That is an Indonesian song.)

3. *Buku* _____ *itu? Itu buku saya.*
   (_____ book is that? That is my book.)

4. *Buku* _____ *itu? Itu buku pelajaran.*
   (_____ kind of book is that? That is a text book.)

5. _____ *nama orang itu?*
   (_____ is the name of that person?)

6. _____ *nama buku itu?*
   (_____ is the name of the book?)

7. *Kucing memakan* _____ *?*
   (_____ does a cat eat?)

8. _____ *memakan ikan?*
   (_____ eats fish?)

9. *Dokter merawat* _____ *?*
   (_____ is the doctor treating?)

10. _____ *merawat adik saya?*
    (_____ is treating my younger brother?)

*Exercise 6.* Fill in the blanks with **berapa** or **yang mana**.

e.g.

| | |
|---|---|
| _____ *orang datang?* | **Berapa** *orang datang?* |
| (_____ people came?) | (**How many** people came?) |
| _____ *guru Saudara?* | **Yang mana** *guru Saudara?* |
| (_____ is your teacher?) | (**Which** is your teacher?) |

1. _____ *umur anak laki-laki itu?*
   (_____ old is the boy?)

2. _____ *mobil ayah saudara?*
   (_____ is your father's car?)

3. _____ *anak laki-laki yang nakal itu?*
   (_____ is the naughty boy?)

4. _____ *orang yang akan hadir?*
   (_____ people will be present?)

5. _____ *saudara Anda?*
   (_____ many brothers and sisters do you have?)

6. _____ *baju Anda?*
   (_____ your dress?)

7. _____ *teman Saudara?*
   (_____ is your friend?)

8. _____ *adik Amin?*
   (_____ is Amin's brother?)

9. _____ *orang teman Saudara?*
   (_____ people are your friends?)

10. _____ *umurmu?*
    (_____ old are you?)

## 5D. Word Formation

### Verb-forming Prefix: *me-* (continuation)

The prefix *me-* can be added to verbs, nouns and adjectives to form a verb. The prefix *me-* is often used to form transitive verbs in formal communication, but in casual conversation and newspaper headlines it is often dropped. In brief, it is advisable to use the prefix *me-* in formal communication, except for the word *tinggal* (to stay) which, if a prefix *me-* is added to it, will become *meninggal*, meaning to pass away, to die.

The affix *me-*, when added to nouns, has two important meanings:

(*a*) to do something by using the noun as an instrument, e.g.

*Dia sudah **mengunci** pintu.*  =  *Dia sudah **menutup** pintu*
 – *kunci*  **dengan kunci**
 (He has closed the door with a key.)

| | | |
|---|---|---|
| *Lelaki itu sudah **menggunting** rambutnya.*<br>– *gunting* | = | *Lelaki itu sudah **memotong** rambutnya **dengan gunting**.*<br>(The man has cut his hair with a pair of scissors.) |

(*b*) to do something relating to the noun, or to go to a place mentioned by the noun, e.g.

| | | |
|---|---|---|
| *Ibu **menggulai** hari ini*<br>– *gulai* | = | *Ibu **membuat gulai** hari ini.*<br>(Mother is making curry today.) |
| *Besok aku akan **merantau**.*<br>– *rantau* | = | *Besok aku akan **pergi ke rantau**.*<br>(Tomorrow I will go to a foreign land.) |

However, when *me-* is added to adjectives, it acquires the meaning to become like (*menjadi*) or take on the characteristic of the root, e.g.

| | | |
|---|---|---|
| *Rambut ayah saya **memutih**.* | = | *Rambut ayah saya **menjadi putih**.*<br>(My father's hair becomes white.) |
| *Hawa mulai **mendingin**.* | = | *Hawa mulai **menjadi dingin**.*<br>(The climate becomes cold.) |

And when it is added to verbs, it means an activity indicated by the root word as shown.

**Note:** The sign = shows that both sentences carry the same meaning.

*Exercise 7.* Replace the word in bold in the model sentence or phrase by a verb using the prefix *me-*.

e.g.

*Perempuan itu sedang* ***menggosok*** *baju* ***dengan seterika***.
 – *seterika*
(The woman was ironing the clothes with an iron.
 – an iron)

*Perempuan itu sedang* ***menyeterika*** *baju.*
(The woman was ironing the clothes.)

*Dia* ***menyebat*** *anaknya* ***dengan rotan***.
 – *rotan*
(She beats her son with a cane.
 – a cane)

*Dia* ***merotan*** *anaknya.*
(She beats her son.)

1. *Dia* ***memotong*** *kayu itu* ***dengan parang***. – *parang*
   (He chops the wood with a chopper. – chopper)

2. *Nelayan itu* ***menangkap*** *ikan* ***dengan jaring***. – *jaring*
   (The fisherman caught fish with a net. – net)

3. *Adik* ***membersihkan*** *giginya* ***dengan sikat*** – *sikat*
   (Younger brother is cleaning his teeth with a brush. – brush)

4. *Wanita itu* ***menutupi*** *anaknya* ***dengan selimut***. – *selimut*
   (The lady covers her child with a blanket. – blanket)

5. *Abang suka* ***menangkap*** *ikan* ***dengan pancing***. – *pancing*
   (Elder brother likes to catch fish with a rod. – rod)

6. *Bibi saya sedang* ***memasak*** *sayur*. – *sayur*
   (My auntie is cooking vegetables. – vegetables)

7. *Orang tua itu suka* ***menghisap rokok***. – *rokok*
   (The old man likes to smoke cigarettes. – cigarettes)

8. *Kami* ***pergi ke tepi***. – *tepi*
   (We go to the side. – side)

9. *Kami **pergi ke seberang** jalan itu. – seberang*
   (We go to the other side of the road. – the other side)

10. *Salmiah **sedang melukis gambar** di bawah pohon. – gambar*
    (Salmiah is painting a picture under a tree. – picture)

*Exercise 8.* Replace the phrases in bold with single verbs using the affix *me-*.

e.g.

| | |
|---|---|
| *Darahnya **menjadi beku**.* – *beku*. (His blood becomes coagulated. – coagulate) | *Darahnya **membeku**.* (His blood coagulates.) |
| *Kakinya **menjadi bengkak**.* – *bengkak*. (His foot becomes swollen. – swell) | *Kakinya **membengkak**.* (His foot swells.) |

1. *Padi **menjadi kuning**. – kuning*
   (The paddy becomes yellow. – yellow)

2. *Asap **menjadi tebal**. – tebal*
   (The smoke becomes thick. – thick)

3. *Harapannya **menjadi tipis**. – tipis*
   (His hope becomes slim. – slim)

4. *Luka itu **menjadi dalam**. – dalam*
   (The wound becomes deep. – deep)

5. *Bulan sudah **menjadi rendah**. – rendah*
   (The moon has become low. – low)

6. *Perbincangan **menjadi hangat**. – hangat*
   (The discussion is warming up. – warm)

7. *Bayang-bayang itu **menjadi besar**. – besar*
   (The silhouette becomes large. – large)

8. *Pohon itu **menjadi tinggi** dari hari ke hari. – tinggi*
   (The tree becomes taller from day to day. – tall)

9. *Perhubungan kita **menjadi renggang**. – renggang*
   (Our relationship becomes distant. – distant)

10. *Kedua pihak **menjadi rapat**. – rapat*
    (The two parties become intimate. – intimate)

# LESSON 6

## 6A. Conversation

### *Mengunjungi Teman* (Visiting Friends)

Amin: *Selamat pagi.*
(Good morning.)

Ria: *Selamat pagi.*
(Good morning.)

Amin: *Nama saya Amin. Saya ingin bertemu dengan teman saya.*
(My name is Amin. I would like to meet my friend.)

Ria: *Apakah dia bekerja di sini?*
(Is he working here?)

Amin: *Ya, dia bekerja di sini.*
(Yes, he is working here.)

Ria: *Siapa nama teman Bapak?*
(What is the name of your friend?)

Amin: *Namanya Sarwono.*
(His name is Sarwono.)

Ria: *Oh, ya. Sebentar ya, Pak, saya telepon dulu. Halo, Pak Sarwono. Ini ada Pak Amin, teman Bapak. Silakan Pak, saya tunjukkan kamar Pak Sarwono.*
(Oh, yes. Wait a moment while I make a telephone call. Hello, Mr. Sarwono. Mr. Amin, your friend is here. Please follow me, I will show you Mr. Sarwono's room.)

Amin: *Terima kasih.*
(Thank you.)

## 6B. Structure

Read the following sentences.

| SUBJECT | PREPOSITIONAL PHRASE |
|---|---|
| *Dia* <br> He | *ke Jakarta.* <br> goes to Jakarta. |
| *Kakak laki-lakinya* <br> His elder brother | *di rumah.* <br> is at home. |
| *Pembantu saya* <br> My servant | *dari Wonogiri.* <br> is from Wonogiri. |
| *Surat ini* <br> This letter | *dari ayah.* <br> is from father. |
| *Hadiah ini* <br> This gift | *untuk kamu.* <br> is for you. |

*Exercise 1.* Substitute the phrase in the model sentence with phrases given in the exercise.

e.g. *Saya **di sekolah** kemarin.*
(I was at school yesterday.)

*di perpustakaan*      *Saya **di perpustakaan** kemarin.*
(at the library)      (I was at the library yesterday.)

*di universitas*      *Saya **di universitas** kemarin.*
(at the college)      (I was at the college yesterday.)

*tadi pagi*      *Saya di sekolah **tadi pagi**.*
(this morning)      (I was at school this morning.)

1. *di masjid*
   (at the mosque)

2. *di gereja*
   (at the church)

3. *di kantorpos*
   (at the post office)

4. *tadi sore*
   (in the afternoon)

5. *di madrasah*
   (at the religious school)

6. *di laboratorium*
   (at the laboratory)

7. *di laboratorium bahasa*
   (at the language laboratory)

8. *tadi malam*
   (last night)

9. *di bioskop*
   (at the cinema)

10. *di pusat bahasa*
    (at the language centre)


*Exercise 2.* Give affirmative answers to the following questions.

e.g.

| Question | Answer |
| --- | --- |
| *Apakah buku-buku itu di dalam lemari?* (Are the books in the cupboard?) | *Ya, buku-buku itu di dalam lemari.* (Yes, the books are in the cupboard.) |
| *Apakah pelajar itu di perpustakaan?* (Is the pupil in the library?) | *Ya, pelajar itu di perpustakaan.* (Yes, the pupil is in the library.) |

*Apakah surat itu dari ayah?*
(Is the letter from father?)

*Ya, surat itu dari ayah.*
(Yes, the letter is from father.)

*Apakah laki-laki itu dari Bogor?*
(Is the man from Bogor?)

*Ya, laki-laki itu dari Bogor.*
(Yes, the man is from Bogor.)

1. *Apakah Pak Ali ke sekolah?*
   (Is Mr. Ali going to school?)

2. *Apakah kakak perempuan ke pasar?*
   (Is elder sister going to the market?)

3. *Apakah buah-buahan itu di dalam keranjang?*
   (Are the fruits in the basket?)

4. *Apakah surat itu di dalam laci?*
   (Is the letter in the drawer?)

5. *Apakah surat itu dari abang?*
   (Is the letter from elder brother?)

6. *Apakah turis itu dari Malaysia?*
   (Is the tourist from Malaysia?)

7. *Apakah kamus Melayu itu di atas meja?*
   (Is the Malay dictionary on the table?)

8. *Apakah kantorpos itu di depan rumahmu?*
   (Is the post office in front of your house?)

9. *Apakah kantor polisi itu di belakang rumahmu?*
   (Is the police station at the back of your house?)

10. *Apakah masjid itu di sebelah rumahmu?*
    (Is the mosque by the side of your house?)

*Exercise 3.* Change the following statements into questions.

e.g.

| *Statement* | *Question* |
|---|---|
| *Ibu masih di pasar.* (Mother is still at the market.) | *Apakah ibu masih di pasar?* (Is mother still at the market?) |
| *Dosen itu dari Kuala Lumpur.* (The lecturer is from Kuala Lumpur.) | *Apakah dosen itu dari Kuala Lumpur?* (Is the lecturer from Kuala Lumpur?) |
| *Guru itu masih di dalam kelas.* (The teacher is still in the classroom.) | *Apakah guru itu masih di dalam kelas?* (Is the teacher still in the classroom?) |
| *Surat itu di dalam amplop.* (The letter is in the envelope.) | *Apakah surat itu di dalam amplop?* (Is the letter in the envelope?) |

1. *Nelayan itu masih di laut.*
   (The fisherman is still at sea.)

2. *Sarjana itu dari negeri Belanda.*
   (The scholar is from Holland.)

3. *Pasien itu tidak ke kantornya.*
   (The patient did not go to his office.)

4. *Bungkusan ini untuk Anda.*
   (The packet is for you.)

5. *Para tamu masih di pelabuhan udara.*
   (The guests are still at the airport.)

6. *Kertas itu di atas meja.*
   (The paper is on the table.)

7. *Gambar ayah di dinding.*
   (Father's picture is on the wall.)

8. *Cangkir di dapur.*
   (The cups are in the kitchen.)

9. *Bunga di kebun.*
   (Flowers are in the garden.)

10. *Sepatu di dalam kamar tidur.*
    (The shoes are in the bedroom.)

*Exercise 4.* Answer the following questions by using the words supplied.

e.g.

| | |
|---|---|
| *Di mana kamar tidur saya?*<br>– *di belakang*<br>(Where is my bedroom?<br>– at the back) | *Kamar tidur Anda **di belakang**.*<br>(Your bedroom is at the back.) |
| *Di mana kolam renang?*<br>– *di sana*<br>(Where is the swimming pool?<br>– there) | *Kolam renang **di sana**.*<br>(The swimming pool is there.) |
| *Ke mana Anda tadi malam?*<br>– *kota*<br>(Where did you go last night?<br>– town) | *Saya **ke kota** tadi malam.*<br>(I went to the town last night.) |
| *Penceramah itu dari mana?*<br>– *Jakarta*<br>(Where is the speaker from?<br>– Jakarta) | *Penceramah itu dari **Jakarta**.*<br>(The speaker is from Jakarta.) |

1. *Di mana Museum? – di Merdeka Barat*
   (Where is the Museum? – at Merdeka Barat)

2. *Di mana kebun bunga? – di sana*
   (Where is the flower garden? – there)

3. *Di mana teman-teman Ali? – di sini*
   (Where are Ali's friends? – here)

4. *Di mana rumah sakit? – di Jalan Salemba*
   (Where is the hospital? – at Salemba Street)

5. *Ke mana laki-laki itu? – ke kota*
   (Where did the man go? – to the town)

6. *Dari mana wartawan-wartawan itu? – dari Bangkok*
   (Where are the journalists from? – Bangkok)

7. *Di mana pensil saya? – di atas meja*
   (Where is my pencil? – on the table)

8. *Ke mana teman Anda tadi malam? – bioskop*
   (Where did your friend go last night? – cinema)

9. *Dari mana tamu itu? – London*
   (Where is the guest from? – London)

10. *Danau Toba di mana? – di Sumatra*
    (Where is Lake Toba? – in Sumatra)

## 6C. Grammar

### Auxiliary Verbs

Verbs in Indonesian do not have tenses. *Saya pergi* (I go) may also mean 'I went'. However, auxiliary verbs are used in the Indonesian language to express tenses. There are two forms of auxiliary verbs: aspect and modal auxiliary verbs. Below is a list of common auxiliary verbs:-

*(a) Aspect Auxiliaries*

  (*i*)  indicating completed action : ***telah, sudah***
         (has/have/had)

  (*ii*) indicating action which is : ***sedang, tengah, masih***
         or was being carried out     (is/are/was/were ...ing)

(iii) indicating action which is : **akan**
or was to be carried out (shall/should/will/would)

e.g. *Saya **sudah** membaca buku itu.*
(I have/had read the book.)

*Ibu **telah** menjahit baju itu kemarin.*
(Mother has sewn the dress yesterday.)

*Burung itu **sedang** membuat sarang.*
(The bird is/was making a nest.)

*Kakak perempuan **tengah** memasak nasi.*
(Elder sister is/was cooking rice.)

*Adik **masih** tidur.*
(Younger brother is/was still sleeping.)

*Saya **akan** pergi besok.*
(I shall go tomorrow.)

Though the tense is not indicated by the verb, other indications such as time may be stated in the sentence. The sentence *Ibu telah menjahit baju itu kemarin* contains indication as to when the action has taken place i.e. yesterday. It follows that the verb should be in the past tense. Hence, it is acceptable to translate the sentence thus: 'Mother sewed the dress yesterday'. (Note that the verb 'has sewn' is changed to 'sewed'.) This translation is equally applicable to the sentence *Ibu mejahit baju itu kemarin*. However, the auxiliary verb *telah* or *sudah* means 'has/have/had'.

*(b) Modal Auxiliaries*

    (i) expressing ability : ***dapat, bisa***
           (can/could)

    (ii) expressing : ***boleh, mungkin***
        possibility or (may/might)
        permission

    (iii) expressing : ***patut, mesti, harus***
        volition or (should/must/ought to/has(have/
        necessity had) to)

(iv) expressing wish : ***hendak, mau, ingin, kepengin***
(wish(wishes/wished)/want(wants/wanted))

e.g. *Dia **bisa** berbicara bahasa Arab.*
(He can speak Arabic.)

*Saya **dapat** menyelesaikan kerja itu.*
(I can complete the job.)

*Saudara **boleh** pergi sekarang.*
(You may go now.)

*Kita **patut** menolong laki-laki itu.*
(We should help the man.)

*Kita **mesti** menjaga kesehatan diri.*
(We must look after our health.)

*Saudara **harus** menghukum anak nakal itu.*
(You ought to punish that naughty child.)

**Auxiliary verbs** always come before the verbs.

Another word commonly used with verbs is *dengan* (with/by/...ly/to). All verbs in Indonesian can be followed by *dengan*:

e.g. *Dewi makan nasi **dengan** kari.*
(Dewi eats rice with curry.)

*Dia berjalan **dengan** cepat.*
(He walks swiftly.)

*Ali menerima berita itu **dengan** sedih.*
(Ali receives the news sadly.)

*Ibu memasak nasi untuk ayah **dengan** segera.*
(Mother cooks rice for father immediately.)

*Ali sudah berbicara **dengan** Ahmad.*
(Ali has spoken to Ahmad.)

*Exercise 5.* Fill in the blanks with suitable auxiliary verbs.

e.g.

*Amin* _____ *sampai pada jam lima pagi.*
(Amin _____ arrived at 5.00 a.m.)

*Amin* **sudah** *sampai pada jam lima pagi.*
(Amin has arrived at 5.00 a.m.)

*Dia tentu* _____ *mencapai cita-citanya.*
(He certainly _____ achieve his ambition.)

*Dia tentu* **dapat** *mencapai cita-citanya.*
(He certainly can achieve his ambition.)

1. *Rumah itu* _____ *siap dua hari lagi.*
   (The house _____ be ready in two days' time.)
2. *Saya* _____ *menulis surat itu tadi malam.*
   (I _____ written/wrote the letter last night.)
3. *Dia* _____ *melihat rumah itu kemarin.*
   (He _____ seen/saw the house yesterday.)
4. *Dia* _____ *menjadi seorang pengarang.*
   (He _____ to be a writer.)
5. *Dia* _____ *belajar dengan tekun.*
   (He _____ to study diligently.)
6. *Sebentar lagi abang* _____ *pulang dari kerja.*
   (Soon elder brother _____ return from work.)
7. *Kapal itu* _____ *berlayar malam ini.*
   (The ship _____ sail to-night.)
8. *Dia* _____ *pergi ke Bali besok.*
   (He _____ go to Bali tomorrow.)
9. *Kita pasti* _____ *berhasil.*
   (We _____ certainly be successful.)
10. *Ibunya* _____ *datang hari ini.*
    (Her mother _____ come today.)

*Exercise 6.* Fill in the blanks with suitable verbs.

e.g.

| | |
|---|---|
| *Anak itu _____ dengan cepat.* | *Anak itu **berjalan** dengan cepat.* |
| (The boy _____ quickly.) | (The boy walks quickly.) |
| | *Anak itu **berlari** dengan cepat.* |
| | (The boy runs quickly.) |

1. *Dia _____ dengan keras.*
   (He _____ hard.)
2. *Dia _____ surat itu dengan sedih.*
   (He _____ the letter sadly.)
3. *Dia _____ masalah itu dengan saksama.*
   (He _____ the problem thoroughly.)
4. *Saya _____ pilem dengan adik saya.*
   (I _____ a movie with my younger brother.)
5. *Dia _____ dengan sekuat hati.*
   (He _____ loudly.)
6. *Pak Karto _____ masalah itu dengan tenang.*
   (Mr. Karto _____ the problem calmly.)
7. *Halim sedang _____ dengan teman-temannya.*
   (Halim is _____ with her friends.)
8. *Polisi _____ laki-laki itu dengan teliti.*
   (The policeman _____ the man carefully.)
9. *Dia _____ dengan tiba-tiba.*
   (He _____ suddenly.)
10. *Angin laut _____ dengan kencang.*
    (The sea wind _____ strongly.)

**Note:** Many verbs can fill the above blanks. Some of them are:

*bertiup*
  (to blow)
*memeriksa*
  (to examine)
*mengobrol*
  (to chat)
*menjerit*
  (to scream)
*melihat*
  (to see)
*berjalan*
  (to walk)

*berhembus*
  (to blow)
*menanyai*
  (to question)
*meninjau*
  (to look at)
*memekik*
  (to yell)
*membaca*
  (to read)
*berlari*
  (to run)

*datang*
  (to come)
*berunding*
  (to discuss)
*memerhatikan*
  (to watch)
*menonton*
  (to watch)
*menerima*
  (to receive)

## 6D. Word Formation

### Verb-forming Prefix: *ber-*

***Ber-*** is a very important prefix used to form verbs. The prefix ***ber-*** becomes ***be-*** when the root word begins with *r* or its first syllable is *er*. e.g.

*ber + rambut* = *berambut* (to have hair)

*ber + istirahat* = *beristirahat* (to rest)

*ber + kerja* = *bekerja* (to work)

The prefix ***ber-*** can be added to nouns and verbs. When added to nouns, it has three important functions:

(*i*) to possess or to use the things indicated by the noun, e.g.

*Ahmad seorang yang **berharta**. – ada harta*
(Ahmad is a person who possesses property. – to possess property)

*Mereka **berpayung** ke sekolah. – menggunakan payung*
(They use an umbrella to go to school. – to use an umbrella)

(*ii*) to produce the thing indicated by the noun, e.g.

*Pohon itu sedang **bertunas**. – menghasilkan tunas*
(The tree is sprouting. – to produce sprouts)

*Anak laki-laki itu sedang **bersiul**. – menghasilkan siul*
(The boy is whistling. – to produce a whistle)

(*iii*) to do the work indicated by the noun or to work in a place indicated by the noun. e.g.

*Banyak orang desa **berkuli** di kota. – bekerja sebagai kuli*
(Many villagers worked as coolies in town. – to work as a coolie)

*Hampir semua orang desa **bersawah**. – bekerja di sawah*
(Nearly all the villagers worked in the rice field. – to work in the rice field)

*Exercise 7.* Replace the phrases in bold in the model sentence with a verb using the prefix ***ber-***.

e.g.

| | |
|---|---|
| *Ahmad seorang yang **mempunyai harta**.* (Ahmad is a man who possesses property.) | *Ahmad seorang yang **berharta**.* |
| *Kita masih **ada kesempatan**.* (We still have opportunities.) | *Kita masih **berkesempatan**.* |

1. *Kain itu **mempunyai warna** biru.*
   (The cloth is blue-coloured.)

2. *Buku bacaan itu **mempunyai gambar**.*
   (The reader has pictures.)

3. *Rumah itu tidak **mempunyai lampu**.*
   (The house has no lamps.)

4. *Guru itu **mempunyai ilmu**.*
   (The teacher has knowledge.)

5. *Anak laki-laki itu tidak **mempunyai akal**.*
   (The boy has no intelligence.)

6. *Negeri itu tidak **mempunyai raja**.*
   (The country does not have a ruler.)

7. *Lukisan itu tidak **mempunyai mutu**.*
   (The painting has no quality.)

8. *Ayah saya tidak **mempunyai uang**.*
   (My father does not have money.)

9. *Surat itu tidak **mempunyai alamat**.*
   (The letter does not have an address.)

10. *Orang laki-laki itu **mempunyai duit**.*
    (The man has money.)

*Exercise 8.* Replace the phrases in bold in the model sentence with a verb using the prefix ***ber-***.

e.g.

| | |
|---|---|
| *Anak laki-laki itu **menggunakan sepeda** ke sekolah.* (The boy cycles to school.) | *Anak laki-laki itu **bersepeda** ke sekolah.* |
| *Banyak orang **bekerja di toko-toko** di kota.* (Many people work in shops in town.) | *Banyak orang **bertoko** di kota.* |

1. *Anak laki-laki itu tidak **memakai sepatu** ke sekolah.*
   (The boy does not wear shoes to school.)

2. *Lemari itu tidak **mempunyai cermin**.*
   (The cupboard has no mirror.)

3. *Orang laki-laki itu suka **memberi pidato**.*
   (The man likes to give speeches.)

4. *Kakak saya suka **memakai baju batik**.*
   (My elder sister likes to wear batik dresses.)

5. *Kami **mengendarai mobil** ke Jakarta.*
   (We drive to Jakarta.)

6. *Orang laki-laki itu **memakai kaca mata hitam**.*
   (The man wears black spectacles.)

7. *Sarjana itu suka **memberi ceramah**.*
   (The scholar likes to give lectures.)

8. *Abang bersedia **bekerja sebagai kuli**.*
   (Elder brother is ready to work as a coolie.)

9. *Musim hujan banyak nelayan **bekerja di ladang**.*
   (During the rainy season many fishermen work on the farms.)

10. *Sudah dua tahun dia **bekerja di toko**.*
    (For two years he has been working in a shop.)

# LESSON 7

## 7A. Conversation

### *Berkenalan*
### (Acquaintance)

Tomi: *Maaf, siapa nama Saudara?*
(Excuse me, what is your name?)

Hadi: *Nama saya Hadi. Dan Saudara?*
(My name is Hadi. What's yours?)

Tomi: *Nama saya Tomi. Apa pekerjaan Saudara?*
(My name is Tomi. What is your occupation?)

Hadi: *Saya pelajar.*
(I am a student.)

Tomi: *Oh, Saudara masih belajar? Di mana Saudara belajar?*
(Oh, you are still studying? Where do you study?)

Hadi: *Saya belajar di Sekolah Menengah Serangoon.*
(I study at Serangoon Secondary School.)

Tomi: *Apakah Saudara orang Singapura?*
(Are you a Singaporean?)

Hadi: *Bukan. Saya bukan orang Singapura. Saya orang Indonesia.*
(No. I am not a Singaporean. I am an Indonesian.)

Tomi: *Pantas Saudara pandai berbicara bahasa Indonesia. Mengapa Saudara tidak belajar di Indonesia?*
(No wonder you can speak Indonesian very well. Why didn't you study in Indonesia?)

Hadi: *Ayah saya menyuruh saya belajar di Singapura. Dia mau agar saya pandai bercakap bahasa Inggeris.*
(My father sent me to study in Singapore. He wants me to be able to speak good English.)

Tomi: *Apakah Saudara sudah pandai berbicara bahasa Inggeris sekarang?*
(Can you now speak English well?)

Hadi: *Ya, lumayan.*
(Yes, sufficiently well.)

## 7B. Structure

Read the following sentences carefully.

| SUBJECT | PREDICATE |
|---|---|
| *Ali* <br> Ali | *berbohong.* <br> is lying. |
| *Ahmad* <br> Ahmad | *sedang berenang.* <br> is swimming. |
| *Mereka* <br> They | *sedang berbisik.* <br> are whispering. |
| *Yusuf* <br> Yusuf | *sedang bercerita.* <br> is telling (a story). |
| *Dia* <br> He | *sudah berangkat.* <br> has left. |

*Exercise 1.* Substitute the verb in the model sentence with the one given.

e.g.
*Saya tahu Saudara **bekerja** dengan orang laki-laki itu.*
(I know that you are working with the man.)

*berkawan*
(to befriend)
*Saya tahu Saudara **berkawan** dengan orang laki-laki itu.*
(I know that you are friendly with the man.)

*bertengkar*
(to quarrel)
*Saya tahu Saudara **bertengkar** dengan orang laki-laki itu.*
(I know that you quarrel with the man.)

*bergaul*
(to mix with)
*Saya tahu Saudara **bergaul** dengan orang laki-laki itu.*
(I know that you keep company with the man.)

*berdamai*
(to make peace with)
*Saya tahu Saudara **berdamai** dengan lelaki itu.*
(I know that you have made peace with that man.)

1. *berdebat* (to debate)
2. *bersaing* (to compete with)
3. *bergaul* (to mix with)
4. *bertemu* (to meet)
5. *bertanding* (to compete)
6. *bermusuhan* (to antagonize)
7. *bersahabat* (to befriend)
8. *bersalaman* (to shake hands)
9. *berdiskusi* (to discuss)
10. *bertinju* (to punch each other)

*Exercise 2.* Change the following statements into questions.

e.g.

| *Statement* | *Question* |
| --- | --- |
| *Mereka sedang berjuang.* (They are struggling.) | *Apakah mereka sedang berjuang?* (Are they struggling?) |
| *Dia sedang berburu.* (He is hunting.) | *Apakah dia sedang berburu?* (Is he hunting?) |
| *Mereka sudah berpisah.* (They have separated.) | *Apakah mereka sudah berpisah?* (Have they separated?) |
| *Wanita itu belum bercerai.* (The woman has not been divorced.) | *Apakah wanita itu belum bercerai?* (Hasn't the woman been divorced?) |

1. *Adik sedang berteriak.*
   (Young brother is shouting.)

2. *Mereka itu sudah berkuasa (di seluruh negara.)*
   (They hold power [throughout the country].)

3. *Orang itu sedang bermimpi.*
   (That person is dreaming.)

4. *Wanita itu sedang bernyanyi.*
   (The woman is singing.)

5. *Anak laki-laki itu belum berpuasa.*
   (The boy has not fasted yet.)

6. *Mereka belum bergerak.*
   (They have not moved.)

7. *Pertemuan itu sudah berakhir.*
   (The meeting ended.)

8. *Pertunjukan wayang masih berlangsung.*
   (The puppet show is still going on.)

9. *Mereka akan berpesta.*
   (They will have a party.)

10. *Mereka akan bersatu.*
    (They will unite.)


*Exercise 3.* Give affirmative answers to the following questions.

e.g.

| *Question* | *Answer* |
|---|---|
| *Apakah Saudara bertugas di sini?* (Are you on duty here?) | *Ya, saya bertugas di sini.* (Yes, I am on duty here.) |
| *Apakah dia sedang berdinas di luar negeri?* (Is he on duty in a foreign country?) | *Ya, dia sedang berdinas di luar negeri.* (Yes, he is on duty in a foreign country.) |
| *Apakah Amin sudah berpindah ke Kuala Lumpur?* (Has Amin been moved to Kuala Lumpur?) | *Ya, Amin sudah berpindah ke Kuala Lumpur.* (Yes, Amin has been moved to Kuala Lumpur.) |
| *Apakah mereka sedang berunding di kantor?* (Are they negotiating in the office?) | *Ya, mereka sedang berunding di kantor.* (Yes, they are negotiating in the office.) |

1. *Apakah mereka sedang berkumpul di halaman sekolah?*
   (Are they assembling on the school field?)

2. *Apakah mereka sedang berapat di kantor?*
   (Are they holding a meeting in the office?)

3. *Apakah mereka berdagang di Sumatra?*
   (Are they doing business in Sumatra?)

4. *Apakah Saudara beristirahat di rumah?*
   (Are you resting at home?)

5. *Apakah Saudara bersembahyang di masjid?*
   (Do you pray in a mosque?)

6. *Apakah dia bersembunyi di hutan?*
   (Is he hiding in the jungle?)

7. *Apakah wanita itu berdandan di kamar?*
   (Is the woman adorning herself in the room?)

8. *Apakah gadis itu berhias di depan cermin?*
   (Is the girl dressing up in front of the mirror?)

9. *Apakah orang itu sedang bercukur di kamar?*
   (Is that person shaving in the room?)

10. *Apakah prajurit sedang bertahan di kubu?*
    (Are the soldiers holding out at the fort?)


*Exercise 4.*   Answer the following questions by using the phrases supplied.

e.g.

*Ayah sedang berbaring di mana?*
  *– di kamar tidur*
(Where is father lying down?
  – in the bedroom)

*Ayah sedang berbaring di kamar tidur.*
(Father is lying down in the bedroom.)

*Ibu berbelanja di mana?*
  *– di toko makanan*
(Where does mother shop?
  – in a provision shop)

*Ibu berbelanja di toko makanan.*
(Mother shops in a provision shop.)

*Orang laki-laki itu sedang berceramah di mana?*
  *– di sekolah*
(Where is the man giving a talk?
  – at a school)

*Orang laki-laki itu sedang berceramah di sekolah.*
(The man is giving a talk at a school.)

*Guru kita sedang berlibur di mana?*
  *– di tepi pantai*
(Where is our teacher holidaying?
  – near the seaside)

*Guru kita sedang berlibur di tepi pantai.*
(Our teacher is holidaying near the seaside.)

1. *Guru itu berdiri di mana? – di depan kelas*
   (Where does the teacher stand? – in front of the class)

2. *Bis itu berhenti di mana? – di depan perpustakaan*
   (Where did the bus stop? – in front of the library)

3. *Murid-murid berhimpun di mana? – di halaman sekolah*
   (Where do the pupils assemble? – in the school field)

4. *Tamu kita bermalam di mana? – di hotel*
   (Where did our guest spend the night? – in a hotel)

5. *Pembantu bergurau di mana? – di belakang rumah*
   (Where did the servants chat and joke? – at the back of the house)

6. *Perahu itu berlayar ke mana? – ke Sumatra*
   (Where did the boat sail to? – to Sumatra)

7. *Mereka berkemah di mana? – di Bali*
   (Where did they camp? – in Bali)

8. *Peraturan itu berlaku di mana? – di seluruh daerah*
   (Where are the regulations valid? – in the entire area)

9. *Ali berlindung di mana? – di bawah pohon*
   (Where did Ali take shelter? – beneath a tree)

10. *Amin berlatih di mana? – di Bandung*
    (Where did Amin undergo his training? – in Bandung)

## 7C. Grammar

### Active Voice and Passive Voice

There are two types of verbs in Indonesian: transitive verbs and intransitive verbs. A transitive verb is one that acts upon an object. The verbs illustrated in the *Structure* section of Lessons 5, 9, and 10 are transitive verbs. On the other hand an intransitive verb denotes an action that is not performed on an object. The verbs discussed in section B of this lesson and Lessons 4 and 8 are intransitive verbs.

Transitive verbs have voices. A verb is said to be in the active voice when the subject of the verb is performing the action indicated by the verb.

e.g. *Ali **membaca** buku itu.*
(Ali reads the book.)

*Anjing **mengejar** orang itu.*
(A dog chases the man.)

*Dia sudah **mendengar** berita itu.*
(He has heard the news.)

*Pak Anwar sudah **membeli** rumah itu.*
(Mr. Anwar has bought the house.)

A verb is in the passive voice when it expresses an action performed on its subject. When a verb appears in the passive voice, the prefix *me-* is replaced by *di-* and the performer of the action appears at the end of the sentence. Sometimes the performer is omitted.

e.g.  *Buku itu **dibaca** oleh Ali.*
(The book is read by Ali.)

*Orang laki-laki itu **dikejar** oleh anjing.*
(The man is chased by a dog.)

*Berita itu sudah **didengar** olehnya.*
(The news has been heard by him.)

*Rumah itu sudah **dibeli** oleh Pak Anwar.*
(The house has been bought by Mr. Anwar.)

Please note that *didengar olehnya* is always written *didengarnya*. The third sentence above should therefore read: *Berita itu sudah didengarnya.*

Some linguists argue that the passive voice rule above applies only if the subject is in the third person. If the subject is in the first or second person, it is not applicable. Hence, the following sentences are not acceptable to them.

*Pensil itu **diambil oleh saya**.*
(The pencil was taken by me.)

*Buku itu **diambil olehmu**.*
(The book was taken by you.)

The above sentences have been derived from the following:

*Saya **mengambil** pensil itu.*
(I took the pencil.)

*Kamu **mengambil** buku itu.*
(You took the book.)

The verbs of these two sentences are in active voice. In order to convert them into passive voice, the sentences should be written thus:

e.g.  *Pensil itu **saya ambil**.*
(The pencil, I took.)

*Buku itu **kamu ambil**.*
(The book, you took.)

Readers, especially students sitting for examinations, are strongly advised to learn both rules. Below are more examples on the application of the second rule:

| ACTIVE | PASIVE |
|---|---|
| *Saya **menendang** bola itu.* <br> I kicked the ball. | *Bola itu **saya tendang**.* <br> The ball, I kicked. |
| *Kamu **menendang** bola itu.* <br> You kicked the ball. | *Bola itu **kamu tendang**.* <br> The ball, you kicked. |
| *Aku **menendang** bola itu.* <br> I kicked the ball. | *Bola itu **kutendang**.* <br> The ball, I kicked. |
| *Engkau **menendang** bola itu.* <br> You kicked the ball. | *Bola itu **kautendang**.* <br> The ball, you kicked. |

Please note that *ku* and *kau* are clitic forms of *aku* and *engkau*; and are normally used in passive voice.


*Exercise 5.* Change the following into passive sentences.

e.g.

*Kucing **makan** ikan.*
(Cats eat fish.)

*Ikan **dimakan** kucing.*
(Fish is eaten by cats.)

*Dia **menulis** surat itu.*
(He wrote the letter.)

*Surat itu **ditulisnya**.*
(The letter was written by him.)

1. *Saleh sudah **menulis** surat itu.*
   (Saleh has written the letter.)

2. *Guru selalu **memuji** Anita.*
   (The teacher always praises Anita.)

3. *Puspa sedang **memegang** pensil itu.*
   (Puspa was holding the pencil.)

4. *Pencuri sudah **mencuri** uangnya.*
   (The thief has stolen his money.)

5. *Marini **mencuci** pakaian.*
   (Marini washed clothes.)

6. *Rukmini sedang **menyapu** kelas.*
   (Rukmini is sweeping the classroom.)

7. *Bu Guru Tuti belum **membaca** koran.*
   (Teacher Tuti has not read the newspaper.)

8. *Dia sedang **menanti** temannya.*
   (He is waiting for his friend.)

9. *Ibu sedang **menjahit** baju.*
   (Mother is sewing a dress.)

10. *Ahmad **menolong** orang itu.*
    (Ahmad helped the person.)


*Exercise 6.* Change the following into active sentences.

e.g.

*Buku itu sedang **saya baca**.*  *Saya sedang membaca buku itu.*
(The book, I am reading.)  (I am reading the book.)

*Anjing itu **kamu pukul**.*  *Kamu memukul anjing itu.*
(The dog, you beat.)  (You beat the dog.)

1. *Pohon kelapa itu **saya panjat**.*
   (The coconut tree, I climb.)

2. *Berita itu sudah **saya dengar**.*
   (The news, I have heard.)

3. *Nasi itu sudah **saya makan**.*
   (The rice, I have eaten.)

4. *Karangan itu sudah **kutulis**.*
   (The essay, I have written.)

5. *Surat itu sudah **kamu terima**.*
   (The letter, you have received.)

6. *Kamus itu sudah **kaubawa**.*
   (The dictionary, you have brought.)

7. *Pensilmu sudah **saya pinjam**.*
   (Your pencil, I have borrowed.)

8. *Anak itu **kaupukul**.*
   (The boy, you hit.)

9. *Kopi itu sudah **kuminum**.*
   (The coffee, I have drunk.)

10. *Ayam itu sudah **kamu tangkap**.*
    (The chicken, you have caught.)

## 7D.  Word Formation

### Verb-forming Prefix: *ber-* (continuation)

The prefix ***ber-*** can also be added to verbs. When added to verbs, it has three important functions:

(*i*) reflexive, indicating an action being done on oneself.

> e.g. *Orang itu **berbaring** di tempat tidurnya.*
>    – *membaringkan diri*
> (The man is lying on his bed.
>    – to put himself in a lying position)
>
> *Gadis itu suka **berhias**.*
>    – *menghiaskan diri*
> (The girl likes to use make up.
>    – to apply make up on herself)

(*ii*) reciprocal, indicating an action being done between two persons.

    e.g. *Ahmad **berkelahi** dengan temannya.*
           – *saling berkelahi*
        (Ahmad is fighting with his friend.
           – fight with each other)

        *Rano dan Irwan sedang **bertengkar**.*
           – *saling bertengkar*
        (Rano and Irwan are quarrelling.
           – quarrelling with each other)

        *Kain itu belum **berjahit**.*
           – *dijahit*
        (The cloth has not been sewn.
           – to be sewn)

        *Soal itu tidak **berjawab**.*
           – *dijawab*
        (The question was not answered.
           – to be answered)

In addition, some verbs with the prefix ***ber-*** are different in meaning from their root words. These words can only be memorized.

e.g. *salin*           *Isterinya sudah **bersalin**.*
     (to change)     – *melahirkan anak*
                    (His wife has given birth.
                        – to give birth)

     *angkat*        *Mereka sudah **berangkat** ke Mekah.*
     (to carry)      – *pergi*
                    (They have left for Mecca.
                        – to leave for)

     *tolak*           *Dia akan **bertolak** petang ini*
     (to push)      – *pergi*
                    (He will depart this afternoon.
                        – to depart)

*pulang*  *Ayahnya sudah **berpulang** tahun yang lalu.*
(to return)     – *mati*
                    (His father died last year.
                    – to die)

*Exercise 7.* Add prefix ***ber-*** to the words in bold.

e.g.

| | |
|---|---|
| *Anak laki-laki itu **lari** ke sekolah.* (The boy runs to school.) | *Anak laki-laki itu **berlari** ke sekolah.* |
| *Ahmad **cerai** dengan temannya.* (Ahmad parted with his friend.) | *Ahmad **bercerai** dengan temannya.* |

1. *Aminah **lindung** di belakang gorden.*
   (Aminah is hiding behind the curtain.)

2. *Bapak **cerita** setiap malam.*
   (Father tells stories every night.)

3. *Orang laki-laki itu **tobat**.*
   (The man has repented.)

4. *Gadis itu suka **dandan**.*
   (The girl likes to dress up.)

5. *Bumi kita **putar**.*
   (Our world is rotating.)

6. *Dia tidak berani **suara**.*
   (He dare not speak up.)

7. *Manusia tidak bisa **nafas** di dalam air.*
   (Man cannot breathe in water.)

8. *Pemuda itu tidak mau **anjak** ke tepi.*
   (The young man refuses to move to the side.)

9. *Anak-anak sudah **atur** di padang.*
   (Children have queued up in the field.)

10. *Kami akan **kunjung** ke Singapura.*
    (We will visit Singapore.)

*Exercise 8.* Fill the blanks with suitable words.

e.g.

*Cintanya tidak _____ .*　　　　*Cintanya tidak **berbalas**.*
(His love was not _____ .)　　　(His love was not **reciprocated**.)

*Penerbitan itu _____ di*　　　 *Penerbitan itu **berkantor***
*Jakarta.*　　　　　　　　　　　　*di Jakarta.*
(The publishing house _____　　(The publishing house **has an**
in Jakarta.)　　　　　　　　　　　**office** in Jakarta.)

1. *Liburan sekolah sudah _____ .*
   (The school holiday has _____ .)

2. *Sepeda itu tiada _____ .*
   (The bicycle has no _____ .)

3. *Bangkai itu _____ .*
   (The carcass _____ .)

4. *Pohon itu _____ .*
   (The plant _____ .)

5. *Pendapat mereka _____ .*
   (Their opinion _____ .)

6. *Langit tidak _____ .*
   (The sky has no _____ .)

7. *Rambutan _____ .*
   (Rambutans _____ .)

8. *Pinjaman itu tidak _____ .*
   (The loan has not _____ .)

9. *Buku itu _____ .*
   (The book _____ .)

10. *Surat itu tidak _____ .*
    (The letter has no _____ .)

The blanks may be filled with the following words:

*beralamat* (to have an address)
*berlampu* (to have a lamp)
*berbintang* (to have stars)
*berambut* (to have hair)
*berbuah* (to bear fruits)
*berbukti* (to have proof)
*bergizi* (to be nutritious)
*berbunga* (to bear interest)
*bergambar* (to have illustrations)
*berbeda* (to be different)
*berbau* (to be smelly)
*berakhir* (to end)
*berangin* (to have air)
*beralih* (to shift)
*berbulu* (to have hair)

# LESSON 8

## 8A. Conversation

### *Di Pertemuan*
### (At a Gathering)

Rama: *Saudara Halim, siapakah gadis yang duduk di situ?*
(Mr. Halim, who is the girl sitting there?)

Halim: *Oh, itu juru ketik kami. Ada apa?*
(Oh, that is our typist. Why do you ask?)

Rama: *Saudara kenal dia?*
(Do you know her?)

Halim: *Tentu saja. Kami bekerja di bagian yang sama.*
(Certainly. We work in the same section.)

Rama: *Bisa Saudara kenalkan saya kepada dia?*
(Can you introduce me to her?)

Halim: *Tentu saja! Sekarang?*
(Certainly! Now?)

*[Mereka berjalan ke arah gadis itu.]*
(They walk towards the girl.)

Halim: *Saudari Hetty, ini ada teman ingin berkenalan dengan Saudari.*
(Miss Hetty, here is a friend who would like to make your acquaintance.)

Rama: *Nama saya Rama, Saudari Hetty. Saya senang sekali dapat berkenalan dengan Saudari.*
(My name is Rama, Miss Hetty. I am happy to make your acquaintance.)

Hetty: *Saya Hetty. Saya juga suka berkenalan dengan Saudara.*
(I am Hetty. I am also glad to meet you.)

## 8B. Structure

Read the following sentences carefully.

| SUBJECT | PREDICATE | ADVERBIAL |
|---------|-----------|-----------|
| *Bayi itu* <br> The baby | *sedang merangkak* <br> is crawling | *ke dalam kamar.* <br> into the room. |
| *Anak itu* <br> The child | *tidak menangis* <br> did not cry | *tadi malam.* <br> last night. |
| *Dia* <br> He | *suka menyanyi* <br> likes to sing | *di dalam kamar mandi.* <br> in the bathroom. |
| *Mereka* <br> They | *suka merantau* <br> like to go abroad | *ke Jawa.* <br> to Java. |
| *Pak Sudin* <br> Pak Sudin | *meninggal* <br> passed away | *tahun lalu.* <br> last year. |

*Exercise 1.* Substitute the model verb with the one given.

e.g.
> *Saya **menginap** di rumah sahabat tadi malam.*
> (I stayed at a friend's house last night.)

*menari*
(to dance)
> *Saya **menari** di rumah sahabat tadi malam.*
> (I danced at a friend's house last night.)

*merokok*
(to smoke)
> *Saya **merokok** di rumah sahabat tadi malam.*
> (I smoked at a friend's house last night.)

*menjerit*
(to scream)
> *Saya **menjerit** di rumah sahabat tadi malam.*
> (I screamed at a friend's house last night.)

*melamun*　　*Saya **melamun** di rumah sahabat tadi*
(to engage in　*malam.*
day-dreaming)　(I was day-dreaming at a friend's house
　　　　　　　last night.)

1. *mengantuk* (to be sleepy)
2. *meneriak* (to shout)
3. *mengaso* (to rest)
4. *membisu* (to remain speechless)
5. *mengeluh* (to moan)
6. *menangis* (to cry)
7. *membual* (to gossip)
8. *mengomel* (to grumble)
9. *menguap* (to yawn)
10. *menyanyi* (to sing)

*Exercise 2.* Give affirmative answers to the following questions.

e.g.

| Question | Answer |
| --- | --- |
| *Apakah biaya hidup sudah meningkat?* (Has the cost of living increased?) | *Ya, biaya hidup sudah meningkat.* (Yes, the cost of living has increased.) |
| *Apakah harga barang-barang sudah melambung?* (Have prices of goods soared?) | *Ya, harga barang-barang sudah melambung.* (Yes, prices of goods have soared.) |
| *Apakah harga minyak sudah menurun?* (Has the oil price gone down?) | *Ya, harga minyak sudah menurun.* (Yes, the oil price has gone down.) |

*Apakah berita itu sudah merebak?*
(Has the news spread?)

*Ya, berita itu sudah merebak.*
(Yes, the news has spread.)

1. *Apakah penyakit itu sudah menular?*
   (Has the disease spread?)

2. *Apakah bom itu sudah meledak?*
   (Hasn't the bomb exploded?)

3. *Apakah angin sedang mengamuk?*
   (Is the wind raging?)

4. *Apakah hujan sudah mereda?*
   (Has the rain subsided?)

5. *Apakah pesawat terbang itu sudah mendarat?*
   (Has the plane landed?)

6. *Apakah air sedang mendidih?*
   (Is the water boiling?)

7. *Apakah kaki anak laki-laki itu membengkak?*
   (Is the boy's foot swelling?)

8. *Apakah anjing itu sedang menyalak?*
   (Is the dog barking?)

9. *Apakah peperangan mengganas di seluruh dunia?*
   (Did the war rage over the whole world?)

10. *Apakah perang sudah meletus?*
    (Has a war erupted?)

*Exercise 3.* Change the following statements into questions.

e.g.

| *Statement* | *Question* |
|---|---|
| *Kapal terbang **sudah mendarat**.* (The aeroplane has landed.) | ***Apakah** kapal terbang **sudah mendarat**?* (Has the aeroplane landed?) |
| *Pak Ahmad **suka bepergian**.* (Mr. Ahmad likes to travel.) | ***Apakah** Pak Ahmad **suka bepergian**?* (Does Mr. Ahmad like to travel?) |
| *Orang laki-laki itu **selalu** melancong ke Jawa.* (The man always makes trips to Java.) | ***Apakah** orang laki-laki itu **selalu** melancong ke Jawa?* (Does the man always make trips to Java?) |
| *Dia **bisa** menumpang di rumah sahabatnya.* (He can lodge in his friend's house.) | ***Apakah** dia **bisa** menumpang di rumah sahabatnya?* (Can he lodge in his friend's house?) |

1. *Anak laki-laki itu **suka** mengaji.*
   (The boy likes to recite [the Quran].)

2. *Dia **sudah** mengalah.*
   (He has given in.)

3. *Adik **suka** memancing.*
   (Younger brother likes to fish.)

4. *Orang itu **selalu** mengeluh.*
   (The man always sighs.)

5. *Wanita itu **suka** menghamburkan uang.*
   (The woman likes to squander money.)

6. *Pencuri itu **sudah** menghilang.*
   (The thief has disappeared.)

7. *Mereka **sudah** mempunyai hak memilih.*
   (They have voting rights.)

8. *Penyakit cacar **menular**.*
   (The smallpox disease is spreading.)

9. *Orang itu **sedang** menganggur.*
   (That person is unemployed.)

10. *Rakyat negeri itu **selalu** memberontak.*
    (The people of that country always rebel.)

*Exercise 4.* Answer the following questions by using the words supplied.

e.g.

*Air hujan mengalir ke mana?*
  *– ke dalam selokan*
(Where did the rain water flow?
  – into the ditch)

*Air hujan mengalir ke dalam selokan.*
(The rain water flowed into the ditch.)

*Orang itu mengamuk di mana?*
  *– di pasar*
(Where did that person run amok?
  – at the market)

*Orang itu mengamuk di pasar.*
(That person ran amok at the market.)

*Rumah itu menghadap ke mana?*
  *– ke laut*
(Where does the house face?
  – the sea)

*Rumah itu menghadap ke laut.*
(The house faces the sea.)

*Bajak laut itu merampok di mana?*
  *– di Selat Melaka*
(Where did the pirate commit piracy?
  – in the Straits of Malacca)

*Bajak laut itu merampok di Selat Melaka.*
(The pirate committed piracy in the Straits of Malacca.)

1. *Bola itu melambung ke mana? – ke atas air*
   (Where did the ball bounce to? – onto the water)

2. *Air memancar dari mana? – dari pipa*
   (From where did the water squirt out? – out of the pipe)

3. *Semut-semut sedang merayap di mana? – di lantai*
   (Where are the ants crawling? – on the floor)

4. *Pekerja itu sudah menetap di mana? – di Singapura*
   (Where has the worker settled down? – in Singapore)

5. *Kasim sedang menuntut ilmu di mana? – di universitas*
   (Where is Kasim studying? – at the university)

6. *Ali menoleh ke arah mana? – ke belakang*
   (In which direction did Ali turn his head? – to the rear)

7. *Orang laki-laki itu menyelundup barang ke mana? – ke negeri kita*
   (Where did the man smuggle into? – into our country)

8. *Bom itu meledak di mana? – di tengah kota*
   (Where did the bomb explode? – in the town centre.)

9. *Air hujan menetes dari mana? – dari atap yang bocor*
   (From where did the rain water drip? – from the leaking roof)

10. *Gadis itu melangkah ke mana? – ke depan*
    (Where is the girl heading for? – to the front)

## 8C. Grammar

### Numerals

Numerals are number-bearing words used to modify nouns. Numerals always precede nouns. In other words, a numeral signifies that the word following it is a noun. There are two types of numbers in Indonesian, namely cardinal numbers and ordinal numbers.

Cardinal numbers are further divided into definite cardinal and indefinite cardinal. Examples of definite cardinals are:

| | | | | |
|---|---|---|---|---|
| 0 | *nol* | (zero) | 11 | *sebelas* | (eleven) |
| 1 | *satu* | (one) | 21 | *dua puluh satu* | (twenty-one) |
| 2 | *dua* | (two) | 31 | *tiga puluh satu* | (thirty-one) |
| 3 | *tiga* | (three) | 41 | *empat puluh satu* | (forty-one) |
| 4 | *empat* | (four) | 51 | *lima puluh satu* | (fifty-one) |
| 5 | *lima* | (five) | 61 | *enam puluh satu* | (sixty-one) |
| 6 | *enam* | (six) | 71 | *tujuh puluh satu* | (seventy-one) |
| 7 | *tujuh* | (seven) | 81 | *delapan puluh satu* | (eighty-one) |
| 8 | *delapan* | (eight) | 91 | *sembilan puluh satu* | (ninety-one) |
| 9 | *sembilan* | (nine) | 100 | *seratus* | (one hundred) |
| 10 | *sepuluh* | (ten) | 1,000 | *seribu* | (one thousand) |
| $10^5$ | | 100,000 | *seratus ribu* | (one hundred thousand) |
| $10^6$ | | 1,000,000 | satu juta | (one million) |
| $10^9$ | | 1,000,000,000 | satu milyar | (one billion) |
| $10^{12}$ | | 1,000,000,000,000 | satu trillion | (one trillion) |

Examples of indefinite cardinal numbers are:

*berpuluh-puluh/puluhan* (tens of)

*beratus-ratus/ratusan* (hundreds of)

*beribu-ribu/ribuan* (thousands of)

*tiap/tiap-tiap/setiap* (every)

| | |
|---|---|
| *seluruh* | (whole) |
| *segala/sekalian/semua* | (all) |
| *sedikit* | (few) |
| *beberapa* | (several/few/some) |
| *separuh/setengah* | (half) |
| *banyak* | (many/a lot of) |

Cardinal numbers are usually used with what is generally known as numerical co-efficients. They are gradually being discarded in Indonesian. Some of the commonly used numerical co-efficients are:

*biji* – for fruits

*buah* – for objects of uncertain shape like house, radio etc.

*ekor* – for animals

*orang* – for human beings

*keping* – for objects that are wide and thin, but hard such as picture or biscuit

*helai* – for objects that are soft and wide such as paper or cloth

*bidang* – for things broad and flat, such as land, mats

*batang* – for objects that are long such as pencil, road or river

*butir* – for small and round objects, such as egg

*potong* – for slices of bread

*pucuk* – for slim tube-like objects, such as rifles, also for letters

e.g. *Saya makan **sebutir** telur setiap pagi.*
(I eat an egg every morning.)

*Tiap-tiap pagi Ahmad makan dua **potong** roti.*
(Every morning Ahmad eats two pieces of bread.)

*Sepuluh **orang** temannya sudah berkumpul di rumahnya.*
(Ten of his friends have gathered at his house.)

*Ibu membeli **seekor** ayam.*
(Mother bought a hen.)

*Ayah membeli dua **helai** celana.*
(Father bought two pairs of trousers.)

*Saya ada dua **buah** lemari buku.*
(I have two bookcases.)

An ordinal number is formed when the prefix *ke-* is added to a cardinal number. The ordinal number is followed by the relative pronoun *yang*, which is, however, often dropped:

e.g. *Ahmad menduduki **tempat [yang] kedua**.*
(Ahmad won the second place.)

***Pemenang [yang] ketiga** menerima hadiah uang tunai.*
(The third winner receives a cash award.)

However, when referring to 'the first' the prefix *ke-* is rarely used. Instead, *pertama* is used.

e.g. ***Jilid [yang] pertama** buku itu sedang dijual.*
(not *kesatu*)
(The first volume of the book is on sale.)

Fractions are formed by using the prefix ***per-***.

e.g. ½ *seperdua/setengah* (half)

⅓ *sepertiga* (one-third)

¼ *seperempat* (one-quarter)

¾ *tiga perempat* (three-quarters)

$3^2/_3$ *tiga dua pertiga* (three and two-thirds)

*Exercise 5.* Fill in the blanks with suitable numerical co-efficients.

e.g.

*Saya makan _____ telur setiap pagi.*
(I eat _____ egg every morning.)

*Saya makan **sebutir** telur setiap pagi.*
(I eat **an** egg every morning.)

*Ahmad makan dua _____ roti saja.*
(Ahmad eats two _____ of bread only.)

*Ahmad makan dua **potong** roti sahaja.*
(Ahmad eats two **pieces** of bread only.)

1. *Tadi malam saya membeli lima _____ pensil.*
   (Yesterday I bought five pencils.)

2. *Abdullah ada lima _____ kemeja baru.*
   (Abdullah has five new shirts.)

3. *Ada se _____ tanah kosong di belakang rumah saya.*
   (There is a _____ of empty land behind my house.)

4. *Adik saya adalah se_____ pramuka.*
   (My younger brother is a boy scout.)

5. *Dia memberi saya dua _____ roti.*
   (He gives me two _____ of bread.)

6. *Kucing saya menangkap lima _____ tikus tadi malam.*
   (My cat caught five rats last night.)

7. *Di dalam rumah saya ada tiga _____ kamar tidur.*
   (In my house there are three bedrooms.)

8. *Taib sudah makan tiga _____ durian sendiri.*
   (Taib ate three durians himself.)

9. *Dia menulis namanya di se_____ kertas.*
   (He wrote his name on a _____ of paper.)

10. *Adik saya ada dua _____ gundu.*
    (My younger brother has two marbles.)

Exercise 6. Fill in the blanks with suitable indefinite cardinal numbers.

e.g.

_____ orang menonton bioskop.
(_____ people watch movies.)

**Banyak** orang menonton bioskop.
(Many people watch movies.)

*Bambang ada _____ buku di rumah.*
(Bambang has _____ books at home.)

*Bambang ada **banyak** buku di rumah.*
(Bambang has many books at home.)

1. _____ *kemauan Ahmad dipenuhi oleh ibunya.*
   (_____ Ahmad's wishes are fulfilled by his mother.)

2. *Orang laki-laki itu memberi _____ dari hartanya kepada temannya.*
   (The man gave _____ of his property to his friend.)

3. *Hanya ada _____ orang penonton di perlumbaan itu.*
   (There are only _____ spectators at the competition.)

4. _____ *orang menghadiri rapat umum itu.*
   (_____ people attended the mass meeting.)

5. *Di dalam hutan ada _____ pohon.*
   (In the jungle there are _____ trees.)

6. _____ *murid akan melawat pulau itu.*
   (_____ the pupils will visit the island.)

7. _____ *dunia tahu hal itu.*
   (The _____ world knows about the incident.)

8. _____ *orang akan mati.*

8. _____ *orang akan mati.*
   (_____ people will die.)

9. *Saya hanya ada uang* _____ *di bank.*
   (I have only _____ money in the bank.)

10. *Luas tanah itu* _____ *acre.*
    (The width of the land is _____ acre.)

## 8D. Word Formation

### Verb-forming Prefix: *ter-*

The prefix *ter-*, when added to verbs, will not change the functional form of the root words. The word formed will still remain a verb. However the prefix will modify its meaning. The prefix *ter-* has several functions. The most important ones are:

(*a*) indicating an accidental (*tidak sengaja*) or sudden (*dengan tiba-tiba*) action. e.g.

| | | |
|---|---|---|
| *Ekor kucing **terpijak** olehnya.*<br>(He accidentally stepped on the cat's tail.) | = | *Dia **memijak** ekor kucing **dengan tidak sengaja.*** |
| *Tiang itu **terlanggar** mobil.*<br>(The car collided into the pole accidentally.) | = | *Mobil **melanggar** tiang itu **dengan tidak sengaja.*** |

(*b*) indicating possibility or practicability. e.g.

| | | |
|---|---|---|
| *Gunung tinggi itu tidak **terdaki** oleh kami.*<br>(We are unable to climb the high mountain.) | = | *Kami tidak **dapat mendaki** gunung tinggi itu.* |
| *Peti berat itu tidak **terangkat** oleh Ahmad.*<br>(The heavy box could not be lifted by Ahmad.) | = | *Peti berat itu tidak **dapat diangkat** oleh Ahmad.* |

(c) indicating a completed action. e.g.

*Makanan sudah **tersedia** di atas meja.*
(Food has been served on the table.)
= *Makanan **sudah disediakan** di atas meja.*

*Jendela rumah itu sudah **tertutup**.*
(The windows of the house have been closed.)
= *Jendela rumah itu **sudah ditutup**.*

*Exercise 7.* Replace the phrases in bold with verbs using the prefix *ter-*.

e.g.

*Dia **dengan tidak sengaja mendengar** berita itu.*
(He heard the news unintentionally.)

*Dia **terdengar** berita itu.*

*Dia **dengan tidak sengaja menjumpai** lima juta rupiah di tepi jalan.*
(He accidentally found five million rupiah by the roadside.)

*Dia **terjumpa** lima juta rupiah di tepi jalan.*

1. *Anak laki-laki itu **jatuh dengan tidak sengaja**.*
   (The boy fell accidentally.)

2. *Orang laki-laki itu **dengan tidak sengaja minum** racun.*
   (The man drank poison accidentally.)

3. *Ali **dengan tidak sengaja melihat** pencuri itu.*
   (Ali saw the thief accidentally.)

4. *Dia **dengan tidak sengaja membaca** berita itu.*
   (He read the news accidentally.)

5. *Halimah **dengan tidak sengaja mengambil** buku temannya.*
   (Halimah took her friend's book accidentally.)

6. *Dia **dengan tidak sengaja menyepak** kayu itu.*
   (He kicked the wood accidentally.)

7. *Polisi itu **dengan tidak sengaja menembak** temannya.*
   (The policeman shot his friend accidentally.)

8. *Dia **dengan tiba-tiba ingat** (hendak) pulang ke kampung.*
   (He suddenly thinks of going back to the village.)

9. *Saya **dengan tiba-tiba bangun** pada jam lima.*
   (I suddenly woke up at five.)

10. *Dia **dengan tidak sengaja** tidur di kelas.*
    (He unintentionally fell asleep in the classroom.)

*Exercise 8.* Replace the phrases in bold with verbs using the prefix ***ter-***.

e.g.

| | |
|---|---|
| *Buku itu tidak **dapat dibeli** oleh Ahmad.* (The book could not be bought by Ahmad.) | *Buku itu tidak **terbeli** oleh Ahmad.* |
| *Anak laki-laki itu **sudah dipilih** menjadi pemimpin asrama.* (The boy was chosen as a prefect.) | *Anak laki-laki itu **terpilih** menjadi pemimpin asrama.* |

1. *Pertanyaan itu tidak **dapat dijawab** oleh Ali.*
   (The question could not be answered by Ali.)

2. *Tulisan itu tidak **dapat dibaca** oleh guru.*
   (The writing could not be read by the teacher.)

3. *Hutang itu tidak **dapat dilunasi** oleh negara.*
   (The debt could not be paid by the country.)

4. *Kuman tidak **dapat dilihat** oleh mata kasar.*
   (Germs could not be seen by the naked eyes.)

5. *Suara itu tidak **dapat didengar** oleh kita.*
   (The voice could not be heard by us.)

6. *Pencuri itu **sudah ditangkap**.*
   (The thief has been caught.)

7. *Buku-bukunya **sudah disusun** di atas meja.*
   (His books have been arranged on the table.)

8. *Uangnya **sudah disimpan** dengan baik.*
   (His money has been safely kept.)

9. *Pintu **sudah dikunci**.*
   (The door has been locked.)

10. *Jendela **sudah ditutup**.*
    (The window has been closed.)

# LESSON 9

## 9A. Conversation

### *Kegemaran*
### (Hobbies)

Amin: *Saudara Ali, bolehkah saya bertanya?*
(Mr. Ali, may I ask you a question?)

Ali: *Oh, boleh.*
(Yes, of course.)

Amin: *Apakah kegemaran Saudara?*
(What are your hobbies?)

Ali: *Kegemaran saya ialah mengumpulkan prangko.*
(My hobby is collecting stamps.)

Amin: *Mengapa Saudara suka mengumpul prangko?*
(Why do you like to collect stamps?)

Ali: *Faedah mengumpulkan prangko banyak sekali. Misalnya kita akan tahu sejarah sesuatu negara dan bagaimana rakyatnya hidup. Apakah kegemaran Saudara?*
(There are many advantages of collecting stamps. For example we can learn about the history of a country and how its people live. What are your hobbies?)

Amin: *Kegemaran saya banyak. Saya suka melukis, menari dan menyanyi.*
(My hobbies are many. I like to paint, dance and sing.)

Ali: *Lagu-lagu apa yang paling Saudara sukai?*
(What songs do you like best?)

Amin: *Saya paling suka lagu keroncong.*
(I like folk songs best.)

Ali: *Oh, rupa-rupanya Saudara ini seorang pencinta lagu keroncong.*
(Oh, so it seems you are a lover of folk songs.)

## 9B. Structure

Read the following sentences carefully.

| SUBJECT | VERB + OBJECT | ADVERBIAL |
|---|---|---|
| *Guru* <br> Teacher | *memuji anak itu* <br> praised the child | *kemarin.* <br> yesterday. |
| *Anak itu* <br> The child | *menolong temannya* <br> helped his friend | *di sekolah.* <br> in school. |
| *Wanita itu* <br> The woman | *mencuci rambutnya* <br> washes her hair | *setiap hari.* <br> every day. |
| *Sarjana itu* <br> That scholar | *membaca buku* <br> reads books | *di perpustakaan.* <br> in the library. |
| *Kita* <br> We | *menyokong orang itu* <br> support that person | *dengan sepenuh hati.* <br> whole-heartedly. |

*Exercise 1.* Substitute the verb in the model sentence with the ones given.

e.g. *Kita **mencoba** orang itu.*
(We test that person.)

*membela*      *Kita **membela** orang itu.*
(to defend)      (We defend that person.)

*mengenal*      *Kita **mengenal** orang itu.*
(to recognize)      (We recognize that person.)

| *menyangkal* | *Kita **menyangkal** orang itu.* |
| (to contradict) | (We contradict that person.) |
| *mendidik* | *Kita **mendidik** orang itu.* |
| (to educate) | (We educate that person.) |

1. *mencium* (to kiss)
2. *memeluk* (to embrace)
3. *menghantam* (to hit out)
4. *mengejek* (to mock)
5. *menelepon* (to telephone)
6. *mengejar* (to chase)
7. *memfitnah* (to slander)
8. *menggaji* (to pay)
9. *menggambar* (to make a picture of)
10. *mengganggu* (to disturb)

*Exercise 2.* Give negative answers to the following questions.

e.g.

| | |
|---|---|
| *Apakah dia menuduh orang itu?* (Did he accuse that person?) | *Tidak, dia tidak menuduh orang itu.* (No, he did not accuse that person.) |
| *Apakah pengacara membantu orang itu?* (Did the solicitor help that person?) | *Tidak, pengacara tidak membantu orang itu.* (No, the solicitor did not help that person.) |
| *Apakah hakim mendenda orang itu?* (Did the judge fine that person?) | *Tidak, hakim tidak mendenda orang itu.* (No, the judge did not fine that person.) |
| *Apakah Saudara menipu orang itu?* (Did you cheat that person?) | *Tidak, saya tidak menipu orang itu.* (No, I did not cheat that person.) |

1. *Apakah jururawat merawat pasien itu?*
   (Did the nurse treat the patient?)

2. *Apakah guru itu membimbing muridnya?*
   (Did the teacher guide his students?)

3. *Apakah wanita itu mengasuh anaknya?*
   (Did the woman nurture her child?)

4. *Apakah Saudara mengusik gadis itu?*
   (Did you tease the girl?)

5. *Apakah Saudara menguji murid itu?*
   (Did you test the student?)

6. *Apakah perampok merampok orang itu?*
   (Did the robber rob that person?)

7. *Apakah polisi menembak orang itu?*
   (Did the policeman shoot that person?)

8. *Apakah pengacara itu memanggil saksinya?*
   (Did the solicitor call his witness?)

9. *Apakah dia mencela pegawainya?*
   (Did he criticize his employee?)

10. *Apakah dia menculik saudagar itu?*
    (Did he kidnap the businessman?)

*Exercise 3.* Change the following statements into questions.

e.g.

| Statement | Question |
|---|---|
| *Hakim **sudah** memanggil orang yang bersalah itu.* (The judge has summoned the guilty person.) | ***Apakah** hakim **sudah** memanggil orang yang bersalah itu?* (Has the judge summoned the guilty person?) |

*Kepala sekolah **mau** menghukum anak itu.*
(The principal wants to punish the child.)

***Apakah** kepala sekolah **mau** menghukum anak itu?*
(Does the principal want to punish the child?)

*Dia **dapat** memecat orang itu.*
(He can dismiss that person.)

***Apakah** dia **dapat** memecat orang itu?*
(Can he dismiss that person?)

*Dia **dapat** memaksa orang itu.*
(He can force that person.)

***Apakah** dia **dapat** memaksa orang itu?*
(Can he force that person?)

1. *Ali sudah menjemput orang itu.*
   (Ali has fetched that person.)

2. *Amin dapat membayar orang itu.*
   (Amin can pay that person.)

3. *Orang kampung mau mendukung orang itu.*
   (The kampong folk want to support the man.)

4. *Dokter mau mengoperasi pasien itu.*
   (The doctor wishes to operate on the patient.)

5. *Kita dapat mengepung penjahat itu.*
   (We can surround the criminal.)

6. *Dia sudah menghalau anjing itu.*
   (He has driven the dog away.)

7. *Dia mau menyapa orang itu.*
   (He wishes to speak to that person.)

8. *Wanita itu mau memeluk anaknya.*
   (The woman wants to embrace her child.)

9. *Perempuan itu dapat mengurus anak tirinya.*
   (The woman can look after her step-child.)

10. *Mereka dapat menghasut para karyawan.*
    (They can incite the employees.)

*Exercise 4.* Answer the following questions by using the words supplied.

e.g.

*Kapan dia akan mengundang tamu itu?*
   *– nanti sore*
(When is he going to invite the guest?
   – this evening)

*Dia akan mengundang tamu itu nanti sore.*
(He is going to invite the guest this evening.)

*Kapan dia menyangka orang itu?*
   *– tadi malam*
(When did he suspect the man?
   – last night)

*Dia menyangka orang itu tadi malam.*
(He suspected the man last night.)

*Kapan polisi sudah menangkap pencopet itu?*
   *– minggu lalu*
(When did the police arrest the pickpocket?
   – last week)

*Polisi sudah menangkap pencopet itu minggu lalu.*
(The police arrested the pickpocket last week.)

*Kapan orang itu akan membayar sewa rumahnya?*
   *– minggu depan*
(When will that man pay his rent?
   – next week)

*Orang itu akan membayar sewa rumahnya minggu depan.*
(That man will pay his rent next week.)

1. *Kapan dia menyindir orang itu? – tadi pagi*
   (When did he tease the person? – this morning)

2. *Kapan dokter menyuntik anak itu? – tadi siang*
   (When did the doctor inoculate the child? – this noon)

3. *Kapan dia mengajar anak itu? – tiap-tiap hari*
   (When does he teach the child? – every day)

4. *Kapan dia memberi salam pada orang itu? – kemarin*
   (When did he greet that person? – yesterday)

5. *Kapan dia menghina orang itu? – kemarin dulu*
   (When did he insult that person? – the day before yesterday)

6. *Kapan dia menyiksa orang itu? – tadi malam*
   (When did he torture that person? – last night)

7. *Kapan pemerintah akan melantik orang itu? – minggu depan*
   (When will the government appoint that person? – next week)

8. *Kapan anjing menggigit orang itu? – minggu malam*
   (When did the dog bite that person? – Sunday evening)

9. *Kapan Yusuf mengancam orang itu? – malam minggu*
   (When did Yusuf threaten that person? – Saturday evening)

10. *Kapan pemerintah akan memberikan ganjaran kepada orang itu? – tahun depan*
    (When is the government going to reward that person? – next year)

## 9C. Grammar

### Adverbs

An adverb modifies a verb, an adjective or another adverb. It is this function of the adverb that distinguishes it from other parts of speech.

e.g.

*Bangunan **tinggi** itu bagus.*
(The **tall** building is beautiful.)
[*tinggi* modifies the noun *bangunan*; it is an adjective.]

*Burung itu terbang **tinggi**.*
(The bird flies **high**.)
[*tinggi* modifies the verb flies; it is an adverb.]

***Besok** hari Rabu.*
(**Tomorrow** is Wednesday.)
[*Besok* equates the noun phrase *hari Rabu*; it is a noun.]

*Saudara tidak **bersungguh-sungguh**.*
(You are not **serious**.)
[*bersungguh-sungguh* modifies the pronoun *Saudara*; it is an adjective.]

***Besok** saya datang.*
(**Tomorrow** I will come.)
[*Besok* modifies the verb *datang*; it is an adverb.]

*Kita bekerja **bersungguh-sungguh**.*
(We worked **seriously**.)
[*bersungguh-sungguh* modifies the verb *bekerja*; it is an adverb.]

An adverb can be placed at the front, middle or the end of a sentence. e.g.

1. *Anak itu berlari **dengan cepat**.*
   (The child runs **quickly**.)

   ***Dengan cepat** anak itu berlari.*
   (**Quickly** the child runs.)

   *Anak itu **dengan cepat** berlari.*
   (The child **quickly** runs.)

2. *Ia akan ke kantorpos **besok**.*
   (He will go to the post office **tomorrow**.)

   ***Besok** dia akan pergi ke kantorpos.*
   (**Tomorrow** he will go to the post office.)

   *Dia, **besok**, akan pergi ke kantorpos.*
   (He, **tomorrow,** will go to the post office.)

3. *Ibu sedang memasak **di dapur**.*
   (Mother is cooking **in the kitchen**.)

   ***Di dapur** ibu sedang memasak.*
   (**In the kitchen** mother is cooking.)

   *Ibu, **di dapur**, sedang memasak.*
   (Mother, **in the kitchen**, is cooking.)

The use of adverbs is optional. They can be left out altogether. The sentences above can thus be written as follows:

1. *Anak itu berlari.*
2. *Ia akan pergi ke kantorpos.*
3. *Ibu sedang memasak.*

## Types of Adverbs

(*a*) Adverbs of manner – indicating the manner of action. e.g.

*Dia berjalan **perlahan-lahan**.*
(He walks **slowly**.)

*Kakak laki-laki berkerja **keras**.*
(Elder brother is working **hard**.)

*Hujan turun **dengan tiba-tiba**.*
(Rains fall **suddenly**.)

(b) Adverbs of place – indicating the place of action. e.g.

*Dia tinggal **di sini**.*
(He lives **here**.)

*Wanita itu pergi **ke kota**.*
(The woman goes **to the city**.)

*Ibu sudah datang **dari pasar**.*
(Mother has returned **from the market**.)

(c) Adverbs of time – indicating the time of action. e.g.

*Dia tiba **pagi ini**.*
(He arrived **this morning**.)

*Saya berhenti **sebentar saja**.*
(I stop for **only a while**.)

*Dia **selalu** membaca buku agama.*
(He **always** reads religious books.)

(d) Adverbs of degree – indicating the degree of the adjective.
e.g.

*Malam (itu) **sangat** gelap.*
(The night is **very** dark.)

*Dia sudah gila **betul**.*
(He is **really** mad.)

*Anak itu **amat** pandai.*
(The child is **very** clever.)

*Orang itu kaya **sekali**.*
(That person is **very** rich.)

*Exercise 5.* Take out the adverbs from the following sentences.

e.g.

| | |
|---|---|
| *Dia sudah berangkat ke Kuala Lumpur.* (He has left for Kuala Lumpur.) | *Dia sudah berangkat.* (He has left.) |
| *Anak itu tidur dengan nyenyak.* (The child sleeps soundly.) | *Anak itu tidur.* (The child sleeps.) |

1. *Ali tidur di rumah temannya.*
   (Ali slept in his friend's house.)

2. *Yusuf sedang berjalan-jalan di kebun bunga itu.*
   (Yusuf is strolling in the garden.)

3. *Bayi itu menangis sepanjang malam.*
   (The baby cried the whole night.)

4. *Saya akan berlayar minggu depan.*
   (I will set sail next week.)

5. *Orang itu bercakap lebih dahulu.*
   (The man spoke first.)

6. *Dia sudah menerima surat itu dari kakak laki-lakinya.*
   (He has received the letter from his elder brother.)

7. *Dia meninggalkan tempat itu dengan segera.*
   (He left the place immediately.)

8. *Ibu menyusun bunga di jambangan bunga itu.*
   (Mother is arranging flowers in the flower vase.)

9. *Dia membaca surat itu dengan teliti.*
   (He reads the letter carefully.)

10. *Mereka mengobrol dengan asyik.*
    (They chatted intimately.)

*Exercise 6.* Underline the adverbs of degree in the following sentences.

e.g.

*Saya kurang sehat hari ini.*       *Saya <u>kurang</u> sehat hari ini.*
(I am not well today.)

*Hari ini panas benar.*              *Hari ini panas <u>benar</u>.*
(Today is very hot.)

1. *Gadis itu amat cantik.*
   (The girl is very beautiful.)

2. *Harga buku ini mahal benar.*
   (The price of this book is very high.)

3. *Dia sudah gila betul.*
   (He is really crazy.)

4. *Harga rumah sangat mahal sekarang.*
   (The price of houses is very high now.)

5. *Pelayanan di toko itu kurang memuaskan.*
   (The service at the shop is less satisfying.)

6. *Saya cukup lelah.*
   (I am tired enough.)

7. *Rumah itu bagus sekali.*
   (The house is very good.)

8. *Anak itu terlalu nakal.*
   (The child is too naughty.)

9. *Anak itu terlampau manja.*
   (The child is too pampered.)

10. *Pekerjaan itu hampir selesai.*
    (The work is nearly ready.)

## 9D. Word Formation

### Adverb-forming Affixes: *ter-*, *ber-*, *se-nya*

Adverbs can be formed by reduplication with or without affixation. The most commonly used affixes are ***ter-, ber-*** and ***se-nya***.

e.g. *Dia kawin **diam-diam** saja.*
(He **quietly** married.)

*Mereka masuk (ke) kelas **dua-dua**.*
(They entered the classroom **two by two**.)

*Abang pulang **tergesa-gesa**.*
(Brother goes home **hurriedly**.)

*Dia menangis **terisak-isak**.*
(He **sobbed**.)

*Dia membelanjakan uangnya **sedikit-sedikit**.*
(He spent his money **bit by bit**.)

*Dia makan **berjam-jam** lamanya.*
(He eats **for hours**.)

*Dia tinggal di sana **selama-lamanya**.*
(He lived there **forever**.)

*Buku ini akan siap **selekas-lekasnya** dua hari lagi.*
(The book will be ready in two days at **the earliest**.)

There are adverbs which are formed by the suffix *-nya* or the affix *se-nya* without reduplication.

e.g. ***Sebenarnya*** *saya sudah tinggal dua tahun di sini.*
(**Actually**, I have been living here for two years.)

***Rupanya*** *dia tidak ada di rumah.*
(**Apparently**, he was not at home.)

***Kelihatannya*** *mereka akan berhasil lagi tahun ini.*
(**Evidently**, they are going to succeed again this year.)

***Seyogianya*** *Andalah yang memegang jabatan ini.*
(**By right**, you should be holding this post.)

There are also a few adverbs which take the prefix *se-* and the affix *se-an*.

e.g. *Mereka datang **serempak**.*
(They came **together**.)

*Peristiwa itu berlaku **serentak**.*
(The incident happened **at the same time**.)

*Mereka tidak tidur **semalaman**.*
(They did not sleep **the whole night**.)

*Dia merasa lelah setelah bekerja **seharian**.*
(He feels tired after working **the whole day**.)

*Exercise 7.* Take out the adverbs from the following sentences.

e.g.

| | |
|---|---|
| *Mereka mengerjakan pekerjaan itu dengan hati-hati.* (They did the work carefully.) | *Mereka mengerjakan pekerjaan itu.* (They did the work.) |
| *Dia pergi berhari-hari lamanya.* (He went for days.) | *Dia pergi.* (He went.) |

134

1. *Siang-siang dia sudah datang.*
   (He arrived very early.)

2. *Mereka berdiri tegak-tegak.*
   (They stood upright.)

3. *Dia menatap muka adiknya lama-lama.*
   (He stared at his younger brother for a long time.)

4. *Pria itu berjalan terhuyung-huyung.*
   (The young man walked unsteadily.)

5. *Murid itu belajar dengan rajin.*
   (The student studies diligently.)

6. *Wanita itu menangis tersedu-sedu.*
   (The woman sobbed.)

7. *Semua surat lamaran hendaklah tiba selambat-lambatnya sebelum tanggal 1 Januari.*
   (All applications should arrive by the first of January at the latest.)

8. *Mereka akan tiba selambat-lambatnya setengah jam lagi.*
   (They will arrive in half an hour at the latest.)

9. *Mereka duduk berkelompok-kelompok.*
   (They sat in groups.)

10. *Kita pergi ke sekolah bersama-sama.*
    (We go to school together.)

*Exercise 8.* Underline the adverbs in the following sentences.

e.g.

| | |
|---|---|
| *Sebaiknya kita tidak menjawab pertanyaan itu.* (It is better that we do not answer the question.) | <u>*Sebaiknya*</u> *kita tidak menjawab pertanyaan itu.* |

*Agaknya dia marah tadi malam.*
(Perhaps he was angry last night.)

*<u>Agaknya</u> dia marah tadi malam.*

1. *Barangkali saya tidak dapat hadir hari ini.*
   (Perhaps I cannot come today.)

2. *Semestinya kita taat kepada orang tua.*
   (Certainly we must obey our parents.)

3. *Seharusnya kita menolong orang miskin itu.*
   (Rightly, we must help the poor man.)

4. *Sesungguhnya saya tidak berbohong.*
   (Really, I did not lie.)

5. *Sebetulnya orang laki-laki itu tidak bersalah.*
   (In reality, the man was not guilty.)

6. *Tentu saja dia harus bergembira.*
   (Indeed, he should be merry.)

7. *Sewajarnya seorang isteri menolong suaminya.*
   (Naturally, a wife should help her husband.)

8. *Agaknya betul perkataanmu.*
   (Perhaps your words are correct.)

9. *Rupa-rupanya Lebaran akan jatuh pada hari Sabtu.*
   (Apparently Hari Raya will fall on Saturday.)

10. *Kelihatannya kita kalah lagi.*
    (Evidently, we shall lose again.)

# LESSON 10

## 10A. Conversation

### *Keluarga*
### (Family)

Andi: *Saudara Aziz, boleh saya bertanya?*
(Mr. Aziz, may I ask a question?)

Aziz: *Boleh saja. Apa sih.*
(Yes, please ask.)

Andi: *Berapa umurmu?*
(How old are you?)

Aziz: *Umurku? Dua puluh tahun.*
(My age? Twenty years old.)

Andi: *Di rumahmu ada berapa orang?*
(How many people are there in your house?)

Aziz: *Ada kakek, ayah, ibu, kakak laki-laki dan perempuan.*
(A grandfather, father, mother, an elder brother and an elder sister.)

Andi: *Berapa umur kakekmu? Masih sehat beliau?*
(How old is your grandfather? Is he still healthy?)

Aziz: *Kakek saya? Umurnya delapan puluh tahun, tapi masih sehat.*
(My grandfather? Eighty years old, but still healthy.)

Andi: *Dan ayah-ibumu?*
(And your parents?)

Aziz: *Ayah saya berumur enam puluh tahun dan ibu lima puluh lima.*
(My father is sixty years old and my mother is fifty-five.)

Andi: *Berapa umur kakak-kakakmu?*
(How old are your elder brother and sister?)

Aziz: *Kakak laki-laki saya berumur dua puluh delapan tahun, kakak perempuan saya dua puluh lima. Kenapa?*
(My elder brother is twenty-eight years old and my elder sister is twenty-five. Why?)

Andi: *Saudara beruntung sekali mempunyai dua orang kakak. Saya sama sekali tidak ada kakak atau adik.*
(You are really fortunate to have an elder brother and an elder sister. I do not have a brother or sister at all.)

Aziz: *Ah, tapi kamu kan ada teman.*
(Ah, but you have friends.)

## 10B. Structure

Read the following sentences carefully.

| SUBJECT | VERB + OBJECT | ADVERBIAL |
|---|---|---|
| *Saya* <br> I | *sudah memesan buku itu* <br> ordered the book | *kemarin.* <br> yesterday. |
| *Ali* <br> Ali | *sudah menerima hadiah itu* <br> received the gift | *dua hari yang lalu.* <br> two days ago. |
| *Ibu* <br> Mother | *sedang memasak nasi* <br> is cooking rice | *di dapur.* <br> in the kitchen. |
| *Bapak* <br> Father | *membaca koran* <br> is reading a newspaper | *di kamar tamu.* <br> in the sitting room. |
| *Kakak* <br> Elder sister | *akan menjahit baju itu* <br> will sew the dress | *besok.* <br> tomorrow. |

*Exercise 1.* Substitute the word in bold in the model sentence with those given.

e.g. *Kita akan **mengurus** masalah itu besok.*
(We will deal with the problem tomorrow.)

| | |
|---|---|
| *mencatat* (to note down) | *Kita akan **mencatat** masalah itu besok.* (We will note down the problem tomorrow.) |
| *membahas* (to discuss) | *Kita akan **membahas** masalah itu besok.* (We will discuss the problem tomorrow.) |
| *soal* (the matter) | *Kita akan membahas **soal** itu besok.* (We will discuss the matter tomorrow.) |
| *mempelajari* (to study) | *Kita akan **mempelajari** soal itu besok.* (We will study the matter tomorrow.) |

1. *mendengar* (to hear)
2. *menganalisa* (to analyse)
3. *mengusut* (to investigate)
4. *menyebut* (to mention)
5. *perkara* (matter/case)
6. *memeriksa* (to inquire)
7. *menyelidiki* (to investigate)
8. *meneliti* (to examine)
9. *menimbang* (to consider)
10. *meninjau* (to look at)

*Exercise 2.* Answer the following questions by using the words given.

e.g.

| Question | Answer |
|---|---|
| *Nelayan itu sedang apa?*<br>  – *mengail ikan*<br>(What is the fisherman doing?<br>  – fishing) | *Nelayan itu sedang mengail ikan.*<br>(The fisherman is fishing.) |
| *Orang itu sedang apa?*<br>  – *meminjam uang*<br>(What is the man doing?<br>  – borrowing money) | *Orang itu sedang meminjam uang.*<br>(The man is borrowing money.) |
| *Orang itu sedang apa?*<br>  – *mengendarai sepeda*<br>(What is the man doing?<br>  – riding a bicycle) | *Orang itu sedang mengendarai sepeda.*<br>(The man is riding a bicycle.) |

1. *Sopir itu sedang apa? – menyetir mobil*
   (What is the driver doing? – driving a car)

2. *Para penonton sedang apa? – menonton pilem*
   (What is the audience doing? – watching a picture)

3. *Pengawal itu sedang apa? – mengawal keselamatan*
   (What is the guard doing? – maintaining security)

4. *Pengunjung itu sedang apa? – mengunjungi sekolah-sekolah*
   (What is the visitor doing? – visiting schools)

5. *Perampok itu sedang apa? – merampok sebuah toko*
   (What is the robber doing? – robbing a shop)

6. *Pengemis itu sedang apa? – meminta sedekah*
   (What is the beggar doing? – begging for alms)

7. *Penjaga itu sedang apa? – menjaga rumah*
   (What is the watchman doing? – watching a house)

8. *Penjual itu sedang apa? – menjual buku*
   (What is the seller doing? – selling books)

9. *Pengumpul prangko itu sedang apa? – mengumpulkan prangko*
   (What is the stamp collector doing? – collecting stamps)

10. *Penderma itu sedang apa? – mendermakan darah*
    (What is the donor doing? – donating blood)

*Exercise 3.* Answer the following questions by using the words supplied.

e.g.

| Question | Answer |
|---|---|
| *Tukang kebun itu sedang menanam apa?*<br>*– bunga*<br>(What is the gardener planting?<br>– flowers) | *Tukang kebun itu sedang menanam bunga.*<br>(The gardener is planting flowers.) |
| *Orang itu sedang membelah apa?*<br>*– kayu*<br>(What is the man splitting?<br>– a piece of wood) | *Orang itu sedang membelah kayu.*<br>(The man is splitting a piece of wood.) |

1. *Petani itu sedang menganyam apa? – tikar*
   (What is the farmer plaiting? – a mat)

2. *Orang itu sedang mengasah apa? – pisau*
   (What is the man sharpening? – a knife)

3. *Petani itu sedang membajak apa? – sawah*
   (What is the farmer ploughing? – a paddy field)

4. *Ibu sedang menyuguhkan apa? – kue*
   (What is mother serving? – cake)

5. *Kakak sedang menyediakan apa? – minuman*
   (What is elder sister preparing? – drinks)

6. *Ahmad sedang merayakan apa? – hari ulang tahunnya*
   (What is Ahmad celebrating? – his birthday)

7. *Pemerintah sedang mendirikan apa? – perpustakaan baru*
   (What is the government building? – a new library)

8. *Anak laki-laki itu sedang membongkar apa? – lacinya*
   (What is the boy ransacking? – his drawer)

9. *Bu Limah sedang mencincang apa? – daging*
   (What is Aunt Limah chopping? – meat)

10. *Anak itu sedang mencubit apa? – tangan adiknya*
    (What is the boy pinching? – his younger brother [sister]'s hand)

*Exercise 4.* Change the following statements into questions.

e.g.

| Statement | Question |
|---|---|
| *Dia **mau** membayar hutangnya.* (He wants to pay his debts.) | ***Maukah** dia membayar hutangnya?* (Does he want to pay his debts?) |
| *Dia **boleh** menyimpan uang itu.* (He may keep the money.) | ***Bolehkah** dia menyimpan uang itu?* (May he keep the money?) |

1. *Dia **mau** membalas surat itu.*
   (He wishes to answer the letter.)

2. *Dia **boleh** memakai sepatu kulit.*
   (He may wear leather shoes.)

3. *Dia **ingin** menjaga nama baik sekolah.*
   (He wishes to guard the school's good name.)

4. *Dia **mau** menanam modal di sini.*
   (He wants to invest here.)

5. *Dia **mau** mengulas buku itu.*
   (He wants to review the book.)

6. *Dia **dapat** menolak usul itu.*
   (He can reject the proposal.)

7. *Dia **bisa** mengendarai sepeda itu.*
   (He can ride the bicycle.)

8. *Dia **mau** mempelajari hal itu.*
   (He wants to study the matter.)

9. *Dia **bisa** menyadur cerita itu.*
   (He can re-write the story.)

10. *Dia **dapat** menyebut nama ayahnya.*
    (He can mention his father's name.)

## 10C. Grammar

### Interrogative Adverbs

Interrogative adverbs are interrogative words which require an adverb or an adverbial as an answer. There are four important interrogative adverbs in Indonesian: *bagaimana* (how), *di mana* (where), *kapan* (when) and *mengapa* (why).

e.g.

***Bagaimana** saudara pergi kerja?*
(How do you go to work?)

*Saya pergi kerja **dengan bis**.*
(I go to work by bus.)

***Kapan** saudara sampai?*
(When did you arrive?)

*Saya sampai **kemarin dulu**.*
(I arrived the day before yesterday.)

*Saudara tinggal **di mana**?*
(Where do you live?)

*Saya tinggal **di Jalan Sawo**.*
(I live in Jalan Sawo.)

| | |
|---|---|
| ***Mengapa** anak laki-laki itu menangis?* (Why did the boy cry?) | *Anak laki-laki itu menangis **karena dimarahi** ibunya.* (The boy cried because he was scolded by his mother.) |

Interrogative adverbs can also be formed by certain prepositions such as *untuk* and *dengan* (followed by *apa* or *siapa*).

e.g.

| | |
|---|---|
| ***Untuk apa** dia bekerja keras?* (For what does he work hard?) | *Dia bekerja keras **untuk mencari nafkah**.* (He works hard to earn a living.) |
| ***Untuk siapa** dia membeli kamus itu?* (For whom did he buy the dictionary?) | *Dia membeli kamus itu **untuk anak perempuannya**.* (He bought the dictionary for his daughter.) |
| ***Dengan apa** guru menulis di papan tulis?* (With what does the teacher write on the blackboard?) | *Guru menulis di papan tulis **dengan kapur**.* (The teacher writes with a chalk on the blackboard.) |
| ***Dengan siapa** dia datang?* (With whom did he come?) | *Dia datang **dengan temannya**.* (He came with his friends.) |

Please note that *apa sebab* (what is the reason) is often used as a synonym of *mengapa*. *Mengapa* often becomes *kenapa* in colloquial speech. *Untuk apa* is synonymous with *buat apa*.

*Exercise 5.* Change the following statements into questions by using ***bagaimana, kapan, mengapa*** and ***di mana***.

e.g.

| Statement | Question |
|---|---|
| *Dia mengambil buku itu **dua hari yang lalu**.* | ***Kapan** dia mengambil buku itu?* |

(He took the books two days ago.) | (When did he take the books?)

*Dia menjawab pertanyaan itu **dengan hati-hati**.*
(He answered the question carefully.)

**Bagaimana** *dia menjawab pertanyaan itu?*
(How did he answer the question?)

*Pensil merah itu **di atas meja**.*
(The red pencil is on the table.)

*Pensil merah itu **di mana**?*
(Where is the red pencil?)

*Yusuf tidak datang kemarin **karena pilek**.*
(Yusuf did not come yesterday because of a cold.)

**Mengapa** *Yusuf tidak datang kemarin?*
(Why did Yusuf not come yesterday?)

1. *Dia berlari **dengan cepat**.*
   (He runs quickly.)
2. *Ahmad menyetir mobilnya **dengan kencang**.*
   (Ahmad drives his car fast.)
3. *Mereka akan mengerjakan pekerjaan itu **besok**.*
   (They will carry out the job tomorrow.)
4. *Para tamu sudah datang pada **jam dua belas**.*
   (The guests arrived at twelve o'clock.)
5. *Rumahnya **di luar kota**.*
   (His house is outside the city.)
6. *Mereka berpesta **di pantai**.*
   (They are picnicking at the seaside.)
7. *Dia tinggal di rumah **karena hujan**.*
   (He stayed at home because of the rain.)
8. *Dia mengantuk **karena kurang tidur tadi malam**.*
   (He was sleepy because of insufficient sleep last night.)
9. *Dia tidak datang **sebab sakit**.*
   (He did not come because of illness.)

10. *Kamil tidak membeli barang itu **sebab terlalu mahal**.*
    (Kamil did not buy the thing because it was too expensive.)

*Exercise 6.* Change the following statements into questions by using ***dengan apa/siapa*** or ***untuk apa/siapa***.

e.g.

| Statement | Question |
|---|---|
| *Dia menyusun bunga itu **untuk ibunya**.* (She arranges the flowers for her mother.) | ***Untuk siapa** dia menyusun bunga itu?* (For whom does she arrange the flowers?) |
| *Orang tua itu berjalan **dengan tongkat**.* (The old man walked with a stick.) | ***Dengan apa** orang tua itu berjalan?* (With what did the old man walk?) |

1. *Ahmad selalu berkelahi **dengan temannya**.*
   (Ahmad is always fighting with his friends.)

2. *Azis tinggal di rumah **dengan kakak perempuannya**.*
   (Azis stays at home with his elder sister.)

3. *Dewi makan nasi **dengan sayur**.*
   (Dewi eats rice with vegetables.)

4. *Dia membelah kayu **dengan kapak**.*
   (He splits the wood with an axe.)

5. *Dia pergi ke kota **untuk membeli sepatu**.*
   (He went to town to buy a pair of shoes.)

6. *Dia mencari uang **untuk anak-anaknya**.*
   (He seeks money for his children.)

7. *Dia menelepon kawannya **untuk meminta nasihat**.*
   (He telephoned his friend to ask for advice.)

8. ***Untuk Andalah*** *orang laki-laki itu datang ke mari.*
   (It is for you that the man comes here.)

9. *Dia pergi ke sekolah **dengan bis**.*
   (He goes to school by bus.)

10. *Dia memotong daging **dengan pisau**.*
    (He cuts the meat with a knife.)

## 10D. Word Formation

### Verb-forming Suffix: *-kan*

The suffix *-kan* is an important suffix used to form transitive verbs. It is often used together with the prefix *me-*, forming *me-kan*. There is very little difference between *-kan* and *me-kan*. The only difference may be that suffix *-kan* is often omitted in conversation and imperative sentences.

Th suffix *-kan* can be added to nouns, adjectives and verbs. When it is added to nouns, it has four important functions:

(*a*) causative: to make the object adopt the characteristics of the root word (*menjadikan sebagai*), e.g.

| | |
|---|---|
| *Mereka akan **mencalonkan** Ahmad dalam pemilihan umum ini.* (*calon*: candidate) (They will nominate Ahmad as a candidate in the general election.) | = *Mereka akan **menjadikan** Ahmad **sebagai calon** dalam pemilihan umum ini.* |
| *Dia **mewakilkan** orang lain ke sidang itu.* (*wakil*: representative) (He sent a representative to the meeting.) | = *Dia **menjadikan** orang lain **sebagai wakil** ke sidang itu.* |

(b) to produce (*menghasilkan*), e.g.

> *Percobaan itu tidak **menelurkan** hasil.* (*telur*: an egg)
> (The attempt does not produce any result.)
>
> *Bumi kita **membuahkan** bermacam-macam hasil.* (*buah*: fruit)
> (Our land produces a variety of crops.)

(c) to put the object into the noun represented by the root word (*memasukkan ke dalam*), e.g.

| | | |
|---|---|---|
| *Dia **menyekolahkan** adik perempuannya.* (*sekolah*: school) (He sends his younger sister to school.) | = | *Dia **memasukkan** adik perempuannya **ke sekolah**.* |
| *Panglima Hitam **menyarungkan** kerisnya.* (*sarung*: sheath) (Commander Hitam put his kris into the sheath.) | = | *Panglima Hitam **memasukkan** kerisnya **ke dalam sarung**.* |

(d) to give the object something mentioned in the root word (*memberi*), e.g.

> *Orang itu telah **mendermakan** gajinya untuk anak-anak yatim.* (*derma*: donation)
> (The man gave, as a donation, his salary to the orphans.)
>
> *Guru itu **menghadiahkan** sebuah jam tangan kepada muridnya.* (*hadiah*: gift)
> (The teacher gave, as a gift, a watch to his student.)

When ***me-kan*** is added to an adjective, it also has a causative effect and makes the object acquire the characteristics of the root word (*menyebabkan, menjadikan*.)

e.g.

>*Orang itu akan **membesarkan** rumahnya.* (*besar*: large)
>(The man will enlarge his house.)
>
>*Adik selalu **mengotorkan** meja saya.* (*kotor*: dirty)
>([My] younger brother always dirties my table.)

*Exercise 7.* Replace the phrases in bold with verbs using the affix ***me-kan***.

e.g.

| | |
|---|---|
| *Orang-orang desa **menjadikan** orang baru itu **sebagai imam**.* (*imam*: religious leader) (The villagers make the newcomer an imam.) | = *Orang-orang desa **mengimamkan** orang baru itu.* |
| *Polisi telah **memasukkan** orang jahat itu **ke dalam penjara**.* (*penjara*: prison) (The police imprisoned the criminal.) | = *Polisi telah **memenjarakan** penjahat itu.* |

1. *Dia tidak dapat **memasukkan** anaknya **ke sekolah**.* (*sekolah*: school)
   (He cannot send his son to school.)

2. *Anak itu **memasukkan** uang sakunya **ke dalam tabung**.* (*tabung*: money-box)
   (The child puts his pocket money into the money-box.)

3. *Mereka **memasukkan** buah-buahan **ke dalam kaleng**.* (*kaleng*: tin)
   (They put the fruits into the tin.)

4. *Gembala itu **memasukkan** lembu-lembunya **ke dalam kandang**.* (*kandang*: pen)
   (The shepherd put his cows into the pen.)

5. *Perbuatan pemuda itu **memberi malu kepada** tetangganya.* (*malu*: shame)
   (The young man's behaviour shames his neighbour.)

6. *Dia selalu **memberi nasihat kepada** adik lelakinya supaya rajin bekerja.* (*nasihat*: advice)
   (He always gives advice to his younger brother to work hard.)

7. *Dia tidak pernah **menaruh dendam terhadap** perkara kecil itu.* (*dendam*: resentment)
   (He will not be resentful about a small matter.)

8. *Saya tidak akan **mengeluarkan sepatah kata tentang** masalah itu kepadanya.* (*kata*: word)
   (I have never said a word about the matter to him.)

9. *Asia Tenggara banyak **mengeluarkan hasil** timah.* (*hasil*: produce)
   (Southeast Asia produces tin ore in abundance.)

10. *Mereka **menganggap** Pak Karto **sebagai orang tua**.* (*ketua*: head)
    (They regard Pak Karto as their head.)

*Exercise 8.* Replace the phrases in bold with verbs using the affix *me-kan*.

e.g.

| | | |
|---|---|---|
| *Dia sengaja **menjadikan** suaminya **malas**.* (She deliberately made her husband lazy.) | = | *Dia sengaja **memalaskan** suaminya.* |

*Berita itu tentu akan* **menjadikan** *orang tua saya* ***suka****.*  =  *Berita itu tentu akan* **menyukakan** *orang tua saya.*
(The news will certainly make my parents happy.)

1. *Pengangguranlah yang **menjadikan** saya **susah**.*
   (Unemployment made my life hard.)

2. *Jawaban itu **menjadikan** Ahmad **gusar**.*
   (The answer angered Ahmad.)

3. *Tindakan majikan **menjadikan** para pekerja **kecewa**.*
   (The employer's action disappointed the workers.)

4. *Obat itu bisa **menjadikan** badan kita **kuat**.*
   (The medicine can strengthen our body.)

5. *Kurang tidur dapat **menjadikan** badan **kurus**.*
   (Lack of sleep can cause loss of weight.)

6. *Orang desa beramai-ramai **menjadikan** jalan itu **lebar**.*
   (The villagers work together to widen the road.)

7. *Senam bisa **menjadikan** badan **segar**.*
   (Exercise can refresh the body.)

8. *Dia mencoba **menjadikan** tanah itu **padat**.*
   (He tried to harden the soil.)

9. *Kita bisa **menjadikan** api dapur **kecil** dengan segera.*
   (We can turn the stove down immediately.)

10. *Olahraga bisa **menjadikan** tubuh **sehat**.*
    (Sport can make the body healthy.)

# LESSON 11

## 11A. Conversation

### *Waktu*
### (Time)

Ratno: *Jam berapa sekarang?*
(What is the time now?)

Yunus: *Sekarang sudah jam delapan.*
(It is eight o'clock now.)

Ratno: *Masa! Arloji saya baru menunjukkan jam setengah delapan. Arloji anda mungkin terlalu cepat.*
(Impossible! My watch shows just seven thirty. Your watch may be fast.)

Yunus: *Tidak mungkin. Arloji saya ini arloji baru. Jam berapa kuliah Anda?*
(Impossible. My watch is new. When is your lecture?)

Ratno: *Kuliah saya mulai jam sembilan. Mari, kita pergi sarapan dulu, kemudian kita pergi kuliah bersama-sama. Kuliah Anda jam berapa?*
(My lecture begins at nine o'clock. Let us go for breakfast first, and later go to lectures together. When is your [first] lecture?)

Yunus: *(Kuliah saya) jam sepuluh. Kuliah Anda selesai jam berapa?*
(My lecture is at ten o'clock. Until what time do you have lectures?)

Ratno: *Hari ini sampai jam lima. Kenapa?*
(Today they end at five o'clock. Why?)

Yunus: *Kalau Anda ada waktu, saya ingin mengajak Anda ke rumah Anita, malam ini.*
(If you are free, I would like to ask you to accompany me to Anita's house tonight.)

Ratno: *Ke rumah Anita? Pasti saya ada waktu. Jam berapa kita pergi?*
(To Anita's house? Sure, I have time. At what time shall we go?)

Yunus: *Jam tujuh.*
(At seven o'clock.)

Ratno: *Baik, saya tunggu Anda di kamar saya.*
(Fine, I shall wait for you in my room.)

## 11B. Structure

Read the following sentences carefully.

| SUBJECT | VERB | OBJECT | ADVERBIAL |
|---|---|---|---|
| *Dia* | *sudah menerima* | *surat itu.* | |
| He | has received | the letter. | |
| *Dia* | *sedang merebus* | *kacang.* | |
| She | is boiling | peanuts. | |
| *Halimah* | *memotong* | *kain* | *dengan gunting.* |
| Halimah | cuts | the cloth | with a pair of scissors. |
| *Perempuan itu* | *membungkus* | *nasi* | *dengan daun.* |
| The woman | wraps | the rice | with leaves. |
| *Dia* | *memberi* | *sokongan* | *kepada sekolah itu.* |
| He | gives | support | to the school. |

*Exercise 1.* Substitute the phrase given in the model sentence with those given.

e.g.

|  | *Dia sudah **membalas surat** itu.*<br>(He has replied to the letter.) |
|---|---|
| *menjawab*<br>(to answer) | *Dia sudah **menjawab surat** itu.*<br>(He has answered the letter.) |
| *menyobek*<br>(to tear) | *Dia sudah **menyobek surat** itu.*<br>(He has torn the letter.) |
| *buku*<br>(a book) | *Dia sudah **menyobek buku** itu.*<br>(He has torn the book.) |
| *memesan*<br>(to order) | *Dia sudah **memesan buku** itu.*<br>(He has ordered the book.) |

1. *mencetak* (to print)
2. *mengutip* (to quote)
3. *memeriksa* (to check)
4. *meminjam* (to borrow)
5. *mobil* (a car)
6. *menyewa* (to rent)
7. *rumah* (house)
8. *menghuni* (to occupy)
9. *mengunci* (to lock)
10. *mengetuk* (to knock)

*Exercise 2.* Answer the following questions by using the words supplied.

e.g.

| *Question* | *Answer* |
|---|---|
| *Dengan apa wanita itu membungkus nasi?*<br>*– dengan daun* | *Wanita itu membungkus nasi dengan daun.*<br>(The woman wrapped the rice |

(With what did the woman wrap the rice?
– with leaves)

*Dengan apa orang itu mencoreng mukanya?*
*– dengan arang*
(With what did the man smear his face?
– with charcoal)

with leaves.)

*Orang itu mencoreng mukanya dengan arang.*
(The man smeared his face with charcoal.)

1. *Dengan apa orang itu mencampur nasinya? – dengan kuah*
   (With what did the man mix his rice? – with gravy)

2. *Dengan apa dia menyumbat mulut botol itu? – gabus*
   (With what did he stop the mouth of the bottle? – a cork)

3. *Dengan apa dia menebang pohon itu? – kapak*
   (What did he use to chop down the tree? – an axe)

4. *Dengan apa ibu menutup hidangan itu? – tudung saji*
   (What did mother use to cover the food? – a food cover)

5. *Dengan apa penjual di toko itu menimbang gula? – timbangan*
   (What did the shopkeeper use to weigh the sugar? – a weighing scale)

6. *Dengan apa dia menimbus lubang itu? – tanah*
   (What did he use to fill the hole? – soil)

7. *Dengan apa orang itu menjerat burung? – jerat*
   (What did the man use to trap birds? – a trap)

8. *Dengan apa kakak menyaring kopi? – saringan*
   (What did elder sister use to filter the coffee? – a filter)

9. *Dengan apa orang itu menyisir rambut? – sisir*
   (What did the man use to comb his hair? – a comb)

10. *Dengan apa gadis menyapu airmata? – saputangan*
    (What did the girl use to wipe away her tears? – a handkerchief)

*Exercise 3.* Answer the following questions by using the words given.

e.g.

| *Question* | *Answer* |
|---|---|
| *Untuk apa pelajar-pelajar mendaki gunung itu?*<br>*– berkemah*<br>(What did the students climb the mountain for?<br>– to camp) | *Pelajar-pelajar mendaki gunung itu untuk berkemah.*<br>(The students climbed the mountain to camp there.) |
| *Untuk apa orang itu menggali lubang?*<br>*– menanam pohon*<br>(What did the man dig the hole for?<br>– to plant a tree) | *Orang itu menggali lubang untuk menanam pohon.*<br>(The man dug the hole to plant a tree.) |

1. *Untuk apa orang itu menabung uang? – membantu anak-anak yatim*
   (What did the man save the money for? – to help the orphans)

2. *Untuk apa polisi menggeledah rumah itu? – mencari senjata*
   (What did the police search the house for? – to search for weapons)

3. *Untuk apa kakak merangkai bunga? – menghias rumah*
   (What did elder sister arrange the flowers for? – to decorate the house)

4. *Untuk apa kakak mengiris bawang? – menggoreng telur*
   (What did elder sister slice the onion for? – to fry eggs)

5. *Untuk apa ibu menjerang air? – membuat kopi*
   (What is mother boiling the water for? – to make coffee)

6. *Untuk apa orang itu merantau? – mencari nafkah*
   (What is the man wandering for? – to look for a livelihood)

7. *Untuk apa pemerintah menghimbau para pemuda? – masuk angkatan bersenjata*
   (What did the government appeal to the young men for? – to serve in the army)

8. *Untuk apa ibu memeras kelapa? – mengambil santannya*
   (What is mother squeezing the coconut for? – to extract its milk)

9. *Untuk apa mereka menyingsingkan lengan baju? – bekerja*
   (What did they roll up their sleeves for? – to work)

10. *Untuk apa ibu meremas tepung itu? – membuat kue*
    (What is mother kneading the flour for? – to make cakes)

*Exercise 4.* Answer the following questions by using the words given.

e.g.

| Question | Answer |
|---|---|
| *Kepada siapa dia mengirim surat itu?*<br>*– ibunya*<br>(To whom did he send the letter?<br>– his mother) | *Dia mengirim surat itu kepada ibunya.*<br>(He sent the letter to his mother.) |
| *Ke mana dia menghantar anak laki-lakinya?*<br>*– sekolah*<br>(Where did he send his son?<br>– school) | *Dia menghantar anak laki-lakinya ke sekolah.*<br>(He sent his son to school.) |

1. *Kepada siapa dia memberikan uang itu? – ketuanya*
   (To whom did he give the money? – his boss)

2. *Kepada siapa dia mengucapkan terima kasih? – bapak Hasyim*
   (To whom did he express his thanks? – Hasyim's father)

3. *Kepada siapa dia menulis surat itu? – orang tuanya*
   (To whom did he write the letter? – his parents)

4. *Kepada siapa dia meminta bantuan? – gurunya*
   (From whom did he ask for assistance? – his teacher)

5. *Kepada siapa dia melempar bola? – anak laki-laki itu*
   (To whom does he throw the ball? – the boy)

6. *Ke mana dia mengirim surat itu? – Jakarta*
   (Where did he send the letter to? – Jakarta)

7. *Ke mana Ahmad membawa makanan itu? – rumah sakit*
   (Where did Ahmad take the food to? – hospital)

8. *Ke mana anak perempuan itu mengikut ibunya? – pasar*
   (Where did the girl follow her mother to? – market)

9. *Ke mana dia mendayung sampannya? – tengah laut*
   (Where did he paddle his boat to? – the open sea)

10. *Ke mana dia memandang? – bukit itu*
    (What was he looking at? – the hill)

## 11C. Grammar

### Prepositions

A preposition is a word which is placed before a noun or a pronoun to show its relationship with other words. Based on its function, a preposition can be classified into different classes.

(*a*)  time: *pada* (on), *dalam* (in), *dari* (from), *hingga/sampai* (until/till), *semenjak/sejak* (since), *selama* (for).

e.g.  ***Pada*** *hari Minggu, kita tidak bekerja.*
      (On Sundays, we do not work.)

***Dalam*** *waktu dua jam, dia akan sampai.*
(In two hours' time, he will arrive.)

***Dari*** *sekarang, kita tidak boleh main-main lagi.*
(From now onwards, we cannot play any more.)

***Hingga*** *kini, saya tidak mau berbicara dengan adik laki-laki saya.*
(Until now, I did not wish to speak to my younger brother.)

***Sejak*** *hari ini, kami tidak mempedulikan dia lagi.*
(From today, we will not bother about him any more.)

*Dia berada di sini **sejak** dua hari yang lalu.*
(He has been here since two days ago.)

*Dia mengikuti kursus **selama** tiga bulan.*
(He attends the course for three months.)

(*b*)   place: *di* (at), *ke* (to), *dari* (from), *pada* (with), *kepada* (to), and *dalam* (in).

e.g.   *Saya tinggal **di** Jatinegara.*
(I live in Jatinegara.)

*Ahmad sudah pergi **ke** sekolah.*
(Ahmad has gone to school.)

*Surat itu datang **dari** Malaysia.*
(The letter came from Malaysia.)

*Saya menerima surat itu **dari** Yusuf.*
(I received the letter from Yusuf.)

*Surat itu ada **pada** saya sekarang.*
(The letter is with me now.)

*Dia sudah mengirimkan bungkusan itu **kepada** ibunya.*
(He has sent the parcel to his mother.)

*Dia tidak mengatakan apa-apa tentang masalah itu **dalam** surat terakhirnya.*
(He did not say anything about that matter in his last letter.)

(*c*) accompaniment: *dengan* (with).

e.g. *Dia pergi **dengan** temannya.*
(He went with his friend.)

*Dia menunggu di kantor **dengan** Mulyono.*
(He waits in the office together with Mulyono.)

*Ahmad sudah menikah **dengan** gadis itu.*
(Ahmad has contracted a marriage with the girl.)

(*d*) goal/purpose: *untuk* (for), *bagi* (for).

e.g. *Buku ini **untuk** kamu.*
(This book is for you.)

*Dia pergi ke kota **untuk** mencari pekerjaan.*
(He went to the city [in order] to look for a job.)

***Bagi** adik laki-laki saya kamus itu penting sekali.*
(That dictionary is very important for my younger brother.)

(*e*) cause/reason: *karena* (because of), *sebab* (due to).

e.g. *Mati semut **karena** gula.*
(Ants die because of sugar.)

*Indra tidak pergi **sebab** sakit.*
(Due to illness, Indra did not go.)

(*f*) instrument: *oleh* (by), *dengan* (by/with).

e.g. *Cerita ini dikarang **oleh** guru kita.*
(The story was written by our teacher.)

*Ibu pergi ke pasar **dengan** bis.*
(Mother goes to the market by bus.)

*Ibu memotong kain **dengan** gunting.*
(Mother cuts the cloth with a pair of scissors.)

(g) manner: *seperti/bagai* (as/like).

e.g. *Gadis itu cantik **seperti** bidadari.*
(The girl is as beautiful as a nymph.)

*Orang itu menjerit **bagai** orang gila.*
(The man screams like a mad man.)

A preposition is often used together with a noun phrase to form what is generally known as a prepositional phrase. Prepositional phrases can function as adverbials as shown in the examples above. Besides, they can also function as modifiers.

e.g. *Buku **di atas meja** itu buku saya.*
(The book on the table is my book.)

*Buku-buku **dalam lemari** itulah teman saya setiap hari.*
(The books in the cupboard are my friends every day.)

*Surat **dari ayahnya** masih belum diterima.*
(The letter from his father has not been received.)

*Dia melihat **jam di dinding**.*
(He looked at the clock on the wall.)

*Exercise 5.* Fill in the blanks with suitable prepositions from the box below.

| di | pada | dari | ke | karena |
| kepada | dalam | dengan | untuk | |

1. *Mahmud sekarang bekerja _____ Kuala Lumpur.*
   (Mahmud is working _____ Kuala Lumpur.)

2. _____ *hari Rabu, dia keluar dengan teman-temannya.*
   (_____ Wednesday, he went out with his friends.)

3. *Surat ini datang _____ kakak laki-laki saya.*
   (The letter came _____ my elder brother.)

4. *Mereka sudah pindah* _____ *rumah baru bulan yang lalu.*
   (They moved _____ a new house last month.)

5. *Saudara datang* _____ *mana?*
   (Where do you come _____ ?)

6. *Kita harus memberi hormat* _____ *guru kita.*
   (We must give our respect _____ our teacher.)

7. *Dia tidak dapat tidur* _____ *kereta api.*
   (He cannot sleep _____ the train.)

8. *Saya selalu pergi ke Bandung* _____ *kereta api.*
   (I always go to Bandung _____ train.)

9. *Dua helai baju ini* _____ *kakak kamu.*
   (These two dresses are _____ your elder sister.)

10. *Orang itu meninggal* _____ *sakit.*
    (The man died _____ illness.)

*Exercise 6.* Underline the prepositions in the following sentences.

1. *Banyak orang sedang bersembahyang di masjid.*
   (Many people are praying in the mosque.)

2. *Dia mengirim surat kepada orang tuanya.*
   (He sent a letter to his parents.)

3. *Bu Minah baru kembali dari pasar.*
   (Mrs. Minah has just returned from the market.)

4. *Dia tinggal bersama neneknya sejak kecil.*
   (He has stayed with his grandmother since [he was] young.)

5. *Bapak bekerja sampai jauh malam.*
   (Father works until late at night.)

6. *Rumah itu dibeli oleh seorang pengusaha.*
   (The house was bought by an entrepreneur.)

7. *Hubungannya dengan saudagar itu amat erat.*
   (His relationship with the trader is very close.)

8. *Putusan untuk pensiun sudah diambil.*
   (The decision to retire has already been made.)

9. *Penjelasan dari ayahnya masih belum diperolehi.*
   (An explanation from his father has not yet been acquired.)

10. *Hutangnya kepada teman-temannya sudah selesai dibayar.*
    (His debts to his friends have been settled.)

## 11D. Word Formation

### Verb-forming Suffix: *-kan* (continuation)

The suffix *-kan*, when added to verbs, has two important meanings. When added to intransitive verbs, its function is causative; it causes the object to adopt the characteristics of the root word, (*menyebabkan, membuat menjadi*).

e.g.

*Polisi **menyebabkan*** = *Polisi **melepaskan** tersangka.*
*tersangka **lepas**.*
(*lepas*: to free)
(The police freed the suspect.)

*Lagu itu **membuat** kita* = *Lagu itu **mengantukkan** kita.*
***jadi kantuk**.*
(*kantuk*: sleepy)
(The song makes us sleepy.)

When added to transitive verbs, however, *-kan* means 'doing something for other people' (*membuat untuk orang lain*).

e.g.

*Ayah **membelikan** adik* = *Ayah **membeli** sepatu baru*
*sepatu baru.*    ***untuk adik**.*
(Father bought younger    (Father bought [a pair of] new
brother [a pair of] new shoes.)    shoes for younger brother.)

*Saya **membacakan** dia laporan itu.*
(I read [to] him the report.)

= *Saya **membaca** laporan itu **untuk dia**.*
(I read the report to him.)

This type of sentence is comparable to the 'Subject-Verb-Indirect Object-Direct Object' clause mentioned by Randolph Quirk in his *A University Grammar of English* (Longman, 1979, p. 169).

*Exercise 7.* Replace the phrases in bold with verbs using the affix *me-kan*.

e.g.

*Seorang perampok telah **membawa lari** uang tunai toko itu.*
(*lari*: to run)
(A robber has run away with cash from the shop.)

= *Seorang perampok **melarikan** uang tunai toko itu.*

*Dia **membawa masuk** mesin tik ke dalam kamar.*
(*masuk*: to enter)
(He brought the typewriter into the room.)

= *Dia **memasukkan** mesin tik ke dalam kamar.*

1. *Dia **membawa keluar** kotak rokok itu.* (*keluar*: to go out)
   (He took out the cigarette box.)

2. *Dia **membawa turun** layang-layang itu.* (*turun*: to come down)
   (He brought down the kite.)

3. *Dia **membawa kembali** mobil itu kepada pemiliknya.* (*kembali*: to return)
   (He brought back the car to its owner.)

4. *Pemerintah **membawa datang** guru-guru dari luar negeri.* (*datang*: to come)
   (The government brought in teachers from overseas.)

5. *Para dokter tidak dapat **membuat hidup** orang mati itu.* (*hidup*: to live)
(The doctors could not bring the dead man back to life.)

6. *Kuli-kuli sedang **membawa naik** barang-barang itu ke kapal.* (*naik*: to go up)
(The labourers are loading the goods onto the ship.)

7. *Sebuah bom telah **menjadikan runtuh** seluruh kota.* (*runtuh*: to collapse)
(A bomb has caused the collapse of the city.)

8. *Setiap pagi ibu **menyuruh** saya **bangun** pada jam enam.* (*bangun*: to wake up)
(Every morning mother wakes me up at six.)

9. *Angin ribut telah **menyebabkan tumbang** pohon itu.* (*tumbang*: to fall)
(The storm has caused the tree to fall.)

10. *Letusan bom itu telah **menjadikan hancur** pertahanan musuh.* (*hancur*: to be destroyed)
(The explosion of the bomb destroyed the enemy's defence.)

*Exercise 8.* Replace the phrases in bold with verbs using the affix *me-kan*.

e.g.

| | | |
|---|---|---|
| *Ali **mencari** pekerjaan **untuk** adik laki-lakinya.* (Ali finds a job for his younger brother.) | = | *Ali **mencarikan** adik laki-lakinya pekerjaan.* |
| *Guru **memberi** pekerjaan rumah **kepada** kami.* (The teacher gives [to] us homework.) | = | *Guru **memberikan** kami pekerjaan rumah.* |

1. *Ahmad **membawa** tas **untuk** ayahnya.*
   (Ahmad carries the bag for his father.)

2. *Ibu **memasak** nasi **untuk** ayah.*
   (Mother is cooking rice for father.)

3. *Dia **menulis** sepucuk surat **untuk** temannya.*
   (He wrote a letter for his friend.)

4. *Aminah **mencuci** kain **untuk** ibunya.*
   (Aminah washes the clothes for her mother.)

5. *Usman **membeli** baju **untuk** isterinya.*
   (Usman bought a dress for his wife.)

6. *Yusuf **membuat** rumah **untuk** orang tuanya di desa.*
   (Yusuf built a house for his parents in the village.)

7. *Kakak **mengikat** tali sepatu **untuk** adik.*
   (Elder sister is tying the shoe lace for younger brother.)

8. *Dia **membuka** pintu **untuk** tamu.*
   (He opened the door for the guest.)

9. *Dia **menuang** secangkir kopi **untuk** temannya.*
   (He poured a cup of coffee for his friend.)

10. *Dia **menyimpan** cincin itu **untuk** temannya.*
    (She kept the ring for her friend.)

# LESSON 12

## 12A. Conversation

### *Hari*
### (Day)

Marini: *Hari ini hari apa?*
(What day is today?)

Hetty: *Hari ini hari Rabu. Ada apa?*
(Today is Wednesday. What is the matter?)

Marini: *Saya ada ujian bahasa Inggeris pada hari Kamis. Saya masih belum belajar.*
(I have an English test on Thursday. I have not studied for it yet.)

Hetty: *Jangan takut, kamu pasti lulus. Kamu senang belajar bahasa?*
(Do not worry, you are sure to pass. Do you like to study languages?)

Marini: *Ya, saya suka sekali belajar bahasa. Bahasa Inggeris mata pelajaran utama saya. Bahasa Indonesia mata pelajaran tambahan saya.*
(Yes, I like to study languages. English is my major subject. Indonesian is my minor subject.)

Hetty: *Hari apa kamu belajar bahasa Inggeris?*
(On what days do you study English?)

Marini: *Hari Senin, Rabu dan Kamis.*
(Mondays, Wednesdays and Thursdays.)

Hetty: *Jadi, kamu tidak ada kuliah pada hari Selasa dan Jum'at?*
(So, you have no lectures on Tuesdays and Fridays?)

Marini: *Tidak, hari Selasa, saya ada bahasa Indonesian dan hari Jum'at, saya mengikuti kelas bahasa Perancis.*
(No, I have Indonesian on Tuesdays and on Fridays I attend a French language class.)

Hetty: *Memang kamu seorang ahli bahasa.*
(You really are a language expert.)

## 12B. Structure

Read the following sentences carefully.

| SUBJECT | PREDICATE |
|---|---|
| *Saya* <br> I am | *takut kepada anjing itu.* <br> afraid of that dog. |
| *Ibu* <br> Mother | *sayang kepada anaknya.* <br> loves her children. |
| *Kejadian itu* <br> The incident | *sungguh mengejutkan.* <br> is extremely shocking. |
| *Anaknya* <br> The number of children he has (literally 'His children') | *dua orang.* <br> is two. |
| *Ada buku* <br> There is a book | *di atas meja.* <br> on the table. |

**Note:** Sometimes *akan* can be substituted for *kepada* with no change in meaning. See the first and second sentences above.

*Exercise 1.* Substitute the word in bold, in the model sentence with the ones given.

e.g.                    *Mereka **sayang** kepada teman kita.*
                          (They love our friends.)

| | |
|---|---|
| *hormat* (to respect) | *Mereka **hormat** kepada teman kita.* (They respect our friends.) |
| *ingat* (to remember) | *Mereka **ingat** kepada teman kita.* (They remember our friends.) |
| *benci* (to hate) | *Mereka **benci** kepada teman kita.* (They hate our friends.) |
| *perlu* (to need) | *Mereka **perlu** kepada teman kita.* (They need our friends.) |

1. *kasih* (to love)
2. *rindu* (to long for)
3. *kenal* (to know)
4. *gusar* (to be angry with)
5. *malu* (to be ashamed of)
6. *marah* (to be angry with)
7. *percaya* (to trust)
8. *patuh* (to obey)
9. *cinta* (to love)
10. *suka* (to be fond of)

*Exercise 2.* Answer the following questions. Use the words given.

e.g.

| *Question* | *Answer* |
|---|---|
| ***Bagaimana** pandangan orang itu?*<br>– *membingungkan Tuti*<br>(How is the man's view [of things]?<br>– confuses Tuti) | *Pandangan orang itu **membingungkan Tuti**.*<br>(The man's view confuses Tuti.) |

***Bagaimana** kejadian itu?*  
*– sungguh mengejutkan*  
(How is the incident?  
– very shocking)

*Kejadian itu **sungguh mengejutkan**.*  
(The incident is very shocking.)

1. ***Bagaimana** peristiwa itu? – menghebohkan seluruh desa*  
   (How is the incident? – causing an uproar in the whole village)

2. ***Bagaimana** akibatnya? – sangat memalukan*  
   (What was the consequence? – very shameful)

3. ***Bagaimana** pertanyaan itu? – sungguh membingungkan*  
   (How is the question? – very confusing)

4. ***Bagaimana** pekerjaan itu? – sungguh melelahkan*  
   (How is the job? – very tiring)

5. ***Bagaimana** pelayanan di toko itu? – sangat memuaskan*  
   (How is the shop's service? – very satisfactory)

6. ***Bagaimana** ceramah orang itu? – sangat menjemukan*  
   (How was the man's lecture? – very boring)

7. ***Bagaimana** angin malam di pergunungan? – sangat menyegarkan*  
   (How is the night wind on the mountain range? – very refreshing)

8. ***Bagaimana** kecelakaan itu? – sungguh mengerikan*  
   (How was the accident? – very frightening)

9. ***Bagaimana** keadaan orang miskin di kota? – sangat menyedihkan*  
   (How is the condition of the poor in town? – very saddening)

10. ***Bagaimana** cuaca hari ini? – baik sekali*  
    (How is the weather today? – very good)

*Exercise 3.* Answer the following questions. Use the words given.

e.g.

| Question | Answer |
|---|---|
| ***Apa yang** sungguh mengagumkan?*<br>– *kepandaian tukang sihir itu*<br>(What is really astonishing?<br>– the cleverness of the magician) | ***Kepandaian tukang sihir** itu sungguh mengagumkan.*<br>(The cleverness of the magician is really astonishing.) |
| ***Apa yang** sungguh mengerikan?*<br>– *kematiannya*<br>(What is really frightening?<br>– his death) | ***Kematiannya** sungguh mengerikan.*<br>(His death is really frightening.) |

1. ***Apa yang** mengecewakan para pekerja? – tindakan majikan itu*
   (What disappointed the workers? – the employer's action)

2. ***Apa yang** menggemparkan seluruh dunia? – berita itu*
   (What shocked the whole world? – the news)

3. ***Apa yang** merisaukan hatinya? – ancaman wanita itu*
   (What is troubling him [literally 'his heart']? – the woman's threat)

4. ***Apa yang** menggoncangkan dunia? – pembunuhan itu*
   (What shook the world? – the killing)

5. ***Apa yang** menakjubkan para penonton? – kepintaran anak laki-laki itu*
   (What surprises the audience? – the boy's skill)

6. ***Apa yang*** *dapat mengenyangkan saya? – sepiring nasi*
   (What can satisfy me? – a plate of rice)

7. ***Apa yang*** *membingungkan dia? – omelan ibunya*
   (What confuses him? – his mother's grumbling)

8. ***Apa yang*** *menggentarkan orang desa – berita perampokan itu*
   (What alarmed the villagers? – news of the robbery)

9. ***Apa yang*** *dapat mengharukan perasaan penonton? – musik*
   (What moved the audience? – music)

10. ***Apa yang*** *memusingkan kita? – masalah duane*
    (What confuses us? – the customs problems)

*Exercise 4.* Answer the following questions. Use the words given.

e.g.

| *Question* | *Answer* |
|---|---|
| *Ahmad mempunyai berapa anak?*<br>  *– dua*<br>(How many children does Ahmad have?<br>  – two) | *Anak Ahmad dua orang.*<br>(Ahmad has two children.) |
| *Berapa tinggi orang itu?*<br>  *– 170 senti.*<br>(How tall is the man?<br>  – 170 cm.) | *Tinggi orang itu 170 senti.*<br>(The man's height is 170 cm.) |

1. *Bu Harun mempunyai berapa anak? – lima*
   (How many children does Mrs. Harun have? – five)

2. *Orang kaya itu mempunyai berapa buah rumah? – sepuluh*
   (How many houses does the rich man have? – ten)

3. *Berapa ekor lembu Pak Haji? – tujuh*
   (How many cows does the Haji have? – seven)

4. *Berapa harga buku itu? – sepuluh ribu rupiah*
   (How much does the book cost? – Rp. 10,000)

5. *Berapa umur anak laki-laki itu? – dua belas tahun*
   (How old is the boy? – twelve years old)

6. *Berapa jumlah penduduk kota itu? – satu juta*
   (What is the population of the town? – one million)

7. *Anda mempunyai berapa saudara? – empat*
   (How many brothers and sisters do you have? – four)

8. *Berapa berat laki-laki itu? – 60 kilo*
   (What is the weight of the man? – 60 kilogrammes)

9. *Berapa dalam sungai itu? – sepuluh meter*
   (How deep is the river? – ten metres)

10. *Berapa tinggi gunung itu? – 2.000 meter*
    (How high is the mountain? – 2,000 metres)

## 12C. Grammar

### Conjunctions

Conjunctions are words which join words or groups of words. There are two types of conjunctions.

*(a) Co-ordinating Conjunctions*

Co-ordinating conjunctions are used to join words, phrases or clauses which are of the same type. The most common co-ordinating conjunctions are *dan* (and), *serta* (and/together with), *atau* (or), *tetapi* (but), *melainkan/kecuali* (except), *sambil/seraya* (while), *lagi* (more), *lalu* (then), and *kemudian* (afterwards).

e.g. *Aminah **dan** Fatimah harus pergi ke pasar.*
(Aminah and Fatimah must go to the market.)

*Aminah cantik **tetapi** sombong.*
(Aminah is beautiful but arrogant.)

*Dia makan, **kemudian** minum.*
(He ate, afterwards he drank.)

*Bapak Ketua berdiri **lalu** memberi pidato.*
(The chairman stood up [and] then gave a speech.)

*Kantorpos dibuka setiap hari **kecuali** hari Minggu.*
(The post office is open every day except on Sundays.)

*Badannya belum sehat **tetapi** dia pergi juga.*
(He [literally 'His body'] was not well but he still went.)

*(b) Subordinating Conjunctions*

Subordinating conjunctions join two sentences together. The sentence preceded by the conjunction becomes the subordinating clause and the conjunction becomes a subordinating conjunction. A subordinate clause always serves as an adverbial. There are six adverbial clauses in Indonesian.

(*i*) **clauses of time** are introduced by *ketika/waktu* (when), *seusai/sesudah* (after), *sejak* (since), *selama* (during), *sebelum* (before), *sehingga* (until) and *sementara* (while).

e.g. *Ayahnya meninggal **ketika** dia masih kecil.*
(His father passed away **when** he was still small.)

***Waktu** mereka datang, saya tidak ada di rumah.*
(**When** they came, I was not at home.)

*Sikapnya berubah **sejak** dia menjadi wakil rakyat.*
(His attitude has changed **since** he became the people's representative.)

***Sementara** ibu memasak, saya mencuci piring.*
(**While** mother is cooking, I wash the dishes.)

(*ii*) **clauses of condition** are introduced by *jika/kalau/jikalau* (if).

e.g. ***Kalau** saya tidak salah, orang itu betul-betul ayahnya.*
(**If** I am not mistaken, that man is really his father.)

> *Pertandingan itu tidak dapat dilanjutkan **kalau** hari hujan.*
> (The game cannot be continued **if** it rains.)

*(iii)* **clauses of concession** are introduced by *walaupun/sungguhpun/meskipun/biarpun* (although/though).

e.g. *Orang tua itu masih bekerja **walaupun** dia sakit.*
(The old man still works **although** he is sick.)

> ***Sungguhpun** mulut orang itu manis, hatinya jahat.*
> (**Although** his words are pleasant to the ears, his intentions are bad.)

*(iv)* **clauses of reason and cause** are introduced by *karena/sebab* (because/as).

e.g. *Bayi itu menangis **karena** lapar.*
(The baby cried **because** he was hungry.)

> *Anak laki-laki itu sakit perut **sebab** terlalu banyak makan pisang.*
> (The boy has an upset stomach **because** he has eaten too many bananas.)

*(v)* **clauses of purpose** are introduced by *agar/supaya* (so that, so as to)

e.g. *Belajarlah sungguh-sungguh **agar** kamu naik kelas.*
(Study seriously **so that** you will be promoted to the next class.)

> *Saudara harus berfikir dahulu **supaya** tidak menyesal kelak.*
> (You must think beforehand **so as** not to regret it later.)

*(vi)* **clauses of analogy** are introduced by *seperti/sebagai/seolah-olah/seandainya/semacam* (as if/though).

e.g. *Dia berjalan tergesa-gesa **seolah-olah** dia sedang diikuti.*
(He walks hurriedly **as though** he is being followed.)

> *Pak Ramli berlagak **seperti** dia baru saja kenal orang itu.*
> (Mr. Ramli behaves **as if** he has just met that person.)

*Exercise 5.* Underline the conjunctions in the following sentences.

e.g. *Mereka datang lalu masuk.*
(They came and then entered.)

*Saya mau menawar tetapi saya tidak bisa berbicara bahasa Jawa.*
(I want to bargain but I cannot speak Javanese.)

1. *Saya tidak ada di rumah ketika dia datang.*
   (I was not at home when he came.)

2. *Kakek saya masih sehat walaupun usianya sudah lanjut.*
   (My grandfather is still healthy though he is advanced in age.)

3. *Ketika dia masih kecil dia suka menari.*
   (When he was still small he liked to dance.)

4. *Dia baru sampai setelah kuliah selesai.*
   (He only arrived after the lecture had ended.)

5. *Selama tinggal di sini dia tidak pernah menjenguk kita.*
   (During his stay here, he never visited us.)

6. *Orang itu bekerja keras supaya lekas naik pangkat.*
   (The man works hard in order to get a promotion fast.)

7. *Semua murid lulus kecuali Yusuf.*
   (All the pupils passed except Yusuf.)

8. *Saya akan pergi besok atau lusa.*
   (I will go tomorrow or the day after tomorrow.)

9. *Sejak berumur tujuh tahun, dia tidak pernah melewatkan sembahyang.*
   (Since he was seven years old, he has never neglected his prayers.)

10. *Kita harus bekerja keras kalau kita menghendaki kemajuan.*
    (We must work hard if we want progress.)

*Exercise 6.* Fill in the blanks with suitable conjunctions given in the box below.

| melainkan | sambil | sampai | supaya | jikalau |
| seperti | agar | kecuali | sementara | walaupun |

e.g.

Salim makan _____ berbicara.
(Salim eats _____ [he] talks.)

Salim makan **sambil** berbicara.
(Salim eats while [he] talks.)

Dia pergi ke Jakarta _____ ayah dan ibu.
(He goes to Jakarta _____ his father and mother.)

Dia pergi ke Jakarta **beserta** ayah dan ibu.
(He goes to Jakarta with his father and mother.)

1. Dia membaca _____ kepalanya sakit.
   (He reads _____ his head aches.)

2. Bacalah surat ini dengan keras _____ saya dapat mendengar.
   (Read this letter loudly _____ I can hear.)

3. _____ Saudara tidak memegang janji, tentu saya akan marah.
   (_____ you do not keep your promise, certainly I will be angry.)

4. _____ dia kaya, dia tidak sombong.
   (_____ he is rich, he is not arrogant.)

5. Bibirnya bergerak-gerak _____ dia hendak mengatakan sesuatu.
   (His lips move _____ he wishes to say something.)

6. *Belajarlah sungguh-sungguh* _____ *Saudara lulus ujian nanti.*
   (Study hard _____ you will pass your examination.)

7. *Semua orang pergi* _____ *adik perempuan saya.*
   (All go _____ my younger sister.)

8. _____ *menunggu guru datang, murid-murid membaca buku.*
   (_____ waiting for the teacher to come, the pupils read books.)

9. *Pemuda itu berjalan* _____ *menyanyi.*
   (The young man is walking _____ singing.)

10. *Tidak seorang pun yang boleh masuk ke dalam kamar itu* _____ *saya.*
    (No one can enter the room _____ I.)

## 12D. Word Formation

### Verb-forming Suffix: *-i*

The suffix *-i* is an important suffix used to form verbs from nouns and adjectives. It is often used with the prefix *me-*, forming *me-i*. It can also be added to verbs.

When added to nouns, the suffix *-i* has two important functions.

(*a*) to give or fix the thing mentioned by the root word (*memberi, membuat*)

e.g.

*Kita harus **menghormati** ibu bapak kita.*  = *Kita harus **memberi hormat kepada** ibu bapak kita.*
(We must respect our parents.)

*Pak Man **memagari** kebunnya dengan kawat duri.* = *Pak Man **membuat pagar pada** kebunnya dengan*

| | |
|---|---|
| (Pak Man fenced his garden with barbed wire.) | *kawat duri.* |

*(b)* to become or to act as something mentioned in the root word (*menjadi* or *bertindak sebagai*)

e.g.

| | | |
|---|---|---|
| *Pendekar itu **menjagoi** dunia persilatan.* (The martial arts master became the champion of the world of martial arts.) | = | *Pendekar itu **menjadi jago dalam** dunia persilatan.* |

| | | |
|---|---|---|
| *Ahmad telah **membintangi** pilem itu.* (Ahmad starred in the film.) | = | *Ahmad telah **bertindak sebagai bintang** dalam pilem itu.* |

Please note that the suffix *-i* sometimes may acquire the meaning of 'to remove' as in the following sentences:

e.g. *Kakak sedang **membului** ayam di dapur.* (*bulu*: feather)
(Elder sister is removing feathers from a chicken in the kitchen.)

*Adik sudah pandai **menyisiki** ikan.* (*sisik*: scales of fish)
(Younger brother is good at removing fish scales.)

When added to an adjective, the suffix *-i* acquires a causative effect and causes the verb formed to acquire the characteristics of the root word (*menyebabkan, membuat menjadi*).

e.g.

| | | |
|---|---|---|
| *Ayah akan **memperbaiki** rumah kami yang buruk.* (Father will repair our dilapidated house.) | = | *Ayah akan **membuat menjadi baik** rumah kami yang buruk.* |

| | | |
|---|---|---|
| *Fatimah sedang **memanasi** makanan.* (Fatimah is heating up the food.) | = | *Fatimah sedang **membuat makanan menjadi panas**.* |

*Exercise 7.* Replace the phrases in bold with verbs using the affix ***me-i***.

e.g.

| | | |
|---|---|---|
| *Tukang masak lupa **membubuh garam pada** ikan.* (*garam*: salt) (The cook forgot to salt the fish.) | = | *Tukang masak lupa **menggarami** ikan.* |
| *Orang itu **memberi harga** rumahnya terlalu rendah.* (*harga*: price) (The man priced his house too low.) | = | *Orang itu **menghargai** rumahnya terlalu rendah.* |

1. *Dia **memberi tanda pada rumah** itu.* (*tanda*: sign)
   (He marks the house.)

2. Dia selalu ***memberi nasihat kepada*** temannya. (*nasihat:* advice)
   (He always advises his friend.)

3. *Ratna sedang **memberi minum air susu kepada** anaknya.* (*susu*: milk)
   (Ratna is giving milk to her child.)

4. *Dokter **memberi obat kepada** pasien itu.* (*obat*: medicine)
   (The doctor gave medicine to the patient.)

5. *Dia **memberi biaya kepada** adiknya setiap bulan.* (*biaya*: financial help)
   (He gives financial help to his younger brother every month.)

6. *Kata-katanya **memberi ilham kepada** pengarang itu.* (*ilham*: inspiration)
   (His words gave inspiration to the writer.)

7. *Orang itu tidak **memberi nafkah kepada** isterinya.* (*nafkah:* sustenance)
   (The man does not provide sustenance for his wife.)

8. *Aku tak sudi **memberi sedekah kepada** orang malas.* (*sedekah*: alms)
   (I am unwilling to give alms to a lazy person.)

9. *Dia **memberi upah kepada** mereka untuk membakar rumah itu.* (*upah*: payment for service rendered)
   (He paid them to burn the house.)

10. *Dia **memberi lindungan kepada** pengungsi itu.* (*lindung*: shelter)
    (He provides shelter for the refugee.)


*Exercise 8.* Replace the phrases in bold with verbs using the affix ***me-i***.

e.g.

| | |
|---|---|
| *Seorang anggota parlemen **menjadi kepala pada** lembaga baru itu.* (*kepala*: head) (A Member of Parliament heads the new organisation.) | = *Seorang anggota parlemen **mengepalai** lembaga baru itu.* |
| *Pekerja-pekerja sedang **membuat baru** jembatan itu.* (*baru*: new) (Workers are renovating the bridge.) | = *Pekerja-pekerja sedang **memperbarui** jembatan itu.* |

1. *Dia **menjadi wakil** pengusaha itu.* (*wakil:* representative)
   (He represents the entrepreneur.)

2. *Dia yang **menjadi pengantara dalam** perselisihan itu.* (*antara*: middle)
   (He is the one who mediates in the dispute.)

3. *Siapa yang **menjadi dalang pada** pemberontakan itu?* (*dalang*: puppeteer)
   (Who masterminded the rebellion?)

4. *Dia **menjadi ketua pada** rapat itu.* (*ketua*: head)
   (He heads the meeting.)

5. *Dia **menjadi raja** di negeri itu.* (*raja*: ruler)
   (He rules that country.)

6. *Lampu minyak itu **membuat terang** kamarnya.* (*terang*: light)
   (The oil lamp lights up his room.)

7. *Gadis itu **membuat merah** kukunya.* (*merah*: red)
   (The girl paints her finger-nails red.)

8. *Sebuah kipas angin **membuat sejuk** ruangan itu.* (*sejuk*: cold)
   (A fan cools the room.)

9. *Tiap-tiap malam binatang-binatang liar **menjadikan rusak** tanamannya.* (*rusak*: be destroyed)
   (Every night wild animals destroy the crop.)

10. *Air mata **menyebabkan basah** pipinya.* (*basah:* wet)
    (The tears wet her cheeks.)

# LESSON 13

## 13A. Conversation

### *Tanggal*
### (Dates)

Rina: *Tahukah kamu tanggal berapa sekarang?*
(Do you know today's date?)

Halimah: *Sekarang tanggal empat belas, bulan Mei.*
(Today is the fourteenth of May.)

Rina: *Tahun berapa sekarang?*
(What is the year now?)

Halimah: *Tahun sembilan belas delapan puluh enam. Kenapa?*
(Nineteen eighty-six. Why [do you ask]?)

Rina: *Sepuluh hari lagi ulang tahunku.*
(In ten days' time will be my birthday.)

Halimah: *Jadi, tanggal dua puluh empat Mei hari ulang tahunmu? Ulang tahun yang keberapa?*
(So, the twenty-fourth of May is your birthday. Which birthday will it be?)

Rina: *Yang kedua puluh satu. Kapan hari ulang tahunmu?*
(My twenty-first birthday. When is your birthday?)

Halimah: *Tanggal sembilan Agustus.*
(The ninth of August.)

Rina: *Yang keberapa?*
(How many years?)

Halimah: *Oh, itu rahasia. Aku sih sudah tua. Apakah kamu akan mengadakan pesta pada hari ulang tahunmu?*
(Oh, that is secret. I am already old. Are you going to organise a birthday party?)

Rina: *Sudah tentu. Kamu datang ya! Nanti aku undang teman-teman yang kamu kenal.*
(Certainly. I hope you will come! I shall invite friends whom you know.)

## 13B. Structure

Read the following sentences carefully.

| SUBJECT | PREDICATE |
|---|---|
| *Dia* | *akan membahagiakan orang tuanya.* |
| He | will make his parents happy. |
| *Dia* | *bisa mengecewakan sanak saudaranya.* |
| He | can disappoint his relatives. |
| *Dia* | *telah mengasingkan diri dari masyarakat.* |
| He | isolated himself from society. |
| *Ahmad* | *mengalahkan seorang jago dalam persaingan itu.* |
| Ahmad | defeated a champion in the competition. |
| *Wanita itu* | *sedang membaringkan anaknya di atas tempat tidur.* |
| The woman | is laying down her child on the bed. |

*Exercise 1.* Substitute the words in the model sentence with those given.

e.g

*Dia akan **mendamaikan** teman-teman kita.*
(He will reconcile our friends.)

*membosankan*
(to bore)

*Dia akan **membosankan** teman-teman kita.*
(He will bore our friends.)

| | |
|---|---|
| *mengutamakan* (to pay special attention to) | *Dia akan **mengutamakan** teman-teman kita.* (He'll pay special attention to our friends.) |
| *handai taulan* (companions) | *Dia akan mengutamakan **handai taulan** kita.* (He'll pay special attention to our companions.) |
| *membinasakan* (to destroy) | *Dia akan **membinasakan** handai taulan kita.* (He will destroy our companions.) |

1. *membahagiakan* (to make happy)
2. *mengejutkan* (to startle)
3. *memencilkan* (to isolate)
4. *menguntungkan* (to benefit)
5. *teman sekerja* (colleague)
6. *menyatukan* (to unite)
7. *menggelisahkan* (to make restless)
8. *mendiamkan* (to silence)
9. *membahayakan* (to endanger)
10. *merugikan* (to inflict a loss on)

*Exercise 2.* Change the following statements into questions.

e.g.

| Statement | Question |
|---|---|
| *Orang itu sudah menghimpunkan **semua pengikutnya** di lapangan.* (The man has gathered all his followers in the field.) | *Orang itu sudah menghimpunkan **siapa** di lapangan?* (Whom did the man gather in the field?) |

*Perbuatannya menjengkelkan **ayahnya**.*
(His action annoyed his father.)

*Perbuatannya menjengkelkan **siapa**?*
(Whom did his action annoy?)

1. *Ceramah itu menjemukan **para hadirin**.*
   (The lecture bored the audience.)

2. *Dia selalu mengenangkan **kekasihnya**.*
   (He always remembers his beloved.)

3. *Dia jarang mentertawakan **orang cacat**.*
   (He seldom laughs at the disabled.)

4. *Rahayu sedang memandikan **adik perempuannya**.*
   (Rahayu is bathing her younger sister.)

5. *Ucapannya memarahkan **kaum keluarganya**.*
   (His speech angered his family.)

6. *Dia tidak dapat memaafkan **wartawan itu**.*
   (He cannot forgive the reporter.)

7. *Racun itu bisa membunuh **orang**.*
   (The poison can kill human beings.)

8. *Orang itu menjelekkan nama **ketuanya**.*
   (The man slanders his boss's name.)

9. *Orang itu sudah membohongi **sahabatnya**.*
   (The man has lied to his friends.)

10. *Ibu itu sedang menidurkan **anaknya**.*
    (The mother is putting her child to sleep.)

*Exercise 3.* Answer the following questions. Use the words given.

e.g.

| Question | Answer |
|---|---|
| *Ahmad mengalahkan **siapa*** | *Ahmad mengalahkan **seorang*** |

*dalam pertandingan itu?*
*– seorang juara*
(Whom did Ahmad defeat in the competition?
– a champion)

*Anak laki-laki itu menyusahkan **siapa** tiap-tiap hari?*
*– orang tuanya*
(Whom does the boy get into trouble every day?
– his parents)

***juara** dalam pertandingan itu.*
(Ahmad defeated a champion in the competition.)

*Anak laki-laki itu menyusahkan **orang tuanya** tiap-tiap hari.*
(The boy gets his parents into trouble every day.)

1. *Dia sudah menyingkirkan **siapa** dari kantornya? – pejabat tinggi*
   (Whom did he remove from office? – high-ranking officers)

2. *Ramli mendaftarkan **siapa** di sekolah itu? – anaknya*
   (Whom did Ramli enrol in the school? – his child)

3. *Dia sudah mencalonkan **siapa** untuk posisi itu? – iparnya*
   (Whom did he nominate for the post/position? – his brother/sister-in-law)

4. *Dia mewakili **siapa** dalam pertemuan itu? – seluruh karyawan*
   (Whom did he represent in the meeting? – all the employees)

5. *Dia mengalahkan **siapa** dalam pertandingan tinju? – lawannya*
   (Whom did he defeat in the boxing match? – his opponent)

6. *Ahmad memondokkan **siapa** di rumah sahabatnya? – anaknya*
   (Whom did Ahmad lodge at a friend's house? – his child)

7. *Razak menyelimuti **siapa** dengan selimut? – adiknya*
   (Whom did Razak cover with a blanket? – his younger brother/sister)

8. *Dia menyadarkan **siapa** dari lalainya? – pengawal itu*
   (Whom did he arouse from his negligence? – the guard)

9. *Dia membangunkan **siapa** dari tidurnya?* – *abangnya*
   (Whom did he wake up from sleep? – his elder brother)

10. *Pemerintah telah memberhentikan **siapa** dari jabatannya?* – *banyak pegawai*
    (Whom did the government dismiss from service? – many officers)

*Exercise 4.* Give affirmative answers to the following questions.

e.g.

| Question | Answer |
| --- | --- |
| **Bolehkah** *perempuan itu membaringkan anaknya di tempat tidur?* (May the woman lay her child down on the bed?) | *Boleh, perempuan itu boleh membaringkan anaknya di tempat tidur.* (Yes, the woman may lay her child down on the bed.) |
| **Dapatkah** *dia membebaskan orang laki-laki itu dari tahanan?* (Can he free the man from detention?) | *Dapat, dia dapat membebaskan orang laki-laki itu dari tahanan.* (Yes, he can free the man from detention.) |

1. **Bisakah** *dia memenjarakan laki-laki itu di penjara?*
   (Can he imprison the man?)

2. **Dapatkah** *dia memisahkan orang itu dari masyarakat?*
   (Can he segregate the man from society?)

3. **Dapatkah** *dia menyelamatkan orang itu dari mati lemas?*
   (Can he save the man from drowning?)

4. **Dapatkah** *dia memindahkan pegawai itu ke tempat lain?*
   (Can he transfer the officer to another place?)

5. **Dapatkah** *dia menurunkan kita di depan masjid?*
   (Can he drop us off in front of the mosque?)

6. ***Dapatkah** kepala sekolah itu mendatangkan guru-guru dari luar?*
   (Can the principal bring in teachers from outside?)

7. ***Bolehkah** dia mengajukan masalah itu dalam rapat?*
   (May he put forward the matter at the meeting?)

8. ***Dapatkah** dia memasukkan anaknya ke sekolah itu?*
   (Can he enrol his child in that school?)

9. ***Bisakah** dia menitipkan anaknya kepada tetangganya?*
   (Can he entrust his child to his neighbour?)

10. ***Dapatkah** dia menyewakan rumahnya kepada kita?*
    (Can he rent out his house to us?)

## 13C. Grammar

### Simple Sentence

Sentences can be structurally divided into three types, i.e. (a) Simple sentences, (b) Complex sentences, and (c) Compound sentences.

*(a) Simple Sentences*

A simple sentence is a sentence which contains only one subject and one predicate.

e.g. *Ali murid.*
   (Ali is a pupil.)

   *Anak laki-laki itu berdiri.*
   (The boy is standing.)

   *Pak Ahmad menyewa rumah itu.*
   (Mr. Ahmad rented the house.)

   *Kamar itu gelap.*
   (The room is dark.)

A simple sentence may be expanded and still be regarded as a simple sentence. For example, the above sentences can be expanded as follows:

*Ali murid **sekolah**.*
(Ali is a school pupil.)

*Anak laki-laki itu berdiri **di depan pintu**.*
(The boy is standing in front of the door.)

*Pak Ahmad menyewa rumah itu **dua bulan yang lalu**.*
(Mr. Ahmad rented the house two months ago.)

*Kamar **besar** itu gelap sekali.*
(The big room is very dark.)

*Exercise 5.* Expand the following sentences. Use the words given.

| | |
|---|---|
| *Abang saya guru.*<br>– *bahasa Indonesia*<br>(My brother is a teacher.<br>– Indonesian language) | *Abang saya guru*<br>***bahasa Indonesia**.*<br>(My brother is an Indonesian language teacher.) |
| *Mereka berjalan.*<br>– *perlahan-lahan*<br>(They walked.<br>– slowly) | *Mereka berjalan*<br>***perlahan-lahan**.*<br>(They walked slowly.) |

1. *Latif pemuda. – Indonesia*
   (Latif is a youth. – Indonesia)

2. *Umurnya lima belas tahun. – pada bulan Agustus ini*
   (He is fifteen years old. – this August)

3. *Dia berbakat. – di dalam bidang perniagaan*
   (He has talent. – in the field of business)

4. *Orang itu hidup. – jauh dari keramaian kota*
   (The man lives. – far from the noise of the city)

5. *Pengarang itu guru. – bahasa Indonesia*
   (The writer is a teacher. – Indonesian language teacher)

6. *Orang berkumpul. – di warung Pak Sudin*
   (People gathered. – in Pak Sudin's stall)

7. *Ahmad mencuci mobilnya. – setiap hari*
   (Ahmad washes his car. – every day)

8. *Murid-murid duduk. – di dalam kelas*
   (The pupils sit. – in the classroom)

9. *Anak kecil itu menangis. – semalam-malaman*
   (The small child cried. – the whole night)

10. *Lembu makan rumput di ladang. – kepala desa*
    (The cow eats grass in the field. – the village chief)

*Exercise 6.* Fill in the blanks with suitable words.

e.g.

*Anak _____ sakit perut.*
(The _____ child has a stomach ache.)

*Anak **nakal** itu sakit perut.*
(The naughty child has a stomach ache.)

*Halimah murid _____ .*
(Halimah is a _____ pupil.)

*Halimah murid **sekolah**.*
(Halimah is a school pupil.)

1. *Pelajar _____ itu lincah.*
   (The _____ student is active.)

2. *Arif pengarang _____ .*
   (Arif is _____ writer.)

3. *Sekolah _____ itu baik.*
   (The _____ school is good.)

4. *Musim _____ sudah tiba.*
   (The _____ season has arrived.)

5. *Bapak* _____ *sudah kaya sekarang.*
   (_____ father is rich now.)

6. *Cerita* _____ *itu menarik.*
   (The _____ story is interesting.)

7. *Ahmad suka membaca buku* _____ .
   (Ahmad likes to read _____ books.)

8. *Anjing* _____ *itu menyalak.*
   (The _____ dog barks.)

9. *Anak* _____ *itu mujur benar.*
   (The _____ child is very lucky.)

10. *Lembu-lembu* _____ *itu makan rumput di ladang.*
    (The _____ cows eat grass in the field.)

## 13D. Word Fomation

### Verb-forming Suffix: *-i* (continuation)

The suffix *-i*, when added to verbs, has two important functions. Its first and most important function is to show location or direction.

e.g.

| | | |
|---|---|---|
| *Dia masuk dan **menduduki** kursi saya.* (He entered and occupied my chair.) | = | *Dia masuk dan **duduk di** kursi saya.* |
| *Ahmad tidak berani **memasuki** gua itu.* (Ahmad dared not enter the cave.) | = | *Ahmad tidak berani **masuk ke dalam** gua itu.* |

Perhaps verb phrases ending with *dengan*, *pada* or *kepada* should also be regarded as having the meaning of location and direction, as these kinds of phrases can be replaced by single verbs with the affix **me-i**.

e.g.

| | | |
|---|---|---|
| *Tuhan **beserta dengan** orang yang sabar.* (God is with people who are patient.) | = | *Tuhan **menyertai** orang yang sabar.* |
| *Rakyat harus **patuh pada** undang-undang negara.* (The people must obey the laws of the country.) | = | *Rakyat harus **mematuhi** undang-undang negara.* |
| *Dia **bertanya kepada** temannya.* (He asked his friend.) | = | *Dia **menanyai** temannya.* |

Another function of **me-i** is to indicate intensity, denoting that the action is done by many people or is done repeatedly.

e.g.

| | | |
|---|---|---|
| *Dia **memukuli** anak laki-laki itu.* (He beat the boy repeatedly.) | = | *Dia **memukul** anak laki-laki itu **berulang-ulang**.* |
| *Semut **mengerumuni** gula-gula itu.* (Ants surrounded the sweets.) | = | *Semut datang beramai-ramai **berkerumun** pada gula-gula itu.* |

It should be pointed out here that there are a number of words which can take both **me-kan** and **me-i**, for instance *duduk* (to sit), *tidur* (to sleep), *masuk* (to enter), *jalan* (road/movement), *turun* (to go down) and *naik* (to go up) etc.

e.g.

| | |
|---|---|
| *Wanita itu **mendudukkan** anaknya di atas tikar.* (The woman seated her child on the mat.) | *Anak itu sudah **menduduki** tikar itu.* (The child has already sat on the mat.) |

*Kuli-kuli sedang **menaikkan** barang ke kapal.*
(The coolies are loading the goods on board the ship.)

*Mereka **menaiki** bis yang datang.*
(They boarded the bus that came.)

*Ia **memasukkan** barang ke dalam lemari.*
(He put the things in the cupboard.)

*Saya tidak berani **memasuki** rumah itu.*
(I dare not enter the house.)

*Dia tidak dapat **menjalankan** mobil itu.*
(He cannot move the car.)

*Dia telah **menjalani** beberapa ujian.*
(He has gone through a few tests.)

From the examples above, it is clear that both *-kan* and *-i* indicate action and location. The difference between *-kan* and *-i* is found in the reaction of the object to the action. In a verb with the suffix *-kan* the object moves to another place. On the other hand, the object remains in its position when the suffix *-i* is used. It does not make any difference whether the prefix *me*(N) is used or not.

*Exercise 7.* Replace the phrases in bold with verbs using the affix *me-i*.

e.g.

*Siapa yang **diam** di rumah itu sekarang?*
 – diam
(Who stays in that house now?
 – to stay)

= *Siapa yang **mendiami** rumah itu sekarang?*

*Dia sudah **berkuasa atas** perseroan itu sekarang.*
 – kuasa
(He has gained control of the trading company now.
 – control)

= *Dia sudah **menguasai** perseroan itu sekarang.*

1. *Banyak sungguh orang **datang ke** rumahnya. – datang*
   (Many people came to his house. – to come)

2. *Dia tidak **hadir ke** pesta perkawinan sahabatnya. – hadir*
   (He did not attend his friend's wedding celebration. – to attend)

3. *Dia selalu **lalu di** jalan itu. – lalu*
   (He always passed along the road. – to pass by)

4. *Mereka tidak pernah **singgah di** pelabuhan itu. – singgah*
   (They have never called at that port. – to call at)

5. *Jerawat **tumbuh di** mukanya. – tumbuh*
   (Pimples grow on his face. – to grow)

6. *Siapa yang **bertempat di** rumah itu sekarang? – tempat*
   (Who occupies the house now? – place)

7. *Dia tidak mau **bercampur dengan** urusan orang itu. – campur*
   (He does not wish to meddle with that person's affairs. – to meddle with)

8. *Perbuatan itu **bersalahan dengan** undang-undang. – salah*
   (The action is against the law. – wrong)

9. *Dia **menikam** laki-laki itu **berkali-kali**. – tikam*
   (He stabs the man repeatedly. – to stab)

10. *Dia **menembak** orang jahat itu **berkali-kali**. – tembak*
    (He shoots the criminal repeatedly. – to shoot)

*Exercise 8.* Add the affix *me-kan* or *me-i* to the verbs in bold.

e.g.

| *Pencuri itu **masuk** rumahnya tadi malam.* (The thief entered his house last night.) | = | *Pencuri itu **memasuki** rumahnya tadi malam.* |
|---|---|---|

*Banyak orang tua **masuk** anak-anak mereka ke sekolah ini.*
(Many parents enrolled their children in this school.)

= *Banyak orang tua **memasukkan** anak-anak mereka ke sekolah ini.*

1. *Sejak itu dia tidak mau **diam** di desa itu lagi.*
   (Since then, he did not wish to stay in the village.)

2. *Dia **diam** adiknya yang menangis dengan gula-gula.*
   (He silences his younger brother who is crying with sweets.)

3. *Wanita itu sedang **tidur** anaknya.*
   (The woman is putting her child to sleep.)

4. *Kemudian dia **tidur** di tempat tidur itu.*
   (Then he went to sleep on the bed.)

5. *Tiap-tiap pagi, saya **naik** bis itu ke sekolah.*
   (Every morning, I take the bus to school.)

6. *Pemilik warung itu telah **naik** harga barang-barangnya.*
   (The stallholder has increased the prices of his goods.)

7. *Laki-laki itu berlari-lari **turun** tangga hotel itu.*
   (The man runs down the hotel staircase.)

8. *Pemerintah bisa membuat undang-undang untuk menaikkan atau **turun** pajak.*
   (The government can pass laws to increase or decrease taxes.)

9. *Apabila dia pulang, dia **dapat** ibunya sedang tidur.*
   (When he returned home, he found his mother sleeping.)

10. *Dia pergi **dapat** ibunya.*
    (He went to visit his mother.)

# LESSON 14

## 14A. Conversation

### *Di Toko Buku*
### (In a Bookshop)

James: *Maaf Pak Basuki. Pak Basuki tahu di mana ada toko buku yang menjual Kamus bahasa Indonesia.*
(Excuse me, Mr. Basuki. Do you know where there's a bookshop that sells Indonesian dictionaries?)

Basuki: *Oh, toko buku yang menjual Kamus bahasa Indonesia? Banyak sekali. Pergilah ke Pasar Senen.*
(Oh, bookshops that sell Indonesian dictionaries? There are plenty. Go to Senen Market.)

[*Di toko buku.*]
(In the bookshop.)

Pramuniaga: *Silakan masuk, Pak. Bisa saya tolong?*
(Please come in, Sir. Can I help?)

James: *Apa Anda menjual kamus? Saya mau membeli kamus Indonesia-Inggeris.*
(Do you sell dictionaries? I want to buy an Indonesian-English dictionary.)

Pramuniaga: *Ada. Ini kamus Indonesia-Inggeris yang paling baik. Kamus ini disusun oleh seorang dosen universitas.*
(Yes. This is the best Indonesian-English dictionary. It was compiled by a university lecturer.)

James: *Berapa harganya?*
(What is the price?)

| | |
|---|---|
| Pramuniaga: | *Dua belas ribu rupiah.*<br>(Twelve thousand rupiahs.) |
| James: | *Boleh kurang sedikit?*<br>(Can't it be slightly reduced?) |
| Pramuniaga: | *Tidak boleh. Di sini harga tetap, Pak.*<br>(No, it cannot. The price is fixed here, sir.) |
| James: | *Saya ambil ini. Di mana saya harus bayar?*<br>(I take this one. Where can I pay?) |
| Pramuniaga: | *Di sana, Pak.*<br>(Over there, sir.) |

## 14B. Structure

Read the following sentences carefully.

| SUBJECT | PREDICATE |
|---|---|
| *Kita* | *harus mendapatkan uang untuk membeli rumah.* |
| We | must obtain the money to buy a house. |
| *Dia* | *memberikan segelas air kepada suaminya.* |
| She | passes a glass of water to her husband. |
| *Dia* | *dapat menyelesaikan pekerjaan itu dalam seminggu.* |
| He | can complete the job in a week. |
| *Mereka* | *telah meluluskan usul itu minggu yang lalu.* |
| They | passed the proposal last week. |
| *Ahmad* | *telah menterjemahkan buku itu ke dalam bahasa Indonesia.* |
| Ahmad | has translated the book into Indonesian. |

*Exercise 1.* Substitute the word in bold in the model sentence with those given.

e.g.

*Kita harus **mengadakan** uang untuk membeli **rumah**.*
(We must produce the money to buy a house.)

*menggunakan*
(to use)

*Kita harus **menggunakan** uang untuk membeli rumah.*
(We must use the money to buy a house.)

*mendermakan*
(to donate)

*Kita harus **mendermakan** uang untuk membeli rumah.*
(We must donate the money to buy a house.)

*menyediakan*
(to prepare)

*Kita harus **menyediakan** uang untuk membeli rumah.*
(We must prepare the money to buy a house.)

*mobil*
(a car)

*Kita harus menyediakan uang untuk membeli **mobil**.*
(We must prepare the money to buy a car.)

*menabung*
(to save)

*Kita harus **menabungkan** uang untuk membeli mobil.*
(We must save money to buy a car.)

1. *mengeluarkan* (to withdraw)
2. *mencukupkan* (to make up the deficiency)
3. *menyumbangkan* (to contribute)
4. *mengumpulkan* (to collect)
5. *bangunan baru* (a new building)
6. *sebidang tanah* (a piece of land)
7. *menyisihkan* (to put aside)
8. *menyerahkan* (to hand over)

9. *menghematkan* (to save [literally 'to economise'])
10. *mencarikan* (to find)

*Exercise 2.* Answer the following questions. Use the words given.

e.g.

| Question | Answer |
|---|---|
| *Abas mengadukan peristiwa itu kepada siapa?*<br>– *polisi*<br>(To whom did Abas complain about the incident?<br>– the police) | *Abas mengadukan peristiwa itu kepada polisi.*<br>(Abas complained about the incident to the police.) |
| *Dia membocorkan rahasia itu kepada siapa?*<br>– *musuh*<br>(To whom did he leak the secret?<br>– the enemy) | *Dia membocorkan rahasia itu kepada musuh.*<br>(He leaked the secret to the enemy.) |

1. *Dia menjanjikan pertolongan kepada siapa? – para korban kebakaran*
   (To whom did he promise assistance? – the fire victims)

2. *Dia menjelaskan hal itu kepada siapa? – para pekerja*
   (To whom did he explain the matter? – the workers)

3. *Dia mengemukakan pertanyaan itu kepada siapa? – seorang menteri*
   (To whom did he put forward the question? – a minister)

4. *Dia mengajukan usul itu kepada siapa? – kepala kantornya*
   (To whom does he put forward the proposal? – the head of his office)

5. *Dia mengucapkan terima kasih kepada siapa? – semua temannya*
   (To whom did he say 'thank you'? – to all his friends)

6. *Tuti menghidangkan makanan untuk siapa? – para tamu*
   (To whom did Tuti serve the food? – the guests)

7. *Dia menunjukkan cincin itu kepada siapa? – kekasihnya*
   (To whom did he show the ring? – his love)

8. *Pak Susilo menyampaikan hadiah kepada siapa? – para pemenang*
   (To whom did Pak Susilo give the prizes? – the winners)

9. *Orang tua itu meninggalkan hartanya kepada siapa? – anak-anaknya*
   (To whom did the old man leave his property? – his children)

10. *Dia mengembalikan surat itu kepada siapa? – pengirimnya*
    (To whom did he return the letter? – its sender)


*Exercise 3.* Answer the following questions. Use the words given.

e.g.

| Question | Answer |
|---|---|
| **Apa yang** telah memusnahkan rumah-rumah itu?<br>– *api*<br>(What destroyed the houses? – fire) | *Api telah memusnahkan rumah-rumah itu.*<br>(Fire destroyed the houses.) |
| **Siapa yang** telah mententeramkan keadaan itu?<br>– *tentara*<br>(Who pacified the situation? – the army) | *Tentara telah mententeramkan keadaan itu.*<br>(The army pacified the situation.) |

1. ***Apa yang** telah meruntuhkan rumah itu? – bom*
   (What has caused the house to collapse? – a bomb)

2. ***Siapa yang** telah mendirikan persatuan itu? – guru*
   (Who founded the association? – teachers)

3. ***Apa yang** menghanyutkan gubuk itu? – banjir*
   (What washed away the hut? – a flood)

4. ***Siapa yang** telah menggadaikan rumahnya? – tetangganya*
   (Who mortgaged his house? – his neighbour)

5. ***Siapa yang** menyaksikan pertandingan itu? – penonton*
   (Who witnessed the competition? – the audience)

6. ***Apa yang** menenggelamkan kapal itu? – ranjau laut*
   (What sank the ship? – a sea mine)

7. ***Siapa yang** mendengarkan uraian guru? – murid-murid*
   (Who listened to the teacher's explanation? – students)

8. ***Siapa yang** berusaha meningkatkan taraf hidup rakyat? – pemerintah*
   (Who is trying to improve the people's standard of living? – the government)

9. ***Siapa yang** telah membubarkan pertemuan itu? – polisi*
   (Who dispersed the gathering? – the police)

10. ***Siapa yang** mendirikan perpustakaan di mana-mana? – pemerintah*
    (Who establishes libraries everywhere? – the government)

*Exercise 4.* Form questions from the following statements.

e.g.

| | |
|---|---|
| *Dia **bisa** membuktikan kesalahan orang itu.* (He can prove the man's guilt.) | ***Bisakah** dia membuktikan kesalahan orang itu?* (Can he prove the man's guilt?) |

*Dia **dapat** melaksanakan tugas itu.*
(He can carry out the task.)

***Dapatkah** dia melaksanakan tugas itu?*
(Can he carry out the task?)

1. *Dia **bisa** melakukan tugasnya.*
   (He can accomplish his task.)

2. *Ali **dapat** menjalankan kewajibannya.*
   (Ali can carry out his responsibilities.)

3. *Dia **bisa** mensukseskan usaha itu.*
   (He can make the effort a success.)

4. *Dia **dapat** merapikan rumah itu sendiri.*
   (He can tidy up the house himself.)

5. *Anak perempuan itu **dapat** menyebutkan nama-nama propinsi di Indonesia.*
   (The girl can mention the names of the provinces in Indonesia.)

6. *Anak itu **dapat** menamatkan sekolahnya dalam waktu setahun.*
   (The child can complete his schooling in a year's time.)

7. *Obat itu **dapat** menguatkan badan.*
   (The medicine can strengthen the body.)

8. *Dia **bisa** menyelesaikan pekerjaan itu.*
   (He can complete the job.)

9. *Dia **dapat** menyalakan api itu.*
   (He can light the fire.)

10. *Dia **dapat** memadamkan api itu.*
    (He can extinguish the fire.)

## 14C. Grammar

### Expansion of Simple Sentences

Simple sentences are the basic sentences in any language. They can be expanded or combined to form all the sentences in a language. In the previous lesson we have already learnt that simple sentences can be expanded. In this lesson we intend to go into more details about the expansion of simple sentences.

The most common way of expanding a simple sentence is by expanding the noun that functions as a subject into a noun phrase. A noun phrase is a group of words that can function as a noun:

e.g. ***Gadis itu*** *menyanyi.*
(**The girl** is singing.)

***Gadis kecil itu*** *menyanyi.*
(**The small girl** is singing.)

***Gadis tetangga itu*** *menyanyi.*
(**The neighbour's girl** is singing.)

***Lima orang gadis itu*** *menyanyi.*
(**Five girls** are singing.)

***Gadis di dalam kamar itu*** *menyanyi.*
(**The girl in the room** is singing.)

***Lima orang gadis kecil di dalam kamar itu*** *menyanyi.*
(**Five small girls in the room** are singing.)

All the phrases in bold are noun phrases because they are expansions of the head noun *gadis* (the girl). These noun phrases are formed through the addition of the adjective *kecil*, the noun *tetangga*, the numeral *lima orang*, the prepositional phrase *di dalam kamar* and a combination of all these modifiers. Below are some additional examples of noun phrases:

*Buku* **tebal** *itu mahal.*
(The **thick** book is expensive.)

*Murid-murid **sekolah** sedang menyanyi.*
(**School** children are singing.)

***Kedua-dua** kejadian itu berlaku dalam waktu yang sama.*
(The **two** incidents happened at the same time.)

*Buku-buku **di dalam lemari buku** itu masih belum dibaca.*
(The books **in the bookcase** have not been read yet.)

***Banyak** murid tidak hadir hari ini.*
(**Many** pupils did not turn up today.)

It should be pointed out here that a noun functioning as an object can also be expanded in the same way.

e.g. *Dia menyetujui usul **Sarwono**.*
(He agrees to **Sarwono's** suggestion.)

*Saya kenal **pedagang** kaya itu.*
(I know the wealthy **merchant**.)

*Ali menaiki perahu **bajak laut** itu.*
(Ali boarded the **pirate** ship.)

*Dia melihat jam **di dinding**.*
(He looked at the clock **on the wall**.)

All the words modifying the nouns are called modifiers.

*Exercise 5.* Underline the modifiers in the following sentences.

e.g.

| | |
|---|---|
| *Rumah Pak Rahman jauh dari sini.* (Mr. Rahman's house is far from here.) | *Rumah <u>Pak Rahman</u> jauh dari sini.* |
| *Rahim pergi mengambil beberapa bungkusan.* (Rahim went to get a few packets.) | *Rahim pergi mengambil <u>beberapa</u> bungkusan.* |

1. *Rumah Ahmad jauh dari sekolah.*
   (Ahmad's house is far from school.)

2. *Angin laut telah memulihkan kesehatan saya.*
   (The sea breeze has cured me [literally 'my health']).

3. *Bahasa Indonesia penting.*
   (The Indonesian language is important.)

4. *Mutu pelajaran sekolah itu tinggi.*
   (The educational standard [literally 'lesson'] of the school is high.)

5. *Orang kaya seharusnya menolong orang miskin.*
   (Rich men should help poor men.)

6. *Tong kosong berbunyi nyaring.*
   (An empty vessel makes the most noise.)

7. *Semua murid berkumpul di lapangan sekolah.*
   (All the pupils gathered at the school field.)

8. *Gaji saya sejuta rupiah sebulan.*
   (My salary is one million rupiahs a month.)

9. *Ali sudah menjadi anggota sebuah partai politik.*
   (Ali became a member of a political party.)

10. *Dia selalu bermain dengan anak-anak di desa.*
    (He always played with the children in the village.)

*Exercise 6.* Expand the following sentences by adding suitable modifiers from the box below to the nouns.

| | | | |
|---|---|---|---|
| *semua* | *banyak* | *segala* | *kencang* |
| *lebat* | *di dalam air* | *di atas meja* | *cerdik* |
| *dari Jepang* | *dalam keluarga* | | |

e.g.

*Anjing _____ itu telah menggigit seorang anak laki-laki.*
(The _____ dog has bitten a boy.

*Anjing **galak** itu telah menggigit seorang anak laki-laki.*
(The **fierce** dog has bitten a boy.)

_____ *kawan-kawan berkumpul di rumahnya.*
(_____ the friends gathered at his house.)

***Semua** kawan-kawan berkumpul di rumahnya.*
(**All** the friends gathered at his house.)

1. _____ *orang di situ.*
   (_____ people are there.)

2. *Saleh ada* _____ *buku.*
   (Saleh has _____ books.)

3. _____ *kehendaknya dipenuhi ibunya.*
   (_____ his wishes were satisfied by his mother.)

4. *Angin* _____ *telah bertiup tadi malam.*
   (A _____ wind blew last night.)

5. *Hujan* _____ *telah turun.*
   (_____ rain fell.)

6. *Ikan* _____ *itu sedang bermain-main.*
   (The fish _____ is playing.)

7. *Buku* _____ *itu buku saya.*
   (The book _____ is my book.)

8. *Anak* _____ *disukai guru-guru.*
   (An _____ child is liked by teachers.)

9. *Tamu-tamu* _____ *sudah pulang.*
   (The guests _____ have returned home.)

10. *Masalah* _____ *itu susah diselesaikan.*
    (The problem _____ is difficult to solve.)

## 14D. Word Formation

### *ada, ajar, angkat, baik, bangun*

We have learnt about noun-forming, verb-forming and adjective-forming prefixes and suffixes. From this lesson onwards, we are going to learn the different prefixes and suffixes that a root word may take. Below are examples of prefixes and suffixes commonly used. Observe their uses carefully.

(*a*)　*ada: berada, mengadakan, keadaan, adakah*

    e.g.　*Ibu saya tidak **ada** di rumah.*
          (My mother **is** not at home.)

          *Ketika itu saya **berada** di Malaysia.*
          (At that time I **was** in Malaysia.)

          *Kartini anak orang **berada**.*
          (Kartini is a **rich** man's daughter.)

          *Mereka **mengadakan** pertemuan itu di sebuah restoran.*
          (They **organised** the meeting in a restaurant.)

          ***Keadaan** kamar itu sangat bersih.*
          (The **condition** of the room is clean.)

          ***Adakah** ayam berkaki empat?*
          (**How** can a chicken have four legs?)

          *Negara itu **keadaannya** kacau-balau karena serangan-serangan pemberontak.*
          (That country **is in a state** of chaos as a result of the attacks by rebels.)

(*b*)　*ajar: belajar, mengajar, mengajari, mengajarkan, mempelajari, ajaran, pengajaran, pelajar, pelajaran, pengajar, terpelajar*

    e.g.　*Adik laki-lakinya sedang **belajar** berenang.*
          (His younger brother is **learning** to swim.)

*Arini **mengajar** anaknya membaca dan menulis.*
(Arini **teaches** her child to read and write.)

*Guru **mengajari** murid-murid menari.*
(The teacher **teaches** the students to dance.)

*Ibu sedang **mengajarkan** cara-cara membuat kue kepada kakak.*
(Mother is **teaching** the methods of making a cake to my sister.)

*Ia sedang **mempelajari** ilmu kimia.*
(He is **studying** chemistry.)

*Dia tidak pernah melupakan **ajaran** gurunya.*
(He never forgets the **teachings** of his teacher.)

***Pengajaran** bahasa Indonesia di sekolah itu kurang baik.*
(The **teaching** of Indonesian language in that school is not [literally 'less'] good.)

*Anak laki-laki itu **pelajar** sekolah menengah.*
(The boy is a secondary school **student**.)

*Guru itu sedang memberi **pelajaran** membaca.*
(The teacher is giving a reading **lesson**.)

*Pada waktu ini kami kekurangan tenaga **pengajar**.*
(At present, we are short of **teaching staff**.)

*Golongan **terpelajar** memang dihormati dalam masyarakat kami.*
(The **learned** are respected in our society.)

(*c*) **angkat: berangkat, memberangkatkan, keberangkatan, mengangkat, mengangkati, mengangkatkan, angkatan**

    e.g. *Mereka **angkat** tangan.*
(They **raise** [their] hands.)

*Rombongan itu akan **berangkat** ke Tanjong Pinang.*

(The group will **depart** for Tanjong Pinang.)

*Usaha untuk **memberangkatkan** rombongan itu ke London telah direncanakan.*
(The effort to **despatch** the group to London has been planned.)

***Keberangkatan** rombongan itu dirahasiakan.*
(The **departure** of the group has been kept secret.)

*Seorang murid **mengangkat** tangannya untuk menjawab pertanyaan guru itu.*
(A pupil **raised** his hand in order to answer the teacher's question.)

*Organisasi itu akan **mengangkat** Rahmat sebagai Ketuanya.*
(The organisation wishes to **appoint** Rahmat as its Chairman.)

*Mereka **mengangkati** (barang-barang) muatan itu sejak pagi tadi.*
(They have been **unloading** the cargoes since this morning.)

*Dia **mengangkatkan** kopor tamunya.*
(He **carried** the suitcase for his guest.)

*Perselisihan terjadi antara **angkatan** muda dan **angkatan** tua.*
(A misunderstanding occurs between the younger **generation** and the older generation.)

(d)  **baik: baik-baik, sebaik, berbaikan, memperbaiki, kebaikan, perbaikan, memperbaiki**

e.g.  *Obat ini **baik** untuk inpluensa.*
(This medicine is **good** for influenza.)

*Baca **baik-baik** surat itu.*
(Read the letter **carefully**.)

*Pensil kamu tidak **sebaik** pensil saya.*
(Your pencil is not **as good as** my pencil.)

*Saya tidak tahu mengapa ia masih **berbaikan** dengan orang itu.*
(I do not know why he is still **on friendly terms** with that person.)

*Usman sedang **memperbaiki** radionya yang rusak.*
(Usman was **repairing** his radio which was broken.)

*Saya tidak sanggup membalas **kebaikan** hati Saudara.*
(I am unable to repay your **kindness**.)

*Buku ini merupakan **perbaikan** dari buku yang terdahulu.*
(This book is a **revision** of the previous one.)

*Dia **memperbaiki** kelakuannya.*
(He **corrects** his behaviour.)

(*e*) *bangun: membangun, membangunkan, terbangun, bangunan, pembangunan*

e.g. *Saya sudah **bangun** jam enam pagi.*
(I **woke up** at six o'clock in the morning.)

*Kita harus berusaha **membangun** negara kita.*
(We must try to **build up** our country.)

*Ibu **membangunkan** saya setiap pagi.*
(Mother **wakes** me **up** every morning.)

*Dia **terbangun** di tengah malam.*
(He **woke up** [unintentionally] in the middle of the night.)

***Bangunan** itu sudah tua.*
(The **building** is already old.)

***Pembangunan** kota mendapat perhatian pemerintah.*
(Urban **development** gets the government's attention.)

# LESSON 15

## 15A. Conversation

### *'Sejarah Melayu'*
### (The 'Malay Annals')

Anita: *Anda sedang apa Jamilah?*
(What are you doing Jamilah?)

Jamilah: *Saya sedang membaca sebuah buku yang sangat menarik.*
(I am reading a very interesting book.)

Anita: *Apa judulnya?*
(What is the title?)

Jamilah: *'Sejarah Melayu'.*
(The 'Malay Annals'.)

Anita: *'Sejarah Melayu'?*
(The 'Malay Annals'?)

Jamilah: *Mengapa Anda heran?*
(Why are you surprised?)

Anita: *Saya pernah membaca buku itu. Buku itu ditulis dalam bahasa Melayu lama yang membosankan. Karena itu saya heran waktu Anda mengatakan buku itu menarik.*
(I have read the book. It is written in classical Malay language which is boring. That is why I am surprised when you say that the book is interesting.)

Jamilah: *Itu pendapat Anda. Pendapat saya lain. Menurut saya buku ini harus dibaca oleh semua orang.*
(That is your opinion. My opinion is different. I think the book should be read by everyone.)

Anita: *Mengapa?*
(Why?)

Jamilah: *'Sejarah Melayu' banyak berisi kisah-kisah yang menarik tentang Singapura. Di samping itu juga mengisahkan asal-usul kerajaan Melayu dan keagungannya pada zaman dahulu.*
(The 'Malay Annals' has many interesting stories about Singapore. Besides, it also narrates the origins of the Malay kingdom and its glory in times gone by.)

Anita: *Betulkah raja-raja Melayu keturunan dari Iskandar Zulkarnain?*
(Is it true that the Malay rulers descended from Alexander the Great?)

Jamilah: *Betul atau tidak, itu tidak penting. Yang penting orang Melayu percaya raja mereka berasal dari Iskandar Zulkarnain.*
(Whether it is true or not is not important. What is important is that the Malays believe their rulers are descended from Alexander the Great.)

Anita: *Wah, Anda ini pandai sekali. Anda seperti profesor saja.*
(Wah, you are very clever. You are like a professor.)

Jamilah: *Oh, tidak. Saya hanya tahu sedikit sahaja.*
(Oh, no. I know only a little.)

## 15B. Structure

Read the following sentences carefully.

| SUBJECT | PREDICATE |
|---|---|
| *Dia* | *selalu mengunjungi sahabat-sahabatnya.* |
| He | always visits his friends. |
| | |
| *Dia* | *selalu menghujani laki-laki itu dengan pertanyaan.* |
| He | always showers the man with questions. |
| | |
| *Dia* | *menjumpai orang itu di kota.* |
| He | met the man in town. |
| | |
| *Pegawai itu* | *bisa melebihi teman-teman sekerjanya.* |
| The officer | can surpass his colleagues. |
| | |
| *Konsumen* | *mendekati pedagang itu dengan hati-hati.* |
| The consumer | approaches the trader cautiously. |

*Exercise 1.* Substitute the verb in bold in the model sentence with those given.

e.g. *Dia tidak mau **memarahi** rekannya.*
(He does not want to scold his colleague.)

*menyinggahi* *Dia tidak mau **menyinggahi** rekannya.*
(to call on) (He does not want to call on his colleague.)

| | |
|---|---|
| *menyaingi* (to compete with) | *Dia tidak mau **menyaingi** rekannya.* (He does not want to compete with his colleague.) |
| *menyetujui* (to agree with) | *Dia tidak mau **menyetujui** rekannya.* (He does not want to agree with his colleague.) |
| *menyalahi* (to blame) | *Dia tidak mau **menyalahi** rekannya.* (He does not want to blame his colleague.) |

1. *menjauhi* (to stay away from)
2. *menyumpahi* (to curse)
3. *menyertai* (to join)
4. *menyingkiri* (to avoid)
5. *meramahi* (to please)
6. *memusuhi* (to antagonize)
7. *menanyai* (to ask)
8. *menyakiti* (to hurt)
9. *menakuti* (to frighten)
10. *mempercayai* (to believe)

*Exercise 2.* Answer the following questions. Use the words given.

e.g.

| Question | Answer |
|---|---|
| *Dia mengunjungi siapa di kampung?*   – *saudaranya* (Whom did he visit in the village? – his relatives) | *Dia mengunjungi saudaranya di kampung.* (He visited his relatives in the village.) |

*Dia sangat mencintai siapa?*
 – *isterinya*
(Whom did he love deeply?
 – his wife)

*Dia sangat mencintai isterinya.*
(He loved his wife deeply.)

1. *Allah selalu melindungi siapa? – orang yang saleh*
   (Whom does God protect? – pious persons)

2. *Jururawat itu sedang mengobati siapa? – pasien*
   (Whom is the nurse treating? – the patient)

3. *Dia akan mewakili siapa dalam pertemuan itu? – kepala kantornya*
   (Whom will he be representing at the meeting? – his office chief)

4. *Pihak polisi telah menghubungi siapa kemarin sore? – usahawan itu*
   (Whom did the police contact yesterday afternoon? – the entrepreneur)

5. *Dia sangat mengasihi siapa? – sahabatnya*
   (Whom did he love very much? – his friend)

6. *Ramlan mengasihani siapa? – orang miskin*
   (Whom did Ramlan pity? – the poor)

7. *Dina sedang menyusui siapa? – anaknya*
   (Whom is Dina giving milk to? – her child)

8. *Dia mencurigai siapa? – saudara kandungnya sendiri*
   (Whom did he suspect? – his own brother/sister)

9. *Orang itu mengkhianati siapa? – isterinya sendiri*
   (Whom did the man betray? – his own wife)

10. *Dia sanggup mengawini siapa? – gadis itu*
    (Whom is he willing to marry? – the girl)

*Exercise 3.* Answer the following questions. Use the words given.

e.g.

| Question | Answer |
| --- | --- |
| **Siapa yang** *menghormati pahlawan?*<br>*– masyarakat*<br>(Who honours heroes?<br>– the society) | **Masyarakat** *menghormati pahlawan.*<br>(The society honours heroes.) |
| **Siapa yang** *akan membului ayam yang baru disembelih itu?*<br>*– ibu*<br>(Who will pluck the feathers from the just-slaughtered chicken?<br>– mother) | **Ibu** *yang akan membului ayam yang baru disembelih itu.*<br>(Mother will pluck the feathers from the just-slaughtered chicken.) |

1. **Siapa yang** *mau menikahi gadis kaya itu? – tidak ada orang*
   (Who is willing to marry the rich girl? – no one)

2. **Siapa yang** *sangat menyayangi isterinya? – orang itu*
   (Who loves his wife dearly? – that man)

3. **Siapa yang** *menyegani orang laki-laki itu? – kami semua*
   (Who feel respectful towards the man? – all of us)

4. **Siapa yang** *masih mencurigai orang itu? – polisi*
   (Who is still suspicious of the man? – the police)

5. **Siapa yang** *menguliti mangga itu? – siswa itu*
   (Who peeled the mango? – the students)

6. **Siapa yang** *selalu mendampingi adiknya ke kota? – penulis itu*
   (Who is always accompanying his brother to the town? – the writer)

7. **Siapa yang** mengerumuni pengarang itu? – murid-murid sekolah
   (Who surrounded the writer? – the school pupils)

8. **Siapa yang** harus menyampuli bukunya? – setiap anak
   (Who must wrap his book? – every child)

9. **Siapa yang** dapat menandingi Ahmad dalam permainan itu? – tidak seorang pun
   (Who can be a formidable opponent for Ahmad in the game? – no one)

10. **Siapa yang** mewakili ayah? – kakak laki-laki saya
    (Who represented father? – my elder brother)

*Exercise 4.* Answer the following questions. Use the words given.

e.g.

| Question | Answer |
| --- | --- |
| **Bagaimana** dia menghadapi musuh-musuhnya?<br>– dengan berani<br>(How did he confront his enemies?<br>– bravely) | Dia menghadapi musuh-musuhnya **dengan berani**.<br>(He confronted his enemies bravely.) |
| **Bagaimana** dia menembaki perampok itu?<br>– berkali-kali<br>(How did he shoot the robber? – several times) | Dia menembaki perampok itu **berkali-kali**.<br>(He shot the robber several times.) |

1. **Bagaimana** dia mengamati lawannya? – dengan diam-diam
   (How did he watch his opponent? – secretly)

2. **Bagaimana** dia merestui anak laki-lakinya? – dengan doa
   (How did he bless his son? – with a prayer)

3. ***Bagaimana** hakim mengadili orang itu? – dengan bijaksana*
   (How did the judge pass his judgement on the man? – wisely)

4. ***Bagaimana** dia menghadapi laki-laki tua itu? – dengan hati yang berdebar-debar*
   (How did he confront the old man? – with a beating heart)

5. ***Bagaimana** dia mempengaruhi pegawai itu? – dengan uang*
   (How did he influence the officer? – with money)

6. ***Bagaimana** dia menikami penjahat itu? – dengan senjata tajam*
   (How did he stab the criminal? – with a sharp weapon)

7. ***Bagaimana** dia mendengar pengumuman pemerintah? – dengan gelisah*
   (How did he hear the government's announcement? – nervously)

8. ***Bagaimana** dia menyirami bunga? – dengan pipa penyiram karet*
   (How did he water the flowers? – with a rubber hose)

9. ***Bagaimana** dia melayani langganan-langganannya? – dengan ramah*
   (How did he serve his customers? – courteously)

10. ***Bagaimana** dia mempercayai ketua partai itu? – dengan sepenuh hati*
    (How much did he trust the party leader? – whole-heartedly)

## 15C. Grammar

### Expansion of Simple Sentences (continuation)

We have discussed the expansion of nouns in simple sentences. Adjectives and verbs can also be expanded. The best way to expand adjectives is to add words denoting various degrees of comparison.

e.g. *Anak itu **agak** manja sekarang.*
(The child is **rather** pampered now.)

*Anak itu **sangat** manja sekarang.*
(The child is **very** pampered now.)

*Anak itu **kurang** manja sekarang.*
(The child is **less** pampered now.)

· Verbs, on the other hand, can be modified by auxiliary verbs. There are two types of auxiliary verbs: (a) aspect auxiliaries e.g. *sudah, telah, masih, sedang*, and *akan* and (b) modal auxiliaries e.g. *dapat, hendak, mau, ingin, mesti, wajib, harus*. A simple sentence may contain more than one auxiliary verb.

e.g. *Saya **sudah** makan tadi pagi.*
(I **have** eaten this morning.)

*Saya **akan** belajar bahasa Arab.*
(I **will** study Arabic.)

*Dia **belum mau** pergi.*
(He **does not wish** to go.)

*Dia **masih belum mau** pergi.*
(He is **still not willing** to go.)

*Ayah kamu **belum tentu dapat** datang.*
(Your father **may not be** [literally '**is not certain to be**'] **able to** come.)

Perhaps adverbs or adverbials are most important in the expansion of simple sentences.

e.g. ***Sesungguhnya** Saudara teman yang setia.*
(**Indeed**, you are a loyal friend.)

*Usman sakit **barangkali**.*
(Usman is sick **perhaps**.)

*Mereka menikah **diam-diam saja**.*
(They married **quietly**.)

> *Dia mengerjakan pekerjaan itu **dengan hati-hati**.*
> (He does the job **cautiously**.)

Similarly, a simple sentence may contain more than one adverb or adverbial.

> e.g. *Mereka tinggal **di sini sejak perang dulu**.*
> (They have been staying **here since the last war**.)
>
> *Mereka masuk **dengan diam-diam ke dalam kamar itu**.*
> (They entered **the room quietly**.)

*Exercise 5.* Delete the modifiers in the following sentences.

e.g.

| | |
|---|---|
| *Ayahmu sibuk benar hari ini.* (Your father is very busy today.) | *Ayahmu sibuk.* (Your father is busy.) |
| *Siang-siang dia sudah datang.* (He came very early.) | *Dia sudah datang.* (He came.) |

1. *Isterinya cerewet sekali.*
   (His wife is very quarrelsome.)

2. *Bubur itu kurang manis.*
   (The porridge is not sweet [enough].)

3. *Gadis itu agak canggung.*
   (The girl is rather clumsy.)

4. *Pekerjaan itu amat susah.*
   (The job is very difficult.)

5. *Mereka masuk ke kelas dua-dua.*
   (They entered the classroom two by two.)

6. *Dia menatap wajah adiknya lama-lama.*
   (He stares at his younger sister's face for a long time.)

7. *Kamu akan menyesal nanti.*
   (You will regret it later.)

8. *Ayah sudah pergi ke Jakarta dengan kapal terbang.*
   (Father went to Jakarta by aeroplane.)

9. *Saya tidak akan masuk sekolah besok.*
   (I will not go to school tomorrow.)

10. *Tiap-tiap pagi dia pergi ke kantor dengan bis.*
    (Every day, he goes to the office by bus.)

*Exercise 6.* Expand the following sentences by adding modifying words to the adjectives or verbs.

e.g.

*Baunya harum.*  *Baunya harum sekali.*
(The smell is fragrant.)  (The smell is very fragrant.)

*Dia berbicara.*  *Dia berbicara paling dulu.*
(He talked.)  (He talked first.)

1. *Cerita itu panjang.*
   (The story is long.)

2. *Laporan itu ringkas.*
   (The report is short.)

3. *Anak itu cerdik.*
   (The child is intelligent.)

4. *Pelabuhan itu besar.*
   (The harbour is big.)

5. *Pisang itu matang.*
   (The banana is ripe.)

6. *Adik sedang bermain.*
   (The younger sister is playing.)

7. *Arloji saya cepat.*
   (My watch is fast.)

8. *Mereka sudah pulang.*
   (They have gone home.)

9. *Pasar itu ramai.*
   (The market is noisy.)

10. *Kita mengaso.*
    (We are taking a break.)

## 15D. Word Formation

### *benar, boleh, buat, dapat, datang*

(*a*)  *benar: benar-benar, sebenarnya, membenarkan, pembenaran, dibenarkan*

e.g. *Ejaan kata itu tidak **benar**.*
(The spelling of that word is not **correct**.)

*Kata-katanya itu **benar-benar** meninggalkan kesan di hatiku.*
(His words have [literally 'leave'] **great** effect on my feelings [literally 'heart'].)

***Sebenarnya** saya suka makan durian.*
(**Actually**, I like to eat durian.)

*Ia **membenarkan** kabar itu.*
(He **confirmed** the news.)

***Kebenaran** berita itu masih diragukan.*
(The **truth** of the news is still doubted.)

*Berita itu belum mendapatkan **pembenaran**.*
(The news has not been **confirmed** yet.)

*Kami **dibenarkan** pulang awal hari ini.*
(We are **allowed** to go back early today.)

(b) **boleh: memperbolehkan, kebolehan, seboleh-bolehnya**

> e.g. *Mengapa dia tidak **boleh** membaca surat itu?*
> (Why is he not **allowed** to read the letter?)
>
> *Kekayaan ayahnya **memperbolehkan** dia melanjutkan pelajaran ke luar negeri.*
> (His father's wealth **allows** him to further his studies abroad.)
>
> *Artis-artis cilik mempertunjukkan **kebolehan**nya di atas pentas.*
> (The little artistes show their **abilities** on the stage.)
>
> *Mereka akan berusaha **seboleh-bolehnya**.*
> (They will endeavour **as best they can**.)

(c) **buat: berbuat, dibuat, membuat, membuatkan, buatan, perbuatan, pembuatan, pembuat**

> e.g. *Dia tidak **berbuat** apa-apa.*
> (He did not **do** anything.)
>
> *Ibu **membuat** kue di dapur.*
> (Mother is **making** a cake in the kitchen.)
>
> *Mereka mau **membuatkan** sebuah masjid baru untuk kita.*
> (They intend **to make** [build] a new mosque for us.)
>
> *Dinding rumah itu **dibuat** dari papan.*
> (The wall of the house **is made** of plank.)
>
> *Sepatu itu **buatan** dalam negeri.*
> (The shoes are local **made**.)
>
> ***Perbuatan** orang itu tidak baik.*
> (The man's **action** [doing] is not good.)
>
> ***Pembuatan** kapal bukanlah hal yang sukar.*
> (The **making** [building] of ships is not a difficult matter.)

> ***Pembuat** mainan itu tidak dapat diketahui.*
> (The **producer** of the toys cannot be discovered.)

(*d*) **dapat: sedapat-dapatnya, mendapat, mendapati, mendapatkan, terdapat, pendapat, berpendapat, pendapatan, berpendapatan, kedapatan**

> e.g. *Saya **mendapat** sepuluh ribu rupiah dari kakek.*
> (I **get** ten thousand rupiahs from grandfather.)
>
> *Semua pihak telah berusaha **sedapat-dapatnya** untuk menyelesaikan masalah itu.*
> (All parties have endeavoured **to their utmost capabilities** to solve the problem.)
>
> *Pengusaha itu **mendapat** keuntungan yang lumayan.*
> (The businessman **gets** reasonable profits.)
>
> *Para dokter **mendapati** banyak penduduk di situ menderita penyakit malaria.*
> (Doctors **discover** many residents there are suffering from malaria.)
>
> *Bu Mariam berlari **mendapatkan** suaminya.*
> (Mrs. Mariam runs **to meet** her husband.)
>
> *Di belakang rumahnya **terdapat** pohon buah-buahan.*
> (At the back of his house **are** fruit trees.)
>
> *Pada **pendapat** saya, sebaiknya kita sokong proyek itu.*
> (In my **opinion**, it is good that we support the project.)
>
> *Saya **berpendapat** bahwa dia seorang yang jujur.*
> (I **am of the opinion** that he is an honest person.)
>
> *Dia tidak mampu membeli rumah karena **pendapatannya** kecil.*
> (He cannot afford to buy a house because **his income** is small.)

*Golongan yang **berpendapatan** rendah sering mempunyai masalah lebih banyak.*
(The group with a low **income** often has more problems.)

*Malam itu Haji Jalal **kedapatan** mencuri mangga.*
(That night Haji Jalal **was caught** stealing mangoes.)

(*e*) ***datang: datang-datang, mendatang, mendatangkan, mendatangi, didatangi, pendatang, kedatangan***

    e.g. *Barang-barang itu **datang** dari luar negeri.*
(The goods **came** from abroad.)

***Datang-datang** dia menyalahkan saya.*
(**Suddenly** he threw the blame on me.)

*Pada masa itu satu fikiran yang baik **mendatang**.*
(At that time a good idea **emerged** suddenly.)

*Pengusaha itu **mendatangkan** berbagai jenis kain dari Jepang.*
(The businessman **imported** various kinds of cloths from Japan.)

*Banyak cucunya **mendatanginya** pada hari Lebaran.*
(Many of his grandchildren **visited** him on Hari Raya.)

*Kampung itu **didatangi** musuh.*
(The village was **attacked** by the enemy.)

*Banyak **pendatang** gelap di desa itu.*
(There are many illegal **immigrants** in that village.)

***Kedatangannya** disambut dengan hangat oleh orang-orang kampung.*
(His **arrival** was received warmly by the villagers.)

# LESSON 16

## 16A. Conversation

### *Kecelakaan*
### (An Accident)

Rahman: *Saya dengar mobilmu bertabrakan dengan truk, ya?*
(I heard that your car collided with a truck, is that so?)

Karno: *Iya.*
(Yes.)

Rahman: *Di mana kecelakaan itu terjadi?*
(Where did the accident happen?)

Karno: *Dekat Bogor.*
(Near to Bogor.)

Rahman: *Bagaimana bisa terjadi? Karena kamu kurang hati-hati atau karena terlalu cepat?*
(How did the accident happen? Was it because you were careless or because you drove too fast?)

Karno: *Oh, tidak. Kalau saya kurang berhati-hati atau terlalu cepat, kamu sudah tidak melihat saya lagi.*
(Oh, no. If I had been careless or had driven too fast, you could not have seen me any more.)

Rahman: *Jadi, bagaimana bisa terjadi?*
(So, how did the accident happen?)

Karno: *Saya menabrak sebuah truk yang berhenti di tepi jalan. Tetapi bukan salah saya. Truk itu menyerong ke tengah jalan. Dan tidak ada lampu. Padahal sudah gelap. Tentu saja tidak kelihatan.*
(I ran into a stationary lorry at the road side. But it was not my fault. The truck was slanting towards the mid-

dle of the road. In addition, there was no light. The day was getting dark too. How could I see?)

Rahman: *Lalu, apa yang kamu perbuat setelah itu?*
(So, what did you do after that?)

Karno: *Saya telepon kantor polisi. Polisi datang dan mengukur jalan. Kemudian kami dibawa ke kantor polisi.*
(I telephoned the police station. The police came and measured the road. Later, we were taken to the police station.)

Rahman: *Lalu, apa yang kaukerjakan di sana?*
(So, what did you do there?)

Karno: *Nama, alamat dan nomor kartu penduduk saya dicatat. Juga nomor asuransi saya.*
(My name, address and identity card number were noted down. Also my insurance policy number.)

Rahman: *Untung kamu sendiri tidak apa-apa.*
(It's lucky you were not hurt.)

## 16B. Structure

Read the following sentences carefully.

| SUBJECT | PREDICATE |
|---|---|
| *Dia* | *sedang menikmati nasi goreng itu.* |
| He | is savouring the fried rice. |
| *Dia* | *harus menepati janjinya.* |
| He | must keep his promise. |
| *Dia* | *sedang melubangi pintu itu.* |
| He | is making a hole in the door. |
| *Pengurus itu* | *sudah membarui kontrak rumahnya.* |
| The manager | has renewed his house contract. |
| *Mereka* | *sudah memiliki rumah sendiri.* |
| They | possess a house [of their own]. |

*Exercise 1.* Substitute the words in bold in the model sentence with those given.

e.g.  
    *Dia sedang **menikmati nasi goreng** itu.*  
    (He is savouring the fried rice.)

*gulai*      *Dia sedang **menikmati gulai** itu.*  
(curry soup)      (He is savouring the curry soup.)

*masakan*      *Dia sedang **menikmati masakan** itu.*  
(the dish)      (He is savouring the dish.)

*merempahi*      *Dia sedang **merempahi masakan** itu.*  
(to season)      (He is seasoning the dish.)

| | |
|---|---|
| *daging* | *Dia sedang **merempahi daging** itu.* |
| (meat) | (He is seasoning the meat.) |

1. *membumbui* (to spice)
2. *menggarami* (to salt)
3. *sayur lodeh* (vegetable soup in coconut milk)
4. *lauk pauk* (cooked meat with gravy)
5. *mencicipi* (to taste)
6. *gado-gado* (vegetable salad)
7. *soto ayam* (chicken soup)
8. *memanasi* (to heat up)
9. *sayur* (vegetables)
10. *nasi kuning* (yellow rice)

*Exercise 2.* Answer the following questions. Use the words given.

e.g.

| Question | Answer |
|---|---|
| *Hakim itu sedang **apa**?*<br>– *mengadili perkara pembunuhan*<br>(What is the judge doing?<br>– hearing a murder case) | *Hakim itu sedang **mengadili perkara pembunuhan**.*<br>(The judge is hearing a murder case.) |
| *Kita harus berbuat **apa**?*<br>– *memerangi kejahatan*<br>(What must we do?<br>– fight against crime) | *Kita harus **memerangi kejahatan**.*<br>(We must fight against crime.) |

1. *Mereka sedang **apa**? – menikmati pertunjukan itu*
   (What are they doing? – enjoying the show)

2. *Wanita itu sedang **apa**? – menjalani pembedahan*
   (What is the woman doing? – undergoing an operation)

3. *Laki-laki itu sudah **apa**? – mengakui kesalahannya*
   (What has the man done? – admit his guilt)

4. *Kita harus berbuat **apa**? – mengatasi kesukaran*
   (What must we do? – overcome difficulties)

5. *Mereka harus berbuat **apa**? – meluaskan pengetahuan mereka*
   (What must they do? – widen their knowledge)

6. *Kakak mesti mengerjakan **apa** hari ini? – merapikan rumah*
   (What must elder sister do today? – tidy up the house)

7. *Anak-anak mesti berbuat **apa**? – menghargai usaha orang tua mereka*
   (What should children do? – appreciate their parents' efforts)

8. *Mereka sudah melakukan **apa** tahun yang lalu? – mengelilingi dunia*
   (What did they do last year? – travel around the world)

9. *Mereka sedang **apa**? – menghalangi pekerjaan kita*
   (What are they doing? – obstructing our work)

10. *Mereka disuruh **apa**? – menjauhi anak-anak nakal*
    (What are they told to do? – to keep away from delinquents)

*Exercise 3.* Answer the following questions. Use the words given.

e.g.

| Question | Answer |
|---|---|
| **Siapa** dapat memasuki kawasan itu?<br>– *petugas keamanan*<br>(Who can enter the area?<br>– the security guard) | **Petugas keamanan** dapat memasuki kawasan itu.<br>(The security guard can enter the area.) |
| **Siapa** sudah membarui kontrak rumah(nya)?<br>– *pengurus itu*<br>(Who has renewed his house contract?<br>– the manager) | **Pengurus itu** sudah membarui kontrak rumahnya.<br>(The manager has renewed his house contract.) |

1. ***Siapa** sudah memanasi makanan itu?* – *ibunya*
   (Who has heated up the food? – his mother)

2. ***Siapa** dapat mengendarai mobil itu?* – *semua orang*
   (Who can drive that car? – everyone)

3. ***Siapa** sudah memungkiri janjinya?* – *saksi*
   (Who has broken his promise? – the witness)

4. ***Siapa** akan menepati janjinya?* – *ayahnya*
   (Who is going to keep his promise? – his father)

5. ***Siapa** sudah mengunjungi sekolah baru itu?* – *Pak Menteri*
   (Who has visited the new school? – the Minister)

6. ***Siapa** sudah menurunkan harga beras?* – *pemerintah*
   (Who has reduced the price of rice? – the government)

7. ***Siapa** dapat menyeberangi sungai itu?* – *orang-orang desa*
   (Who can cross the river? – the villagers)

8. ***Siapa** sudah memperbaiki jalan itu?* – *pekerja-pekerja*
   (Who has repaired the road? – the workers)

9. ***Siapa** dapat mengakhiri pelajaran itu dalam seminggu?* – *guru kita*
   (Who can finish the lesson in a week's time? – our teacher)

10. ***Siapa** sudah menghiasi kamar itu dengan gambar-gambar?* – *kakak saya*
    (Who has decorated the room with pictures? – my elder sister)

*Exercise 4.* Answer the following questions. Use the words given.

e.g.

| Question | Answer |
|---|---|

**Kapan** *mereka akan memulai perdagangan baru?*
 *— tahun depan*
(When are they going to start a new business?
 — next year)

*Mereka akan memulai perdagangan baru* **tahun depan**.
(They are going to start a new business next year.)

**Sejak kapan** *mereka sudah memiliki rumah sendiri?*
 *— dua tahun yang lalu*
(Since when have they possessed a house [of their own]?
 — two years ago)

*Mereka memiliki rumah sendiri sejak* **dua tahun yang lalu**.
(They have possessed a house [of their own] since two years ago.)

1. **Kapan** *dia akan mengetuai rombongan itu ke Kuala Lumpur?*
 *— minggu depan*
 (When is he going to lead the group to Kuala Lumpur? — next week)

2. **Sejak kapan** *Pak Andi sudah memagari kebunnya? — bulan lalu*
 (Since when has Pak Andi fenced up his garden? — last month)

3. **Sejak kapan** *dia menghadapi kesulitan itu? — lima tahun yang lalu*
 (Since when has he faced that difficulty? — five years ago)

4. **Kapan** *dia akan mengepalai perseroan itu? — dalam waktu dua tahun*
 (When is he going to head the company? — in two years' time)

233

5. ***Sejak kapan** dia mendiami rumah itu? – dua minggu yang lalu*
   (Since when has he stayed in that house? – two weeks ago)

6. ***Kapan** Razak akan menduduki jabatan itu? – minggu ini*
   (When is Razak going to hold that position? – this week)

7. ***Sejak kapan** dia sering menghadiri seminar? – setahun yang lalu*
   (Since when does he often attend seminars? – one year ago)

8. ***Sejak kapan** dia selalu menuruti permintaan anak perempuannya? – tiga tahun yang lalu*
   (Since when has he always granted his daughter's requests? – three years ago)

9. ***Kapan** pelajar-pelajar akan memasuki universitas? – pada bulan Juli nanti*
   (When will the students enter the university? – in July)

10. ***Sejak kapan** Ali mematuhi kata-kata ibunya? – tadi malam*
    (Since when has Ali obeyed his mother [literally 'mother's words'?] – last night)

## 16C. Grammar

### Expansion of Simple Sentences (continuation)

Adverbs or adverbial phrases are the most important group of words used to expand simple sentences. Indeed, there are very few simple sentences without the accompaniment of adverbs or adverbial phrases. Most sentences are accompanied by adverbs or adverbial phrases which can be classified into at least four groups:

(*a*)  *Adverbial phrases of time*

  e.g.  *Dia datang **pada waktu malam**.*
        (He came at night.)

***Dalam waktu dua jam*** *dia akan sampai.*
(In two hours' time, he will arrive.)

***Sepanjang tahun*** *dia tidak membaca sebuah buku pun.*
(Throughout the whole year, he has not read even a book.)

*Dia belajar bahasa Jepang **seminggu sekali**.*
(He studies Japanese once a week.)

(b) *Adverbial phrases of place*

e.g. *Dia berjalan **ke perpustakaan**.*
(He walks to the library.)

*Ali berhasil **di lapangan olahraga**.*
(Ali was successful in the field of sports.)

*Dia juga maju **dalam pelajarannya**.*
(He was also successful in his studies.)

*Saya suka duduk **di belakang rumah saya**.*
(I like to sit at the back of my house.)

(c) *Adverbial phrases of manner*

e.g. *Dia menjawab pertanyaan itu **dengan marah**.*
(He answered the question angrily.)

*Pesta perkawinan itu telah diadakan **secara besar-besaran**.*
(The wedding party was organized on a grand scale.)

*Dia menemukan cincin isterinya **secara kebetulan**.*
(He found his wife's ring accidentally.)

*Pemuda-pemudi sedang menari **dengan cepat**.*
(The young men and women are dancing to a fast beat.)

(d) *Other classes of adverbial phrases*

    e.g. *Banyak tanaman rusak **karena banjir**.*
         (A lot of agricultural produce was spoilt because of the flood.)

         *Dia mengorbankan uang dan tenaga **untuk kepentingan negara**.*
         (He sacrificed money and energy for the country's interest.)

         *Dia membuka pintu itu **dengan kunci**.*
         (He opened the door with a key.)

*Exercise 5.* Delete the adverbial phrases in the following sentences.

e.g.

| | |
|---|---|
| *Rapat itu telah berjalan menurut rencana.* (The meeting proceeded according to the agenda.) | *Rapat itu telah berjalan.* (The meeting proceeded.) |
| *Pada akhir tahun ini saya akan berlibur.* (At the end of this year I will go on holiday.) | *Saya akan berlibur.* (I will go on holiday.) |

1. *Upacara perkawinan itu telah dilakukan secara adat Sunda.*
   (The wedding ceremony was carried out according to Sunda customs.)

2. *Ibunya menutup meja dengan taplak.*
   (Her mother covers the table with a tablecloth.)

3. *Aliran listrik terputus karena suatu kerusakan.*
   (The electrical supply was disrupted because of a fault.)

4. *Perseroan itu akan mengambil pegawai baru tahun depan.*
   (The company will recruit new staff next year.)

5. *Dia berangan-angan menjadi dosen sejak di sekolah dasar.*
   (He has dreamt of becoming a lecturer since primary school days.)

6. *Jemaah haji telah berangkat ke Mekah dari pelabuhan udara Sukarno-Hatta.*
   (The pilgrims left for Mecca from the Sukarno-Hatta Airport.)

7. *Tiap-tiap pagi murid-murid berjajar di lapangan.*
   (Every morning, the pupils line up in the field.)

8. *Pada permulaan bulan depan saya akan ke Jakarta.*
   (At the beginning of next month, I will go to Jakarta.)

9. *Sebagai seorang Islam, dia berpuasa dalam bulan Ramadan.*
   (As a Muslim, he fasts in the month of Ramadan.)

10. *Tadi malam ayah kembali dari kota pada jam sepuluh malam.*
    (Last night, father returned from town at 10 p.m.)

*Exercise 6.* Expand the following sentences with suitable adverbial phrases given in the box below.

---

*dengan usaha kita sendiri*
(with our own efforts)

*pada tanggal 10 Agustus ini*
(on 10th August)

*pada pendapatnya*
(in his opinion)

*mengenai perkara itu*
(about the matter)

*dengan nyaring*
(loudly and clearly)

*hingga larut malam*
(till late at night)

---

> *dengan penuh kasih sayang*
> (with [great] love)
>
> *sejak dua tahun yang lalu*
> (since two years ago)
>
> *di Kebun Raya pada hari Minggu yang lalu*
> (in the Botanical Garden last Sunday)
>
> *dengan panjang lebar dalam rapat itu*
> (at length at the meeting)

e.g.

*Dia tidak berbicara apa-apa.*
(He did not say anything.)

*Dia tidak berbicara apa-apa **di dalam mobil**.*
(He did not say anything in the car.)

*Dia memukul anjing itu.*
(He beats the dog.)

*Dia memukul anjing itu **dengan sebatang kayu**.*
(He beats the dog with a piece of wood.)

1. *Dia sakit batuk.*
   (He has a cough.)

2. *Saya berjalan-jalan.*
   (I took a walk.)

3. *Dia mendidik anaknya.*
   (He brings up his child.)

4. *Haji Halim menerangkan pendapatnya.*
   (Haji Halim expounds his opinion.)

5. *Panitia itu berdebat.*
   (The committee debated.)

6. *Dia menyanyi.*
   (He sings.)

7. *Dia telah menyatakan pendapatnya.*
   (He expressed his opinion.)

8. *Perkara itu mudah saja.*
   (The matter is easy [to solve].)

9. *Dia akan datang.*
   (He will come.)

10. *Kita harus memperbanyak harta.*
    (We must increase [our] property.)

## 16D. Word Formation

*dekat, dengar, diam, diri, duduk*

(*a*)　*dekat: berdekatan, mendekat, mendekati, mendekatkan, terdekat, pendekatan*

>   e.g.
>
>   *Kepala desa itu **dekat** benar dengan anak buahnya.*
>   (The village chief is very **close** to his subjects.)
>
>   *Mereka berdua tidak bisa **dekat** satu sama lain.*
>   (Both of them cannot be **close to each other**.)
>
>   *Rumah saya **berdekatan** dengan kantor polisi.*
>   (My house is **close to** a police station.)
>
>   *Sepeda penjual bakmi goreng itu semakin **mendekat**.*
>   (The bicycle of the fried mee seller **is coming nearer**.)
>
>   *Usianya sudah **mendekati** empat puluh tahun.*
>   (His age is **approaching** forty.)
>
>   *Dia **mendekatkan** meja itu ke dinding.*
>   (He **brought** the table **closer** to the wall.)
>
>   *Negara tetangga Indonesia yang **terdekat** ialah Singapura.*
>   (Indonesia's **closest** neighbour is Singapore.)

*Dosen itu menggunakan **pendekatan** baru dalam pengajaran bahasa.*
(The lecturer uses a new **approach** to the study of languages.)

(*b*) **dengar: mendengar, mendengarkan, memperdengarkan, terdengar, kedengaran, pendengaran, pendengar**

e.g.

*Saya **dengar** dia sakit.*
(I **heard** that he was ill.)

*Saya **mendengar** orang mengetuk pintu.*
(I **hear** someone knocking at the door.)

*Dia menempelkan telinganya ke dinding untuk **mendengarkan** percakapan orang tuanya.*
(He leans against [literally 'puts his ear near'] the wall in order **to listen** to his parents' conversation.)

*Ia **memperdengarkan** suaranya yang merdu kepada orang-orang desanya.*
(He **sang** [literally 'let his sweet voice be heard'] beautifully to his village folks.)

*Di tengah malam dia **terdengar** bunyi orang membuka pintu rumahnya.*
(In the middle of the night, he **heard** [suddenly] the noise of someone opening the door of his house.)

*Bunyi lonceng sayup-sayup **kedengaran** dari jauh.*
(The ringing of a bell **can be heard** faintly from afar.)

*Kalau **pendengaran**mu rusak, pasti kamu tidak bisa **mendengar** lagi.*
(If your **hearing** is damaged, you certainly cannot **hear** anymore.)

*Para **pendengar** bertepuk tangan.*
(The **audience** clapped [their] hands.)

(c) **diam: diam-diam, berdiam, mendiami, mendiamkan, terdiam, pendiam, kediaman**

e.g.

*Dia **diam** saja waktu ditanya.*
(He **kept quiet** when he was questioned.)

*Saya **berdiam** di rumah kakak saya di Singapura.*
(I **stay** in my elder sister's house in Singapore.)

***Diam-diam** dia keluar dari rumah.*
(**Quietly**, he went out of the house.)

*Dia **berdiam** diri ketika diinterogasi oleh polisi.*
(He **kept quiet** when he was interrogated by police.)

*Siapa yang **mendiami** rumah itu sekarang?*
(Who is **staying in** that house now?)

*Dia **mendiamkan** anaknya yang menangis.*
(She **calmed** down her child who was crying.)

*Semua orang **terdiam** waktu mendengar pekikan meminta tolong itu.*
(All the people **kept quiet** [suddenly] on hearing the shout for help.)

*Zaini seorang murid yang **pendiam**.*
(Zaini is a **quiet** pupil.)

*Resepsi itu di tempat **kediaman** duta besar.*
(The reception is at the ambassador's **residence**.)

(d) **diri: berdiri, mendirikan, terdiri, pendirian, berpendirian**

e.g.

*Mereka terpaksa **berdiri** karena tidak mendapat tempat duduk.*
(They were forced **to stand** because of a shortage of seats.)

*Negara itu telah **berdiri** beratus-ratus tahun.*
(That country has **existed** for hundreds of years.)

241

*Penduduk bekerjasama **mendirikan** sebuah masjid di desa.*
(The residents work together to **build** a mosque in the village.)

*Penduduk kampung itu **terdiri** dari berbagai suku bangsa.*
(The village residents **come from** various ethnic groups.)

*Kita harus mempunyai **pendirian** sendiri.*
(We must have our own **standpoint**.)

*Saya masih **berpendirian** bahwa perbuatannya itu harus dipuji.*
(I still **take the stand** that his action should be praised.)

(e) **duduk: terduduk, menduduki, mendudukkan, kedudukan, berkedudukan, pendudukan, penduduk, kependudukan**

e.g.

*Kami **duduk** di atas rumput di lapangan sepak bola itu.*
(We **sit** on the grass in the football field.)

*Ibu **terduduk** waktu mendengar berita yang mengejutkan itu.*
(Mother **sat down [unexpectedly]** on hearing the shocking news.)

*Orang-orang Portugis pernah **menduduki** Malaka.*
(The Portuguese did **occupy** Malacca.)

*Jururawat **mendudukkan** pasien itu.*
(The nurse **seated** the patient.)

*Seorang guru mempunyai **kedudukan** yang tinggi dalam masyarakat desa.*
(A teacher has a high **position** in the rural society.)

*Dia **berkedudukan** tinggi di dalam masyarakat.*
(He **has a** high **position** in society.)

*Pada waktu **pendudukan** Jepang saya bekerja di Sumatra.*
(During the Japanese **occupation**, I worked in Sumatra.)

*Jumlah **penduduk**nya tidak banyak.*
(The **population** [number of people] is not great.)

*Aspek **kependudukan** dibicarakan dalam seminar itu.*
(The **population** aspect was discussed in the seminar.)

# LESSON 17

## 17A. Conversation

### *Singapura*
### (Singapore)

*Tamu:* *Selamat sore, Pak.*
(A Guest) (Good afternoon, sir.)

*Tuan Rumah:* *Selamat sore. Silakan masuk. Bapak sudah lama*
(The Host) *di Singapura?*
(Good afternoon. Please come in. Have you been in Singapore long?)

*Tamu:* *Sudah seminggu. Kelihatannya Singapura ini se-*
(A Guest) *perti sebuah kebun besar. Di mana-mana ada pohon yang menghijau dan terawat rapi.*
(For one week. Apparently Singapore is like a large garden. There are green and well-kept trees everywhere.)

*Tuan Rumah:* *Ya, Pak. Hanya saja Singapura ini negara kecil,*
(The Host) *dibandingkan dengan negara-negara tetangganya, seperti Malaysia, Indonesia, Filipina. Itulah sebabnya Singapura ini ditata sedemikian rupa, agar bisa menyaingi kota-kota besar lainnya di kawasan Asia Tenggara ini.*
(Yes, sir. Only Singapore is a small country, compared to neighbouring countries, such as Malaysia, Indonesia and the Philippines. That is the reason for the way Singapore is organized, so that it may compete with the other larger cities in the Southeast Asian region.)

*Tamu:* *Hmm!*
(A Guest) (Oh!)

| | |
|---|---|
| *Tuan Rumah:* (The Host) | *Kalau tidak, kami tidak bisa hidup. Di sini kami tidak mempunyai sawah, perkebunan, tambang. Kami hanya mengandalkan pada ketrampilan tangan kami saja. Sebab itu kami berusaha menjadikan Singapura sebagai negara yang menarik, nyaman dan aman. Kami harap setiap pengunjung akan merasa seperti di rumahnya sendiri.*<br>(Otherwise, we cannot survive. Here, we do not have paddy-fields, plantations, or mines. We only rely on the abilities of our hands. That is the reason for our efforts to make Singapore a city state which is attractive, pleasant and peaceful. We hope every visitor will feel at home.) |
| *Tamu:* (A Guest) | *Bagus sekali prinsipnya. Oh ya, sudah agak lama juga saya di sini. Saya permisi dulu. Selamat malam.*<br>(The principle is very good. Oh, I have been here quite some time already. I must take my leave now. Good night.) |
| *Tuan Rumah:* (The Host) | *Selamat jalan.*<br>(Good-bye.) |

## 17B. Structure

Read the following sentences carefully.

| SUBJECT | VERB | INDIRECT OBJECT | DIRECT OBJECT |
|---|---|---|---|
| *Ibu itu* | *memberikan* | *anak laki-lakinya* | *sepotong roti.* |
| The mother | gave | her son | a loaf of bread. |
| *Sarinah* | *membawakan* | *anak perempuannya* | *segelas kopi.* |
| Sarinah | brought | her daughter | a glass of coffee. |
| *Marini* | *menjahitkan* | *anaknya* | *baju.* |
| Marini | sews for | her child | a dress. |
| *Wanita itu* | *memasakkan* | *suaminya* | *sayur.* |
| The woman | cooked for | her husband | vegetables. |
| *Laki-laki itu* | *menghadiahi* | *tamunya* | *sebuah pena.* |
| The man | presented | his guest | with a pen. |

*Exercise 1.* Substitute the words in the model sentence with the ones given.

| | |
|---|---|
| e.g. | *Saya **memintakan** Ali **pekerjaan**.* |
| | (I ask for a job for Ali.) |
| *mencarikan* | *Saya **mencarikan** Ali **pekerjaan**.* |
| (to look for) | (I look for a job for Ali.) |
| *payung* | *Saya **mencarikan** Ali **payung**.* |
| (an umbrella) | (I look for an umbrella for Ali.) |

*memegangkan*  *Saya **memegangkan** Ali **payung**.*
(to hold for)  (I hold an umbrella for Ali.)

*meminjami*  *Saya **meminjami** Ali **payung**.*
(to lend)  (I lend Ali an umbrella.)

1. *menyerahkan* (to hand over)
2. *mobil baru* (a new car)
3. *membelikan* (to buy for)
4. *memesankan* (to order for)
5. *menjualkan* (to sell for)
6. *mendapatkan* (to get for)
7. *tugas baru* (a new task)
8. *membebani* (to burden with)
9. *memberikan* (to give)
10. *segelas minuman* (a glass of drink)

*Exercise 2.* Answer the following questions. Use the words given and add *-kan* where appropriate.

e.g.

*Question*

*Aminah sedang **apa**?*
 — *menjahit baju untuk adik perempuannya*
(What is Aminah doing?
 — sewing a dress for her younger sister)

*Dia sedang **apa**?*
 — *menghitung telur ayam untuk kawan-kawannya*
(What is he doing?
 — counting the chicken eggs for his friends)

*Answer*

*Aminah sedang **menjahitkan** adik perempuannya baju.*
(Aminah is sewing a dress for her younger sister.)

*Dia sedang **menghitungkan** kawan-kawannya telur ayam.*
(He is counting the chicken eggs for his friends.)

1. *Wanita itu sedang **apa**? – memasak sayur untuk suaminya*
   (What is the woman doing? – cooking vegetables for her husband)

2. *Dia sedang **apa**? – memanggil taksi untuk kawannya*
   (What is he doing? – hailing a taxi for his friend)

3. *Guru itu sudah mengerjakan **apa**? – memesan buku untuk murid-muridnya*
   (What has the teacher done? – ordered books for his students)

4. *Dia mengerjakan **apa** tadi malam? – memilih sebuah mobil untuk sahabatnya*
   (What did he do last night? – chose a car for a friend)

5. *Salina sedang **apa**? – membawa kopi untuk anak laki-lakinya*
   (What is Salina doing? – bringing coffee for her son)

6. *Dia jarang **apa**? – membeli barang perhiasan untuk isterinya*
   (What does he seldom do? – buy adornments for his wife)

7. *Dia mengerjakan **apa**? – membeli sebuah buku cerita untuk adik laki-lakinya*
   (What is he doing? – buying a story book for his younger brother)

8. *Dia sedang **apa**? – membuat segelas minuman untuk adik laki-lakinya*
   (What is he doing? – making a glass of drink for his younger brother)

9. *Dia sudah mengerjakan **apa**? – mencari pekerjaan untuk sahabatnya*
   (What has he done? – looked for a job for his friend)

10. *Laki-laki itu sedang **apa**? – mengambil buah-buahan untuk anaknya*
    (What is the man doing? – taking fruits for his child)

*Exercise 3.* Answer the following questions. Use the words given.

e.g.

| Question | Answer |
|---|---|
| *Dia menghitungkan ibunya **apa**?*<br>– *telur itu*<br>(What does he count for his mother?<br>– the eggs) | *Dia menghitungkan ibunya **telur itu**.*<br>(He counts the eggs for his mother.) |
| *Setiap bulan dia mengirimi ibunya **apa**?*<br>– *uang*<br>(Every month, what does he send to his mother?<br>– money) | *Setiap bulan dia mengirimi ibunya **uang**.*<br>(Every month, he sends his mother money.) |

1. *Ali mendirikan **apa** untuk orang tuanya di desa? – sebuah rumah batu*
   (What did Ali build for his parents in the village? – a concrete house)

2. *Aminah membawakan **apa** untuk ayahnya setiap hari? – makanan yang lazat*
   (What does Aminah bring to her father every day? – delicious food)

3. *Guru menghadiahi **apa** kepada murid itu? – sebuah pena*
   (What did the teacher present to the pupil? – a pen)

4. *Orang itu membuatkan **apa** untuk anak laki-lakinya? – layang-layang*
   (What did the man make for his son? – a kite)

5. *Guru itu akan mengajarkan **apa** kepada kita? – bahasa Indonesia*
   (What will the teacher teach us? – the Indonesian language)

6. *Pegawai itu memberikan **apa** kepada Ahmad? – dua formulir kosong*
   (What did the clerk give to Ahmad? – two empty forms)

7. *Dia menyewakan **apa** kepada orang itu? – rumahnya*
   (What did he rent out to the man? – his house)

8. *Murid itu menyanyikan **apa** untuk teman-temannya? – sebuah lagu yang merdu*
   (What did the student sing to his friends? – a melodious song)

9. *Ali mengikatkan **apa** untuk adik laki-lakinya? – tali sepatu*
   (What did Ali tie for his younger brother? – the shoe lace)

10. *Pengusaha itu mendapatkan **apa** di kota untuk Amir? – pekerjaan*
    (What did the businessman get for Amir in town? – a job)

*Exercise 4.* Answer the following questions. Use the words given.

e.g.

| Question | Answer |
|---|---|
| *Dia menanyai **apa** kepada orang itu?*<br>*– satu pertanyaan*<br>(What did he ask the man?<br>– a question) | *Dia menanyai orang itu **satu pertanyaan**.*<br>(He asked the man a question.) |
| *Guru itu menghadiahi muridnya **apa**?*<br>*– sebuah arloji*<br>(What did the teacher give to his pupil [as a gift]?<br>– a watch) | *Guru menghadiahi muridnya **sebuah arloji**.*<br>(The teacher gave his pupil [as a gift] a watch.) |

1. *Dia mengirimi ibunya **apa**? – uang*
   (What did he send to his mother? – money)

2. *Dia meminjami laki-laki itu **apa**? – mobilnya*
   (What did he lend to the man? – his car)

3. *Guru bahasa memberikan pelajar itu **apa**? – tugas yang berat*
   (What did the language teacher give to the student? – a heavy task)

4. *Pak Ali mengajari anak-anak laki-laki itu **apa**? – bahasa Indonesia*
   (What did Mr. Ali teach the children? – the Indonesian language)

5. *Ibu memberikan kepada adik **apa**? – sebungkus krupuk udang*
   (What did mother give for younger brother/sister? – a packet of prawn crackers)

6. *Ali membawakan adik laki-lakinya **apa**? – buah anggur*
   (What did Ali bring to his younger brother? – grapes)

7. *Pak Mahmud telah membungkuskan anak laki-lakinya **apa**? – beberapa kilo beras*
   (What did Pak Mahmud pack for his son? – a few kilogrammes of rice)

8. *Fatimah membelikan adik laki-lakinya **apa**? – sepasang sepatu kulit*
   (What did Fatimah buy for her younger brother? – a pair of leather shoes)

9. *Tuhan telah mencurahi kami **apa**? – kurnia dan rahmat-Nya*
   (What has God given us? – His Gift and Grace)

10. *Suami itu mengirimi isterinya **apa**? – surat*
    (What did the husband send to his wife? – a letter)

## 17C. Grammar

### Expansion of Simple Sentences (continuation)

Another way to expand a simple sentence is by inserting a phrase preceded by *yang* into the sentence. This phrase is termed a dependent clause by grammarians.

e.g.

*Anak itu sakit.*
(The child is sick.)

*Anak **yang gemuk** itu sakit.*
(The **fat** child is sick.)

*Saya kenal guru itu.*
(I know the teacher.)

*Saya kenal guru **yang baru pulang dari London** itu.*
(I know the teacher **who has just returned from London**.)

*Buku itu buku saya.*
(The book is mine [my book].)

*Buku **yang terletak di atas meja** itu buku saya.*
(The book **which is placed on the table** is mine.)

*Saya suka makan mangga.*
(I like to eat mangoes.)

*Saya suka makan mangga **yang dijual oleh anak laki-laki itu**.*
(I like to eat the mangoes **which are sold by the boy**.)

These phrases have the same function as adjectives. They are therefore termed adjective clauses.

e.g.

*Hasnah seorang gadis **yang berumur tiga belas tahun**.*
(Hasnah is a girl **who is thirteen years old**.)

*Hasnah seorang gadis **tiga belas tahun**.*
(Hasnah is a **thirteen-year-old** girl.)

*Hasnah seorang gadis **yang cantik**.*
(Hasnah is a girl **who is beautiful**.)

*Hasnah seorang gadis **cantik**.*
(Hasnah is a **beautiful** girl.)

*Anjing **yang galak** itu sudah ditangkap oleh polisi.*
(The dog **which is fierce** has been caught by the police.)

*Anjing **galak** itu sudah ditangkap oleh polisi.*
(The **fierce** dog has been caught by the police.)

*Exercise 5.* Underline the adjective clauses in the following sentences.

e.g.

*Sopir-sopir yang menggunakan jalan raya hendaklah berhati-hati.*
(Drivers who use the highway should be careful.)

*Sopir-sopir <u>yang menggunakan jalan raya</u> hendaklah berhati-hati.*

*Ikan-ikan yang di dalam air itu sedang bermain-main.*
(The fish [which are] in the water are playing.)

*Ikan-ikan <u>yang di dalam air</u> itu sedang bermain-main.*

1. *Saya sedang mencari orang yang dapat menolong saya.*
   (I am looking for someone who can help me.)

2. *Orang-orang desa sedang mengejar maling yang mencuri arloji saya.*
   (The villagers are chasing after the thief who has stolen my watch.)

3. *Abang saya seorang guru yang bertanggungjawab.*
   (My elder brother is a responsible teacher.)

4. *Rumah yang terletak di tepi jalan itu sudah terbakar.*
   (The house which was situated at the side of the road was burnt down.)

5. *Buku yang Saudara pinjamkan kepada saya itu sudah hilang.*
   (The book which you lent me was lost.)

6. *Dia telah mengambil lukisan yang saya letakkan di atas meja.*
   (He has taken the painting which I put on the table.)

7. *Uang yang disimpannya di dalam bank itu berjumlah lima ribu rupiah.*
   (The money [which has been] kept by him in the bank totals five thousand rupiahs.)

8. *Pengantin laki-laki itu [ialah] pemuda yang berumur dua puluh lima tahun.*
   (The bridegroom is a young man of twenty five years.)

9. *Ibu Aminah seorang guru yang berpengalaman.*
   (Miss Aminah is a trained teacher.)

10. *Hasnah bekerja di sebuah pabrik yang berdekatan dengan rumahnya.*
    (Hasnah works in a factory which is near her house.)

*Exercise 6.* Insert suitable adjective clauses into the following sentences.

e.g.

*Surat itu sangat penting.*
(The letter is very important.)

*Surat **yang tiba tadi** itu sangat penting.*
(The letter which arrived just now is very important.)

*Inilah surat.*
(This is a letter.)

*Inilah surat **yang tiba tadi pagi**.*
(This is the letter which arrived this morning.)

1. *Guru itu sudah meninggal dunia.*
   (The teacher has passed away.)

2. *Saya selalu terkenang kepada Pak Rahim.*
   (I always remember Mr. Rahim.)

3. *Uang itu tidaklah banyak.*
   (The money was not much.)

4. *Dia hampir-hampir menghabiskan uang itu.*
   (He almost used up the money.)

5. *Pelajar-pelajar akan tiba.*
   (The students will arrive.)

6. *Guru kami suka kepada pelajar itu.*
   (Our teacher likes the student.)

7. *Suatu peristiwa telah terjadi pada hari itu.*
   (An incident happened that day.)

8. *Saya telah mendengar peristiwa itu.*
   (I have heard about the incident.)

9. *Buku-buku itu masih belum sampai.*
   (The books have not arrived yet.)

10. *Saya masih belum menerima surat itu.*
    (I have not received the letter yet.)

## 17D. Word Formation

### *ganti, guna, harga, hati, hubung*

(*a*)   *ganti:* **berganti, berganti-ganti, menggantikan, pengganti**

   e.g.   **Gantilah** *baju Anda yang kotor itu.*
   (Please **change** your dirty shirt.)

   *Laki-laki itu sudah* **berganti** *nama.*
   (The man has **changed** [his] name.)

*Mereka **berganti-ganti** pergi ke rumah sakit.*
(They **take turns** to go to the hospital.)

*Kalau Saudara berpensiun, siapa akan **menggantikan** Saudara?*
(When you **retire**, who is going to replace you?)

*Kami masih menunggu **pengganti** guru bahasa yang pensiun itu.*
(We are still awaiting the replacement for the language teacher who retired.)

(b) **guna: berguna, menggunakan, penggunaan**

e.g. *Apa **guna** kita pergi ke sana?*
(What is **the use** of our going there?)

*Dia datang ke kota **guna** mencari rejeki.*
(He came to the city **in order** to look for a livelihood.)

*Semua kotak yang tidak **berguna** hendaklah dibakar.*
(All the boxes which are not **useful** should be burnt.)

*Dia **menggunakan** kamus untuk mencari arti kata-kata yang sukar.*
(He **uses** a dictionary to look for the meaning of difficult words.)

***Penggunaan** kata ini tidak sesuai dengan kalimat ini.*
(The **use** of this word does not fit in with the sentence.)

(c) **harga: berharga, menghargai, menghargakan, penghargaan**

e.g. ***Harga** rumah mahal sekarang.*
(The **prices** of houses are high nowadays.)

*Sebuah mobil baru **berharga** tiga puluh ribu dolar.*
(A new car **costs** thirty thousand dollars.)

*Barang itu tidak **berharga**.*
(The article **has** no **value**.)

*Kami **menghargai** nasihat Saudara.*
(We **appreciate** your advice.)

*Bangsa kami tahu **menghargakan** para pahlawan.*
(Our race knows [how to] **value** our heroes.)

*Karya penulis-penulis daerah tidak mendapat **penghargaan** masyarakat.*
(Regional writers' works do not get society's **appreciation**.)

(d) **hati: sehati, berhati, hati-hati, memperhatikan, perhatian**

e.g. *Wajahnya cantik tetapi **hati**nya buruk.*
(Her appearance is beautiful but her **intention** [literally 'heart'] is bad.)

*Dia mendapatkan seorang isteri yang **sehati** dengan dia.*
(He gets a wife who shares his **sentiments** [literally 'is of the same heart as his].)

*Gadis itu **berhati** lembut.*
(The girl **has a** sensitive **heart**.)

*Dia mengerjakan pekerjaannya dengan **hati-hati**.*
(He does his job **carefully**.)

*Anak laki-laki itu tidak **memperhatikan** nasihat ibunya.*
(The boy does not **pay attention** to his mother's advice.)

*Mereka memberikan sepenuh **perhatian** pada pelajaran mereka.*
(They give full **attention** to their studies.)

(e) **hubung: berhubung, berhubungan, menghubungi, menghubungkan, hubungan, perhubungan**

e.g. ***Berhubung** dengan kurangnya anggota yang hadir, rapat ditangguhkan.*
(**Due to** the small number of members present, the meeting was postponed.)

*Kedua-dua kejadian itu **berhubungan** satu sama lain.*
(The two incidents are **related**.)

*Ia belum **menghubungi** kedutaan besar kita.*
(He has not **contacted** our embassy yet.)

*Ada jalan kereta api yang **menghubungkan** kedua kota itu.*
(There is a railway line **connecting** the two towns.)

*Saya tidak ada **hubungan** dengan laki-laki itu.*
(I have no **relationship** with that man.)

*Antara kedua kejadian ini ada **perhubungannya**.*
(There is a **connection** between the two incidents.)

# LESSON 18

## 18A. Conversation

### *Peraturan di Singapura* (Regulations in Singapore)

Budiman: *Kalian sudah tiga hari tinggal di Singapura. Bagaimana pendapat kalian tentang Singapura?*
(You have all stayed for three days in Singapore. What do you think of Singapore?)

Ali: *Singapura sebuah kota yang bersih. Rakyatnya kelihatannya tertib dan patuh.*
(Singapore is a clean city. Her people are orderly and disciplined.)

Imam: *Orang Singapura selalu membuang sampah ke dalam tong sampah.*
(Singaporeans always throw rubbish into the rubbish bin.)

Karno: *Begitu pula, saya jarang melihat orang membuang puntung rokok sembarangan.*
(Similarly, I seldom see people throwing cigarette butts away carelessly.)

Djoko: *Yang paling menarik bagi saya, di dalam bis kota di larang keras merokok dan orang yang merokok didenda S$500.00.*
(What is most interesting to me, is that in the town buses it is strictly prohibited to smoke and offenders are fined S$500.00.)

Budiman: *Itulah maksud saya. Mudah-mudahan kalian mengerti. Jangan lalai, nanti kalian didenda sebanyak itu.*
(That is what I mean. Hopefully, you all understand this. Don't be careless, or else you'll get fined that much.)

Ali, Imam,
Karno,
Djoko: *Terima kasih, Bud.*
(Thank you, Bud).

Budiman: *Kembali.*
(You're welcome.)

## 18B. Structure

Read the following sentences carefully.

| SUBJECT | VERB | OBJECT | COMPLEMENT |
|---|---|---|---|
| *Saya* <br> I | *memanggil* <br> call | *orang tua itu* <br> the old man | *Pak Long.* <br> Pak Long. |
| *Dia* <br> He | *menganggap* <br> considers | *laki-laki itu* <br> the man | *bodoh.* <br> to be stupid. |
| *Ahmad* <br> Ahmad | *mengira* <br> thinks | *peristiwa itu* <br> that the incident | *penting.* <br> is important. |
| *Dia* <br> He | *menyuruh* <br> asks | *orang laki-laki itu* <br> the man | *pergi dari sini.* <br> to go away from here. |
| *Dokter* <br> The doctor | *menasihati* <br> advises | *ayah* <br> father | *supaya berhenti merokok.* <br> to stop smoking. |

*Exercise 1.* Substitute the word in the model sentence with the ones given.

e.g.

*Dia **mendesak** murid-muridnya supaya melanjutkan pelajaran mereka.*
(He urges his pupils to further their studies.)

*mendorong*
(to exhort)

*Dia **mendorong** murid-muridnya supaya melanjutkan pelajaran mereka.*
(He exhorts his pupils to further their studies.)

*menasihati*
(to advise)

*Dia **menasihati** murid-muridnya supaya melanjutkan pelajaran mereka.*
(He advises his pupils to further their studies.)

*mengusulkan*
(to propose)

*Dia **mengusulkan** murid-muridnya supaya melanjutkan pelajaran mereka.*
(He proposes that his pupils further their studies.)

*menggalakkan*
(to encourage)

*Dia **menggalakkan** murid-muridnya supaya melanjutkan pelajaran mereka.*
(He encourages his pupils to further their studies.)

1. *membujuk* (to persuade)
2. *memaksa* (to force)
3. *menantang* (to challenge)
4. *merangsang* (to stimulate)
5. *memerintahkan* (to order)
6. *menggiatkan* (to encourage)
7. *menyuruh* (to tell)

8. *meminta* (to ask)
9. *menganjurkan* (to recommend)
10. *menyarankan* (to propose)

*Exercise 2.* Answer the following questions. Use the words given.

e.g.

| Question | Answer |
| --- | --- |
| *Saudara memanggil **siapa** Pak Long?*<br>– *orang tua itu*<br>(Whom did you call Pak Long?<br>– the old man) | *Saya memanggil **orang tua itu** Pak Long.*<br>(I called the old man Pak Long.) |
| *Saudara menganggap **siapa** masih anak-anak?*<br>– *pemuda itu*<br>(Whom did you regard as childish?<br>– the young man) | *Saya menganggap **pemuda itu** masih anak-anak.*<br>(I regarded the young man as childish.) |

1. *Saudara memanggil **siapa** abang? – tamu itu*
   (Whom do you call abang [literally 'elder brother'; used here as a title to refer to an older person]? – the guest)

2. *Dia menamai **siapa** Hartono? – anak laki-lakinya*
   (Whom does he name Hartono? – his son)

3. *Saudara memanggil **siapa** Si Manis? – gadis itu*
   (Whom do you call The Sweet One? – the girl)

4. *Ahmad memanggil **siapa** Tuan Besar? – kepala kantornya*
   (Whom does Ahmad call The Big Boss? – his office chief)

5. *Panitia telah memilih **siapa** sebagai ketua? – Pak Adnan*
   (Whom have the commitee chosen as Chairman? – Mr. Adnan)

6. *Saudara mencalonkan **siapa** menjadi sekretaris? – Pak Rusli*
   (Whom do you suggest as secretary? – Mr. Rusli)

7. *Partai itu telah menerima **siapa** sebagai calon? – guru agama itu*
   (Whom has the party accepted as a candidate? – the religious teacher)

8. *Majikan itu telah melantik **siapa** sebagai pengawas pabrik? – Ramli*
   (Whom did the employer appoint as a factory supervisor? – Ramli)

9. *Orang-orang desa memandang **siapa** sebagai ketua mereka? – Pak Lurah*
   (Whom do the villagers regard as their chief? – the village chief)

10. *Orang laki-laki itu menganggap **siapa** sebagai pahlawan? – dirinya*
    (Whom does the man regard as a hero? – himself)

*Exercise 3.* Answer the following questions. Use the words given.

e.g

| Question | Answer |
|---|---|
| **Bagaimana anggapannya tentang** *laki-laki itu?*<br>– *menganggap . . . bodoh*<br>(What is his opinion of the man?<br>– to consider . . . stupid) | *Dia **menganggap** laki-laki itu **bodoh**.*<br>(He considers the man stupid.) |

***Bagaimana pendapat Ahmad tentang** peristiwa itu?*
– *berpendapat . . . penting*
(What is Ahmad's view of the incident?
– to view . . . important)

*Ahmad **berpendapat** peristiwa itu **penting**.*
(Ahmad views the incident as important.)

1. ***Bagaimana pendapatnya terhadap** orang itu?* – *berpendapat . . . malas*
   (What is his opinion of the person? – to think . . . lazy)

2. ***Bagaimana dugaan perempuan itu tentang** suaminya?* – *menduga . . . marah*
   (What is the woman's assumption about her husband? – to presume . . . angry)

3. ***Apa terkaannya tentang** laki-laki itu?* – *menerka . . . kecewa*
   (What does he guess about the man? – to guess . . . disappointed)

4. ***Bagaimana pengiraannya tentang** laki-laki itu?* – *mengira . . . jahat*
   (What is his opinion of the man? – to think . . . bad)

5. ***Bagaimana perasaan Ahmad tentang** laki-laki itu?* – *merasa . . . salah*
   (How does Ahmad feel about the man? – to feel . . . guilty)

6. ***Bagaimana sangkaannya tentang** laki-laki itu?* – *menyangka . . . curang*
   (What is his anticipation about the man? – to think . . . deceitful)

7. ***Bagaimana pandangannya tentang** laki-laki itu?* – *memandang . . . jujur*
   (What is his view about the man? – to view. . . trustful)

8. ***Bagaimana pandangannya tentang** pekerjaan guru?* – *pandang . . . gampang*
   (What is his view of a teacher's job? – to view . . . easy)

9. ***Bagaimana anggapannya tentang** perkara itu? – menganggap
   . . . mudah*
   (What is his consideration of the matter? – to consider . . . easy)

10. ***Bagaimana pendapat Ahmad tentang** hal itu? – berpendapat
    . . . penting*
    (What is Ahmad's opinion of the matter? – to think . . . important)

*Exercise 4.* Answer the following questions. Use the words given.

e.g.

| Question | Answer |
|---|---|
| *Dia menyuruh laki-laki itu buat **apa**?*<br>*– pergi dari sini*<br>(What did he tell the man to do?<br>– to go away from here) | *Dia menyuruh laki-laki itu **pergi dari sini**.*<br>(He told the man to go away from here.) |
| *Ahmad mengajak temannya buat **apa**?*<br>*– pergi ke kantin*<br>(What did Ahmad ask his friend to do [with him]?<br>– to go to the canteen) | *Ahmad mengajak temannya **pergi ke kantin**.*<br>(Ahmad asked his friend to go to the canteen [with him].) |

1. *Hasnah memaksa teman-temannya buat **apa**? – datang ke pesta ulang tahunnya*
   (What did Hasnah force her friends to do? – to come to her birthday party)

2. *Dia meminta para pengunjung buat **apa**? – mengisi buku tamu*
   (What did he request the visitors to do? – to write [their] names in the guests list)

3. *Dia menyuruh teman sekerjanya buat **apa**? – datang ke rumahnya*
   (What did he ask his colleague to do? – to come to his house)

4. *Dia mengundang sahabatnya buat **apa**? – melamar pekerjaan itu*
   (What did he invite his friend to do? – to apply for the job)

5. *Dia menyilakan abang sepupunya buat **apa**? – minum air teh itu*
   (What did he invite his cousin to do? – to drink the tea)

6. *Dia menyarankan Saudara buat **apa**? – belajar ke luar negeri*
   (What did he suggest that you do? – to study abroad)

7. *Dia menganjurkan Saudara buat **apa**? – mogok makan*
   (What did he suggest that you do? – to go on a hunger strike)

8. *Dia mencadangkan kita buat **apa**? – membahas perkara itu dahulu*
   (What did he suggest that we do? – to discuss the matter first)

9. *Dia memaksa juru terbang buat **apa**? – mendarat di pelabuhan udara itu*
   (What did he force the pilot to do? – to land at that airport)

10. *Dia mendesak Saudara buat **apa**? – melanjutkan cerita itu*
    (What did he urge you to do? – to continue the story)

## 18C. Grammar

### Complex Sentences

There are several ways of combining sentences. Sentence combination by the use of subordinate conjunctions (see Lesson 12) will produce complex sentences. The clause without any preceding conjunction is called the independent or main clause while the clause with a preceding subordinate conjunction is called the dependent clause.

|  | **TYPE OF SENTENCE** | **EXAMPLE** |
|---|---|---|
| 1. | Simple sentence | *Mereka datang.*<br>They came.<br><br>*Saya tidak ada di rumah.*<br>I was not at home. |
|  | Complex sentence | *Mereka datang ketika saya tidak ada di rumah.*<br>When they came I was not at home. |
|  | (a) Independent clause<br>(b) Dependent clause | *Mereka datang*<br><br>*ketika saya tidak ada di rumah* |
| 2. | Simple sentence | *Dia kaya.*<br>He is rich.<br><br>*Dia tidak sombong.*<br>He is not arrogant. |
|  | Complex sentence | *Walaupun dia kaya, dia tidak sombong.*<br>Although he is rich, he is not arrogant. |
|  | (a) Independent clause<br>(b) Dependent clause | *dia tidak sombong*<br><br>*Walaupun dia kaya* |

*Exercise 5.* Underline the dependent clauses in the following sentences.

e.g.

*Ketika lonceng berbunyi,
murid-murid masuk
ke dalam kelas.*
(When the bell rings, the
pupils enter the classrooms.)

*<u>Ketika lonceng berbunyi,</u>
murid-murid masuk ke dalam
kelas.*

*Kalau dia tidak datang,
saya tidak mau pergi.*
(If he does not come,
I do not want to go.)

*<u>Kalau dia tidak datang,</u> saya
tidak mau pergi.*

1. *Sementara ibu memasak, saya mencuci piring.*
   (While mother is cooking, I wash the dishes.)

2. *Baiklah kita tunggu di sini sampai dia datang.*
   (It is best that we wait here until he comes.)

3. *Dia selalu dimarahi ibunya sebab dia malas.*
   (He is always scolded by his mother because he is lazy.)

4. *Kalau tidak ada halangan, saya akan datang ke rumah sore ini.*
   (If there is no obstacle, I will come to your house this afternoon.)

5. *Kalau Anda tidak bersalah, mengapa Anda ditangkap?*
   (If you were not guilty, why were you arrested?)

6. *Meskipun kamus itu mahal, saya akan membelinya juga.*
   (Even though the dictionary is expensive, I will still buy it.)

7. *Walaupun dia sakit, dia pergi ke sekolah juga.*
   (Even though he is ill, he still goes to school.)

8. *Waktu anak laki-laki itu menyeberang jalan, dia dilanggar mobil.*
   (While the boy was crossing the road, he was knocked down by a car.)

9. *Kita harus bekerja keras kalau kita menginginkan kemajuan.*
   (We must work hard if we wish to make progress.)

10. *Sejak umurnya tujuh tahun, dia tidak pernah meninggalkan sembahyangnya.*
    (Since he was seven, he has never neglected his prayers.)

*Exercise 6.* Combine the following sentences. Use the subordinate conjunctions given in Lesson 12.

e.g.

| | |
|---|---|
| *Ayahnya meninggal dunia.* *Dia masih kecil.* (His father passed away. He was still small.) | **Ketika** *dia masih kecil, ayahnya meninggal dunia.* (When he was still small, his father passed away.) |
| *Dia baru sampai.* *Rapat selesai.* (He had just arrived. The meeting ended.) | *Dia baru sampai* **waktu** *rapat selesai.* (He had just arrived when the meeting ended.) |

1. *Sikapnya berubah. Dia menjadi wakil rakyat.*
   (His attitude changes. He becomes the people's representative.)

2. *Saya tidak salah. Laki-laki itu memang ayahnya.*
   (I am not mistaken. The man is really his father.)

3. *Laki-laki tua itu masih bekerja. Dia sakit.*
   (The old man is still working. He is sick.)

4. *Permainan tidak dapat dilanjutkan. Hari hujan.*
   (The game cannot be held. It is raining.)

5. *Mulut laki-laki itu manis. Hatinya jahat.*
   (The man's words [literally 'mouth'] are sweet. His intention [literally 'heart'] is bad.)

6. *Bayi itu menangis. Dia lapar.*
   (The baby is crying. He is hungry.)

7. *Belajarlah sungguh-sungguh. Kamu naik kelas.*
   (Study seriously. You will be promoted to the next level.)

8. *Ali berani. Dia tidak bersalah.*
   (Ali is brave. He is not guilty.)

9. *Saya tidak bekerja hari ini. Badan saya kurang sehat.*
   (I am not working today. I am [literally 'my body is'] not well.)

10. *Kita mesti berjalan cepat. Kita ingin lekas sampai.*
    (We must walk quickly. We wish to arrive early.)

## 18D. Word Formation

### *jadi, jalan, kasih, kata, kenal*

(*a*)  *jadi: menjadi, menjadi-jadi, menjadikan, terjadi, kejadian*

    e.g.    *Ibunya sakit, **jadi** terpaksalah dia pulang.*
(Her mother is ill; **so** she has to go home.)

*Akhirnya, **jadi** juga pekerjaan itu.*
(At last, the work **is successfully carried out**.)

*Nasi sudah **menjadi** bubur.*
(Rice has **become** porridge.)

*Perampok bersenjata **menjadi-jadi** di kota itu.*
(Armed robbery is **on the increase** in the city.)

*Ahmad **menjadikan** anak laki-lakinya pengurus perseroan itu.*
(Ahmad **appointed** his son as the company's manager.)

*Kebakaran itu **terjadi** karena kerusakan listrik.*
(The fire **happened** because of an electrical fault.)

*Polisi telah menyelidiki **kejadian** itu.*
(Police investigated the **incident**.)

(*b*)  *jalan: sejalan, berjalan, berjalan-jalan, menjalankan, menjalani, perjalanan*

> e.g. *Dia mencari **jalan** untuk menyelesaikan masalah itu.*
> (He is finding a **means** of solving the problem.)
>
> *Minatnya memang **sejalan** dengan minat saya.*
> (His interest is **parallel** [of the same direction] to mine.)
>
> *Rapat itu **berjalan** dengan lancar.*
> (The meeting **goes on** smoothly.)
>
> *Ali pergi **berjalan-jalan** pada sore hari.*
> (Ali **went for a walk** in the afternoon.)
>
> *Tiap-tiap hari, dia **menjalankan** pekerjaannya sebagai seorang penjaga.*
> (Every day, he **carries out** his work as a watchman.)
>
> *Dia telah **menjalani** suatu operasi.*
> (He has **undergone** an operation.)
>
> *Ibunya meninggal dalam **perjalanan** ke Mekah.*
> (Her mother passed away **on the way** to Mecca.)

(*c*)  *kasih: berkasih-kasihan, mengasihi, kasihan, mengasihani, kekasih, pengasih*

> e.g. *Dia amat **kasih** kepada anak itu.*
> (He **loves** the child very much.)
>
> *Walaupun telah lama berpisah, mereka tetap **berkasih-kasihan**.*
> (Though long separated, they still **love each other**.)
>
> *Dia sangat **mengasihi** sabahatnya itu.*
> (He **loves** his friend very much.)

*Dia **kasihan** melihat nasib anak laki-laki itu.*
(He **pities** the boy for his fate.)

*Apa gunanya **mengasihani** orang yang tidak tahu berterima kasih.*
(What is the use of **pitying** a person who is ungrateful.)

*Dia selalu menulis kepada **kekasih**nya.*
(He always writes to his **beloved**.)

*Dia mencari **pengasih** untuk mendapatkan cinta gadis itu.*
(He looks for a **love potion** to win over the girl's love.)

*Bu Tinah (ialah) seorang ibu yang **pengasih**.*
(Madam Tinah is a **loving** mother.)

(*d*)  **kata: sekata, berkata, mengata-ngatai, mengatakan, memperkatakan, perkataan, terkata**

e.g.  *Dia tidak mengucapkan sepatah **kata** pun.*
(He did not utter even a **word**.)

***Kata** teman-teman saya tidak normal.*
(Friends **say** I am not normal.)

*Dalam semua hal mereka selalu seia-**sekata**.*
(They always **agree** on all matters.)

*Saya tidak **berkata** apa-apa.*
(I did not **say** anything.)

*Dia selalu **mengata-ngatai** kawan-kawannya.*
(He often **speaks badly** of his friends.)

*Dia **mengatakan** hal itu kepada teman-temannya.*
(He **mentioned** the matter to his friends.)

*Sepanjang hari mereka **memperkatakan** hal itu.*
(The whole day, they **talk about** the matter.)

***Perkataan**nya tidak dapat dipercaya.*
(His **words** cannot be trusted.)

*Sakitnya tidak **terkata**.*
(The pain just cannot be **described**.)

(*e*) ***kenal**: berkenalan, mengenal, memperkenalkan, perkenalan, terkenal, kenalan*

    e.g. *Saya tidak **kenal** laki-laki itu.*
(I do not **know** the man.)

*Kami sudah lama **berkenalan**.*
(We have **known each other** for a long time.)

*Waktu dia menyamarkan diri tidak seorang pun **mengenal**nya.*
(When he disguises himself, no one **recognizes** him.)

*Dia sudah lama **mengenali** pemuda itu.*
(He **has known** the young man for a long time.)

*Dia **memperkenalkan** sahabatnya kepada saya.*
(He **introduces** his friend to me.)

*Sejak **perkenalan** bulan lalu, saya tidak melihat dia lagi.*
(Since the **introduction** last month, I have not met him again.)

*Namanya sudah **terkenal**.*
(His name is **well known**.)

*Yusuf banyak **kenalan**nya di Jakarta.*
(Yusuf has many **acquaintances** in Jakarta.)

# LESSON 19

## 19A. Conversation

### *Belajar Bahasa Indonesia*
### (Learning Indonesian)

James: *Selamat pagi, Pak Hassan.*
(Good morning, Mr. Hassan.)

Hassan: *Selamat pagi, Pak James. Pak James sudah pandai berbicara bahasa Indonesia?*
(Good morning, Mr. James. Can you already speak Indonesian, Mr. James?)

James: *Belum. Saya baru saja belajar bahasa Indonesia.*
(Not yet. I am just starting to learn Indonesian.)

Hassan: *Sudah berapa lama Pak James belajar bahasa Indonesia?*
(How long have you been learning Indonesian?)

James: *Sudah hampir sebulan.*
(For nearly a month.)

Hassan: *Anda belajar bahasa Indonesia dengan siapa?*
(With whom do you learn Indonesian?)

James: *Saya belajar bahasa Indonesia dengan seorang guru wanita.*
(I am learning Indonesian from a lady teacher.)

Hassan: *Bagaimana guru Anda?*
(How is your teacher?)

James: *Orangnya baik. Cara mengajarnya juga cukup baik.*
(She [literally 'her person'] is good. Her teaching method is good too.)

Hassan: *Saya harap tidak lama lagi Anda akan lancar dalam bahasa Indonesia.*
(I hope you will be fluent in Indonesian soon.)

Tan: *Saya harap begitu juga.*
(I hope so.)

## 19B. Structure

Read the following sentences carefully.

| SUBJECT | PREDICATE |
|---|---|
| *Dia* | *gembira mendengar berita itu.* |
| He | is happy to hear the news. |
| *Dia* | *takut menemui laki-laki itu.* |
| He | is afraid to meet the man. |
| *Dia* | *lupa membawa kartu penduduknya.* |
| He | forgets to bring his identity card. |
| *Dia* | *ingin bertemu dengan pengarang itu.* |
| He | wishes to meet the writer. |
| *Bayi itu* | *duduk menangis.* |
| The baby | sits crying. |

*Exercise 1.* Substitute the words or phrase in the model sentence with the ones given.

e.g.  *Dia **berusaha** mencapai cita-citanya.*
(He endeavours to achieve his ambition.)

| | |
|---|---|
| *berikhtiar* <br> (to try) | *Dia **berikhtiar** mencapai cita-citanya.* <br> (He tries to achieve his ambition.) |
| *melanjutkan pelajarannya ke universitas* <br> (to further his studies at the university) | *Dia berikhtiar **melanjutkan pelajarannya ke universitas**.* <br> (He attempts to further his studies at the university.) |
| *berhasrat* <br> (to desire) | *Dia **berhasrat** melanjutkan pelajarannya ke universitas.* <br> (He desires to further his studies at the university.) |
| *mencapai gelar doktor* <br> (to acquire a doctorate) | *Dia **berhasrat mencapai gelar doktor**.* <br> (He desires to acquire a doctorate.) |

1. *bermaksud* (to mean)
2. *melunasi utangnya* (to settle his debt)
3. *berhasil* (to succeed)
4. *bertujuan* (to intend)
5. *melancong ke Bali* (to take a trip to Bali)
6. *berniat* (to intend)
7. *menyelesaikan masalah itu* (to solve the problem)
8. *berdaya upaya* (to try one's best)
9. *bertekad* (to be determined)
10. *berjanji* (to promise)

*Exercise 2.* Answer the following questions. Use the words given.

e.g.

| Question | Answer |
|---|---|
| **Mengapa** dia gembira?<br>– mendengar berita itu<br>(Why is he happy?<br>– to hear the news) | Dia gembira **mendengar berita itu**.<br>(He is happy to hear the news.) |
| **Mengapa** anak-anak riang?<br>– menyambut kedatangan saya<br>(Why are the children happy?<br>– to welcome my arrival. | Anak-anak riang **menyambut kedatangan saya**.<br>(The children are happy to welcome my arrival.) |

1. **Mengapa** dia berdukacita? – mendapat kabar kematian tunangannya
   (Why is he sad? – to receive the news of the death of his betrothed)

2. **Mengapa** wanita itu cemas? – menunggu kepulangan anaknya
   (Why is the woman anxious? – to wait for the return of her child)

3. **Mengapa** seluruh dunia terkejut? – mendengar berita pembunuhan pemimpin itu
   (Why is the whole world shocked? – to hear the news of the killing of the leader)

4. **Mengapa** dia bosan? – mendengar kisah yang sama berulang-ulang
   (Why is he bored? – to listen to the same story over and over again)

5. **Mengapa** dia heran? – melihat orang buta menganyam bakul
   (Why is he astonished? – to see a blind man weaving baskets)

6. **Mengapa** dia kagum? – melihat kemajuan negara itu
   (Why is he amazed? – to witness the country's progress)

7. ***Mengapa** dia kaget? – melihat kekejaman kakak laki-lakinya*
   (Why is he startled? – to witness his elder brother's cruelty)

8. ***Mengapa** dia marah? – menerima laporan itu*
   (Why is he angry? – to receive the report)

9. ***Mengapa** semua orang bersukacita? – melihat mereka berhasil dalam hidup mereka*
   (Why are all the people happy? – to see that they are successful in their lives.)

10. ***Mengapa** dia jengkel? – melihat kelakuan gadis itu*
    (Why is he annoyed? – to see the girl's behaviour)

*Exercise 3.* Answer the following questions. Use the words given.

e.g.

| Question | Answer |
|---|---|
| *Dia lupa membawa **apa**?*<br>  *– membawa kartu penduduknya*<br>(What did he forget to bring?<br>  – to bring his identity card) | *Dia lupa **membawa kartu penduduknya**.*<br>(He forgot to bring his identity card.) |
| *Dia tahu **apa**?*<br>  *– mencari kesalahan orang lain*<br>(What does he know?<br>  – to find faults in others) | *Dia tahu **mencari kesalahan orang lain**.*<br>(He knows [how to] find faults in others.) |

1. *Dia mengaku **apa**? – mencuri uang orang itu*
   (What did he admit to? – stealing the man's money)

2. *Dia belajar **apa**? – menyanyi*
   (What is he learning? – to sing)

3. *Dia takut **apa**? – menemui orang itu*
   (What is he afraid of? – meeting the man)

4. *Dia berjanji **apa**? – datang ke rumah saya*
   (What does he promise to do? – to come to my house)

5. *Dia menolak **apa**? – undangan untuk menghadiri pertemuan itu*
   (What does he decline? – the invitation to attend the meeting)

6. *Dia mencoba **apa**? – menangkap bola itu*
   (What did he try to do? – to catch the ball)

7. *Dia gemar **apa**? – membaca buku di perpustakaan*
   (What does he like? – to read books in the library)

8. *Dia hendak mengerjakan **apa**? – membayar utang*
   (What does he intend to do? – to pay off his debt)

9. *Dia tidak lupa **apa**? – mengunci pintu itu*
   (What does he not forget? – to lock the door)

10. *Dia ingin **apa**? – mempelajari sejarah Indonesia*
    (What does he wish? – to study the history of Indonesia)

*Exercise 4.* Answer the following questions. Use the words given.

e.g.

| Question | Answer |
| --- | --- |
| *Sejak **kapan** bayi itu menangis?*<br>*– tadi sore*<br>(Since when has the baby been crying?<br>– this afternoon) | *Sejak **tadi sore** bayi itu menangis.*<br>(Since this afternoon the baby has been crying.) |
| ***Kapan** para pekerja berhenti bekerja?*<br>*– pada jam lima sore*<br>(When do the workers stop working?<br>– at 5.00 p.m.) | *Para pekerja berhenti bekerja **pada jam lima sore**.*<br>(The workers stop working at 5.00 p.m.) |

1. **Kapan** *mereka pergi menonton bioskop? – sesudah makan*
   (When did they go to see the pictures? – after dinner)

2. *Sudah **berapa lama** dia belajar menyanyi? – enam bulan*
   (How long has he been learning to sing? – six months)

3. **Kapan** *dia akan pulang untuk makan siang? – sebentar lagi*
   (When is he coming back for lunch? – soon)

4. **Kapan** *dia datang meminjam uang? – dua minggu yang lalu*
   (When did he come to borrow money? – two weeks ago)

5. *Sejak **kapan** wanita itu hidup menderita? – kematian suaminya*
   (Since when has the woman lived miserably? – the death of her husband)

6. **Kapan** *dia meletakkan jabatannya? – minggu yang lalu*
   (When did he resign? – last week)

7. **Kapan** *dia mulai bekerja? – pada jam delapan pagi*
   (When does he start work? – at 8 a.m.)

8. **Kapan** *dia keluar makan? – pada jam satu siang*
   (When does he go out to eat? – at 1 p.m.)

9. **Kapan** *dia lari menyelamatkan diri? – ketika bangunan itu roboh*
   (When did he run to safety [literally 'save himself']? – when the building collapsed)

10. **Kapan** *dia berdiri menyambut para tamu? – pada jam tujuh pagi*
    (When did he get up to welcome the guests? – at 7.00 a.m.)

## 19C. Grammar

### Compound Sentences

When two or more simple sentences are joined together by coordinating conjunction(s), the sentence formed is called a compound sentence (see Lesson 12). The simple sentences making up a compound sentence are co-ordinate and equal in rank; they are all called main clauses. In other words, compound sentences are made up of main clauses.

|   | **TYPE OF SENTENCE** | **EXAMPLE** |
|---|---|---|
| 1. | Simple sentence | *Dewi menyanyi.*<br>Dewi sings.<br>*Dewi menari.*<br>Dewi dances. |
|   | Compound sentence | *Dewi menyanyi sambil menari.*<br>Dewi sings as [she] dances. |
| 2. | Simple sentence | *Ahmad harus mengerjakan pekerjaan itu.*<br>Ahmad must do the job.<br>*Ali harus mengerjakan pekerjaan itu.*<br>Ali must do the job.<br>*Anda harus mengerjakan pekerjaan itu.*<br>You must do the job. |
|   | Compound sentence | *Ahmad, Ali atau Anda harus mengerjakan pekerjaan itu.*<br>Ahmad, Ali or you must do the job. |

Please note that when more than two sentences are joined to form a compound sentence, a comma is often used. There are, however, grammarians who disagree that such a sentence is a compound sentence.

*Exercise 5.* Combine the following sentences by using co-ordinating conjunctions:

e.g.

| | |
|---|---|
| *Karim rajin. Mardi rajin.* (Karim is diligent. Mardi is diligent.) | *Karim **dan** Mardi rajin.* (Karim and Mardi are diligent.) |
| *Dia tidak bisa berbuat apa-apa. Dia menangis.* (He could not do anything. He cried.) | *Dia tidak bisa berbuat apa-apa **kecuali** menangis.* (He could not do anything except crying.) |

1. *Aminah tidak sombong. Aminah anak orang kaya.*
   (Aminah is not arrogant. Aminah is a rich man's daughter.)

2. *Mereka tidak mau tahu. Mereka tidak mau mengerti.*
   (They do not want to know. They do not want to understand.)

3. *Didi mandi. Didi makan.*
   (Didi bathes. Didi eats.)

4. *Badannya belum sehat. Dia pergi juga.*
   (He [literally 'his body'] was not healthy. He still went.)

5. *Dia membaca. Kepalanya sakit.*
   (He reads. His head aches.)

6. *Dia masih muda. Dia juga cantik.*
   (She's still young. She is also beautiful.)

7. *Dia tidak bisa berbuat lain. Dia menunggu.*
   (He cannot do anything. He waits.)

8. *Pemuda itu berjalan. Pemuda itu menyanyi.*
   (The young man walks. The young man sings.)

9. *Kami minum kopi. Kami mengobrol.*
   (We drink coffee. We chit-chat.)

10. *Saya tidak akan ke pesta itu. Saya tidak diundang ke pesta itu.*
    (I will not go to the party. I am not invited to the party.)

*Exercise 6.* Convert the following compound sentences into simple sentences.

e.g.

*Kakak selalu menolong ibu dan pembantu di dapur.*
(Elder sister is always helping mother and the servant in the kitchen.)

*Kakak selalu menolong ibu di dapur. Kakak selalu menolong pembantu di dapur.*
(Elder sister is always helping mother in the kitchen. Elder sister is always helping the servant in the kitchen.)

*Joko mau pergi ke toko tetapi tidak tahu jalannya.*
(Joko wants to go to the shop but he does not know the way.)

*Joko mau pergi ke toko. Dia tidak tahu jalannya.*
(Joko wants to go to the shop. Joko does not know the way.)

1. *Saya akan pergi besok atau lusa.*
   (I will go tomorrow or the day after.)

2. *Dia selalu makan dan minum di rumah saya.*
   (He always eats and drinks at my house.)

3. *Kamar itu gelap lagi bocor.*
   (The room is dark and [the roof] leaks.)

4. *Fatimah berbicara dan tersenyum.*
   (Fatimah speaks and smiles.)

5. *Ahmad membeli sepasang sepatu lalu keluar dari toko itu.*
   (Ahmad bought a pair of shoes, then went out of the shop.)

6. *Anak laki-laki itu pandai tetapi malas.*
   (The boy is clever but lazy.)

7. *Dia bercakap-cakap sambil memperhatikan orang yang lalu.*
   (He talked while watching people passing by.)

8. *Anda boleh datang setiap hari kecuali pada hari Jum'at.*
   (You may come every day except on Friday.)

9. *Saya akan naik bis atau kereta api.*
   (I will take a bus or train.)

10. *Dia mempunyai rumah tetapi dia menumpang di rumah orang.*
    (He owns a house but he stays at another person's house.)

## 19D. Word Formation

*kerja, laku, nyata, pandang, pinjam*

(*a*)  *kerja: bekerja, mengerjakan, pekerjaan, memperkerjakan, pekerja, sekerja*

e.g.  *Dia sedang mencari **kerja**.*
(He is looking for a **job**.)

*Anda tidak **bekerja** hari ini?*
(Are you not **working** today?)

*Dia **mengerjakan** pekerjaan itu dengan rajin.*
(He **carried out** the work diligently.)

***Pekerjaan** penduduk desa itu menangkap ikan.*
(The **occupation** of the villagers is fishing.)

*Pabrik itu **mempekerjakan** 100 karyawan.*
(The **factory** employs 100 workers.)

*Tiga orang **pekerja** itu telah dipecat.*
(Three **workers** have been dismissed.)

*Wanita itu kawan **sekerja** saya.*
(That woman is my **colleague**.)

(*b*)  *laku: selaku, berlaku, melakukan, kelakuan, berkelakuan, memperlakukan, pelaku, selaku*

e.g.  *Kain batik sangat **laku** sekarang.*
(Batik is very **easily sold** now.)

***Laku**nya agak aneh.*
(His **behaviour** is rather strange.)

*Paspor saya **berlaku** sampai bulan Agustus saja.*
(My passport is only **valid** till August.)

*Larangan itu tidak **berlaku** di sini.*
(The ban is not **valid** here.)

*Dia mencari akal **melakukan** barang-barang.*
(He finds a way to **sell** the goods.)

***Kelakuan** anak laki-laki itu kurang baik.*
(The boy's **behaviour** is not [literally 'is less'] good.)

*Anda harus **berkelakuan** baik di sekolah.*
(You must behave properly in school.)

*Ia tidak akan **memperlakukan** isterinya seperti budak belian.*
(He won't **treat** his wife as a slave.)

*Para **pelaku** kejahatan itu masih belum tertangkap.*
(The **criminals** have still not been caught.)

*Dia berbicara **selaku** wakil ayahnya.*
(He speaks **as** his father's representative.)

(c) **nyata: menyatakan, ternyata, kenyataan, pernyataan**

e.g. *Gereja itu kelihatan **nyata** dari sini.*
(The church can be seen **clearly** from here.)

*Dia telah **menyatakan** pendapatnya mengenai perkara itu.*
(He **expressed** his opinion about the matter.)

***Ternyata** mereka bersalah.*
(It **turned out** they were wrong.)

*Akhirnya aku terpaksa menerima **kenyataan** itu.*
(At last I was forced to accept **reality**.)

*Bapak Presiden akan mengeluarkan suatu **pernyataan** malam ini.*
(The President will make a **statement** tonight.)

(d) **pandang: berpandangan, memandang, terpandang, pandangan, pemandangan**

    e.g. *Mereka **berpandangan** sesaat.*
        (They **looked at each other** for a moment.)

        *Dia **memandang** bangunan tiga tingkat itu.*
        (He **looked at** the three-storey building.)

        *Saya **memandang** laki-laki itu sebagai adik saya sendiri.*
        (I **regard** the man as my own younger brother.)

        *Dia termasuk orang yang **terpandang** di desa itu.*
        (He is one of the **well-known** persons in the village.)

        ***Pandangan**nya terhadap orang itu tidak berubah.*
        (His **opinion** of the man did not change.)

        *Di negeri itu banyak **pemandangan** yang indah.*
        (In that country there is a lot of beautiful **scenery**.)

(e) **pinjam: meminjam, meminjami, meminjamkan, peminjam, pinjaman**

    e.g. *Buku itu ku**pinjam** dari perpustakaan.*
        (I **borrowed** the book from the library.)

        *Dia selalu **meminjam** uang dari saya.*
        (He always **borrows** money from me.)

        *Perpustakaan dapat **meminjami** kami semua buku yang diperlukan.*
        (The library can **lend** us all the books needed.)

*Dia tidak mau **meminjamkan** temannya uang.*
(He does not want **to lend** his friend money.)

***Peminjam** uang dari bank harus membayar bunga.*
(A **borrower** of money from the bank must pay interest.)

*Kata itu adalah kata **pinjaman**.*
(The word is a **loan** word.)

# LESSON 20

## 20A. Conversation

### *Wawancara*
### (An Interview)

A: *Waktu kecil, Anda tinggal di mana dan apa keinginan Anda waktu itu?*
(When you were small, where did you live and what were your wishes at that time?)

B: *Waktu kecil saya tinggal di sebuah desa di Solo. Orang tua saya tidak mampu. Orang tua saya pegawai negeri. Keinginan saya waktu itu ialah membantu orang tua.*
(When I was small, I lived in a village near Solo. My father was not rich. My father was just a government servant. My wish then was to help my father.)

A: *Jadi, Anda tidak tamat sekolah?*
(So, you didn't finish school?)

B: *Tidak, saya berhenti dari sekolah dan biaya sekolah saya digunakan untuk adik-adik yang laki-laki. Saya nomor empat dari tujuh bersaudara.*
(No, I didn't. I withdrew from school and the school expenses were used for my younger brothers. I am the fourth of seven brothers.)

A: *Anda tidak menyesal tidak melanjutkan sekolah dulu?*
(So you did not regret that you did not continue your schooling then?)

B: *Tidak. Saya tidak menyesal.*
(No, I did not regret it.)

A: *Waktu itu, apa cita-cita Anda?*
(At that time, what were your ambitions?)

B: *Jadi pramugari. Saya ingin jadi pramugari karena saya ingin melihat-lihat luar negeri.*
(To be an air-hostess. I want to be an air-hostess because I want to see foreign countries.)

A: *Kalau ingin ke luar negeri, tentunya tidak jadi masalah sekarang. Pernah ke mana saja Anda?*
(If you wish to go to foreign countries, it will certainly not be a problem now. Where have you been?)

B: *Belum pernah. Saya belum pernah keluar negeri sampai sekarang. Suami saya tidak mau. Dia takut naik pesawat terbang.*
([I have] Not yet. I have not been to any foreign country until now. My husband does not want to go. He is afraid of flying.)

A: *Apa sebenarnya falsafah hidup Anda?*
(What actually is your philosophy of life?)

B: *Hidup ini santai saja. Kalau ada dimakan, tidak ada dicari.*
(Life is relaxation. If there is [food], eat it. [If] there is none, search for it.)

(Adapted from *Kompas*)

## 20B. Structure

Read the following sentences carefully.

| SUBJECT | PREDICATE |
|---|---|
| *Mobil-mobil Jepang* <br> Japanese cars | *sudah naik harganya.* <br> have gone up in price. |
| *Dia* <br> He | *merasa bahagia sekarang.* <br> feels happy now. |
| *Orang itu* <br> The man | *menjadi marah.* <br> became angry. |
| *Sakitnya* <br> His illness | *sudah sembuh.* <br> is cured. |
| *Orang itu* <br> The man | *kelihatan sedih.* <br> looks sad. |

*Exercise 1.* Substitute the word in the model sentence with those given.

e.g.  *Pria itu **kelihatannya sedih**.*
(The man looks sad.)

*bimbang* *Pria itu kelihatannya **bimbang**.*
(worried) (The man looks worried.)

*lelah* *Pria itu kelihatannya **lelah**.*
(tired) (The man looks tired.)

*tampaknya* *Pria itu **tampaknya** lelah.*
(seems) (The young man seems to be tired.)

*jujur* *Pria itu tampaknya **jujur**.*
(honest) (The man seems to be honest.)

1. *ramah* (friendly)
2. *bengis* (merciless)
3. *kelihatannya* (it looks)
4. *bingung* (perplexed)
5. *rupanya* (it looks, apparently)
6. *bahagia* (happy)
7. *kaget* (shocked)
8. *sakit* (sick)
9. *cekatan* (smart)
10. *sombong* (arrogant)

*Exercise 2.* Answer the following questions. Use the words given.

e.g.

| Question | Answer |
| --- | --- |
| ***Apa*** *yang harganya sudah naik?*<br>– *mobil-mobil Jepang*<br>(What have gone up in price?<br>– Japanese cars) | ***Mobil-mobil Jepang*** *harganya sudah naik.*<br>(Japanese cars have gone up in price.) |
| ***Siapa*** *sudah naik haji?*<br>– *ayah*<br>(Who returned from a pilgrimage?<br>– father) | ***Ayah*** *sudah naik haji.*<br>(Father returned from a pilgrimage.) |

1. ***Siapa*** *naik haji tahun ini? – banyak petani*
   (Who go on a pilgrimage this year? – many farmers)

2. ***Apa*** *yang turun harganya? – hasil bumi*
   (What has gone down in price? – agricultural produce)

3. ***Siapa*** *sudah kehabisan ide? – dosen itu*
   (Who has run out of ideas? – the lecturer)

4. ***Siapa** yang meninggal? – banyak penumpang*
   (Who lost [their] life? – many passengers)

5. ***Siapa** jatuh miskin? – usahawan muda itu*
   (Who became bankrupt? – the young industrialist)

6. ***Apa** yang dapat melukai orang? – senjata*
   (What can hurt someone? – the weapon)

7. ***Apa** yang tidak masuk akal? – masalah itu*
   (What is illogical? – the matter)

8. ***Siapa** yang tidak tahu sopan santun? – anak itu*
   (Who has no manners? – the child)

9. ***Siapa** yang putus harapan? – pemuda itu*
   (Who has lost [his] hope? – the young man)

10. ***Apa** yang tinggal sedikit? – uangnya*
    (What remains a little? – his money)

*Exercise 3.* Answer the following questions. Use the words given.

e.g.

| Question | Answer |
| --- | --- |
| ***Bagaimana** dia sekarang?*<br>*– berasa gembira*<br>(How is he now?<br>– feeling happy) | *Dia **berasa gembira** sekarang.*<br>(He feels happy now.) |
| ***Bagaimana** rasa makanan itu?*<br>*– rasanya asin*<br>(How does the food taste?<br>– tastes salty) | *Makanan itu **rasanya asin**.*<br>(The food tastes salty.) |

1. ***Bagaimana** dia sekarang? – merasa lega*
   (How is he now? – feeling relieved)

2. ***Bagaimana** rasa makanan itu? – rasanya manis*
   (How does the food taste? – tastes sweet)

3. ***Bagaimana** dia sekarang? – merasa sedih*
   (How is he now? – feeling sad)

4. ***Bagaimana** rasa masakan itu? – rasanya pedas*
   (How does the food taste? – tastes spicy)

5. ***Bagaimana** perasaannya sekarang? – masih merasa takut*
   (How does he feel now? – still feels frightened)

6. ***Bagaimana** rasa badannya sekarang? – merasa sakit*
   (How does he [literally 'his body'] feel now? – feels sick)

7. ***Bagaimana** dia sekarang? – merasa tenteram*
   (How does he feel now? – feels peaceful)

8. ***Bagaimana** kakinya sekarang? – terasa dingin*
   (How is his foot now? – feels cold)

9. ***Bagaimana** dia sekarang? – merasa selamat*
   (How does he feel now? – feels safe)

10. ***Bagaimana** dia sekarang? – merasa lapar*
    (How does he feel now? – feels hungry)

*Exercise 4.* Answer the following questions. Use the words given.

e.g.

| Question | Answer |
| --- | --- |
| ***Apa yang terjadi dengan** orang itu?*<br>*– menjadi marah*<br>(What happened to the man?<br>– became angry) | *Orang itu **menjadi marah**.*<br>(The man became angry.) |

***Bagaimana penyakit** ibunya?*      *Penyakit ibunya itu **sudah***
  *– sudah sembuh*                  ***sembuh**.*
(How is his mother's           (His mother's illness is
illness?                               cured.)
  – is cured)

1. ***Apa yang terjadi dengan*** *temannya? – menjadi buta*
   (What happened to his friend? – became blind)

2. ***Apa yang terjadi dengan*** *penjudi itu? – menjadi gila*
   (What happened to the gambler? – became mad)

3. ***Apa yang terjadi dengan*** *impiannya? – menjadi kenyataan*
   (What happened to his dream? – became a reality)

4. ***Apa yang terjadi dengan*** *penulis itu? – menjadi terkenal*
   (What happened to the writer? – became famous)

5. ***Apa yang terjadi pada*** *makanan itu? – menjadi basi*
   (What happened to the food? – became spoilt)

6. ***Apa yang terjadi dengan*** *kota itu? – menjadi sepi*
   (What happened to the town? – became deserted)

7. ***Bagaimana*** *suasana pertemuan itu? – menjadi tegang*
   (How is the atmosphere of the meeting? – becomes tense)

8. ***Apa yang terjadi dengan*** *Ahmad? – menjadi ketua*
   (What happened to Ahmad? – became chairman)

9. ***Apa yang terjadi dengan*** *anak miskin itu? – menjadi kaya raya*
   (What happened to the poor child? – became very rich)

10. ***Apa yang terjadi dengan*** *gadis itu? – menjadi ratu kebaya*
    (What happened to the girl? – became a 'kebaya' queen)

## 20C. Grammar

### Sentence Types

Indonesian sentences can be functionally classified into four groups.

*(a)   Statements or Narrative Sentences*

    e.g.   *Dia guru.*
            (He is a teacher.)

           *Dia suka makan durian.*
           (He likes to eat durian.)

           *Hujan lebat pagi ini.*
           (The rain was heavy this morning.)

           *Ibu di rumah.*
           (Mother is at home.)

*(b)   Commands or Imperative Sentences*

    e.g.   *Pergi!*
            (Go away!)

           *Keluar dari sini!*
           (Get out of here!)

           *Tolong bawa buku itu ke sini.*
           (Please bring the book here.)

           *Silakan datang ke rumah saya.*
           (Please come to my house.)

*(c)   Exclamations or Exclamatory Sentences*

    e.g.   *Aduh! Sakitnya kaki saya!*
           (Ouch! My foot hurts!)

           *Wah! Bagusnya baju anda!*
           (Wow! How beautiful your dress is!)

           *Ayo kita nonton!*
           (Let's go to the cinema!)

*Cis! Berani engkau berkata begitu!*
(Oh! How dare you say so!)

*(d) Questions or Interrogative Sentences*

    e.g.   *Apakah dia guru?*
           (Is he a teacher?)

          *Siapa nama orang itu?*
          (What is the name of the man?)

          *Kapan Anda tiba?*
          (When did you arrive?)

          *Apakah dia sudah berangkat?*
          (Has he left?)

Statements or narrative sentences do not need further explanation. All the sentences given in boxes under Sections B of this book are narrative sentences. Imperative sentences are transformed from narrative sentences by deleting the subject or by replacing it with words like *akan, tolong* or *coba*. For example, the imperative sentences given under group (b) above are transformed from:

        **Anda** *pergi.*
        (You go.)

        **Anda** *keluar dari sini.*
        (You get out of here.)

        **Anda** *bawa buku itu ke sini.*
        (You bring the book here.)

        **Anda** *datang ke rumah saya.*
        (You come to my house.)

Notice that the subject *Anda* (you) has been omitted to derive the sentences given under group (b).

Exclamatory sentences begin with exclamatory words which are associated with the speaker's feeling.

e.g.

| Exclamatory word | Feeling associated with |
| --- | --- |
| *Aduh!* (Ouch!) | sadness, pain |
| *Wah!* (Wow!) | happiness, surprise |
| *Cih!* (Bah!) | scorn |
| *Amboi!* (Hei!) | admiration (surprise) |

*Bukan main* (How extraordinary) and *Alangkah* (What/How a . . .) are also used.

e.g. ***Alangkah*** *besarnya rumah itu!*
(What a big house!)

***Bukan main*** *pandainya anak itu!*
(How extraordinarily clever the child is!)

Interrogative sentences have also been extensively illustrated in Sections B of this book. In this and the last lesson, we will summarize what has already been stated so far. There are several ways of forming questions or interrogative sentences in Indonesian. These are:

(a) by using intonation
(b) by using the particle ***-kah***
(c) by using question words
(d) by using the question tag ***bukan***

(*a*)   By using intonation

e.g.

| Statement | Question |
|---|---|
| *Dia pergi.* (He goes.) | *Dia pergi?* (He goes?) |
| *Dia cantik.* (She is beautiful) | *Dia cantik?* (She is beautiful?) |
| *Dia sahabat saya.* (He is my friend.) | *Dia sahabat saya?* (He is my friend?) |
| *Ahmad di sekolah.* (Ahmad is at school.) | *Ahmad di sekolah?* (Ahmad is at school?) |

(*b*)   By using the particle *-kah*

e.g.   *Dia **pergikah**?*
(Did he go?)

*Dia **cantikkah**?*
(Is she beautiful?)

*Dia **sahabat sayakah**?*
(Is he my friend?)

*Ahmad **di sekolahkah**?*
(Is Ahmad at school?)

The question particle *-kah* can also be placed with the predicate at the beginning of the question. For example, the above questions may also be framed as follows:

***Pergikah*** *dia?*

***Cantikkah*** *dia?*

***Sahabat sayakah*** *dia?*

***Di sekolahkah*** *Ahmad?*

Yet another way of asking this kind of yes/no question is by using ***apakah*** (does/did) at the beginning of the sentence.

> e.g. ***Apakah*** *dia pergi?*
> (Did he go?)
>
> ***Apakah*** *dia cantik?*
> (Is she beautiful?)
>
> ***Apakah*** *dia sahabat saya?*
> (Is he my friend?)
>
> ***Apakah*** *Ahmad di sekolah?*
> (Is Ahmad at school?)

(*c*) By using question words

Most of the question words used to form questions are either interrogative pronouns (see Lesson 5) like *apa* (what), *siapa* (who, whom), *yang mana* (which), *berapa* (how many/much/. . .) or interrogative adverbs (see Lesson 10) like *bagaimana* (how), *kapan* (when), *di mana* (where) and *mengapa* (why).

> e.g. *Dia sedang **apa**?*
> (What did he do?)
>
> ***Siapa*** *orang itu?*
> (Who is that man?)
>
> ***Siapa*** *dijemputnya?*
> (Whom did he meet?)
>
> ***Berapa*** *orang anak Anda?*
> (How many children do you have?)
>
> ***Yang mana*** *rumah Anda?*
> (Which one is your house?)
>
> ***Bagaimana*** *liburan Anda?*
> (How was your holiday?)
>
> ***Kapan*** *dia datang?*
> (When did he come?)

*Mengapa Anda tertawa?*
(Why did you laugh?)

*Di mana Anda tinggal sekarang?*
(Where do you live now?)

(d) By using the question tag ***bukan***

e.g. *Orang itu guru, **bukan**?*
(The man is a teacher, isn't he?)

*Suaminya kaya, **bukan**?*
(Her husband is rich, isn't he?)

*Ramli datang, **bukan**?*
(Ramli came, didn't he?)

*Anda ada di rumah, **bukan**?*
(You are at home, aren't you?)

*Exercise 5.* Fill in the following blanks with suitable question words.

e.g.

| _____ *dia sakit?* | *Apakah dia sakit?* |
| (_____ he sick?) | (Is he sick?) |

_____ *pembicara itu tidak datang?*
(_____ the speaker not come?)

*Mengapa pembicara itu tidak datang?*
(Why did the speaker not come?)

1. *Dia belajar bahasa* _____ ?
   (_____ language is he learning?)

2. _____ *dia suka membaca buku bahasa Indonesia?*
   (_____ he like to read Indonesian books?)

3. _____ *anak orang itu?*
   (_____ are the man's children?)

4. _____ *memandang kita hina?*
   (_____ looks down on us?)

5. *Gadis itu anak _____ ?*
   (The girl was _____ ?)

6. *Anda membeli kamus _____ ?*
   (You bought the dictionary at _____ place?)

7. _____ *keadaan orang tua Anda?*
   (_____ are your parents?)

8. _____ *Anda tidak kerja hari ini?*
   (_____ are you not working today?)

9. _____ *Anda berangkat ke Jakarta?*
   (_____ are you departing for Jakarta?)

10. _____ *orang itu datang?*
    (_____ did the man come from?)

*Exercise 6.* Form at least two questions from the following sentences.

e.g.

| Sentence | Question |
| --- | --- |
| *Hetty ingin berangkat sekarang.* (Hetty wishes to leave now.) | **Siapa** *ingin berangkat sekarang?* (Who wishes to leave now?) |
| | **Kapan** *Hetty hendak berangkat?* (When is Hetty going to leave?) |

*Orang tua itu berjalan sangat lambat.*
(The old man walks very slowly.)

**Siapa** *berjalan sangat lambat?*
(Who walks very slowly?)

**Bagaimana** *orang tua itu berjalan?*
(How does the old man walk?)

1. *Wisatawan itu datang dari Malaysia.*
   (The traveller came from Malaysia.)

2. *Murid itu suka menulis dengan tinta merah.*
   (The pupil likes to write with red ink.)

3. *Aminah pergi ke pasar dengan ibunya.*
   (Aminah goes to the market with her mother.)

4. *Pak guru tinggal di Bogor.*
   (The teacher lives in Bogor.)

5. *Adik selalu membaca buku pada waktu malam.*
   (Younger brother always reads a book at night.)

6. *Dia ingin melanjutkan pelajarannya di luar negeri.*
   (He wishes to continue his studies abroad.)

7. *Rumah saya jauh dari kota.*
   (My house is far from the city.)

8. *Minggu yang lalu kami berpiknik di tepi pantai.*
   (Last week we picnicked by the seaside.)

9. *Orang tua itu suka makan durian.*
   (The old man likes to eat durian.)

10. *Saya kenal wanita itu.*
    (I know the woman.)

## 20D. Word Formation

*salah, satu, temu, tinggal, tolak*

(*a*) **salah**: *bersalah, bersalahan, menyalahi, menyalahkan, kesalahan*

    e.g. *Hitungan kamu **salah**, hitung lagi.*
(Your calculation is **incorrect**, count again.)

*Jika saya **bersalah**, saya minta maaf.*
(If I am **in the wrong**, I apologize.)

*Harganya sama, tetapi **bersalahan** sedikit bentuknya.*
(The price is the same, but the look is **different**.)

*Itu **menyalahi** peraturan.*
(That **violated** the regulation.)

*Saya tidak mau **menyalahkan** siapa-siapa.*
(I do not want **to wrong/blame** anyone.)

*Jika ada **kesalahan**, saya mohon maaf.*
(If there is any **mistake**, I ask for forgiveness.)

*Orang itu sudah mengakui **kesalahan**nya.*
(The man has confessed his **crimes**.)


(*b*) **satu**: *satu-satu, bersatu, menyatukan, mempersatukan, satuan, kesatuan, persatuan, penyatuan*

    e.g. *Timbang barang-barang ini **satu-satu**.*
(Weigh these items **one by one**.)

*Kita harus **bersatu** untuk menjaga keamanan dalam kampung.*
(We must **unite** in order to maintain peace in the village.)

*Kita harus berusaha **menyatukan** semua suku bangsa di dalam negeri ini.*
(We must try **to unite** all the races in the country.)

*Rupiah merupakan **satuan** uang di Indonesia.*
(The rupiah is a currency **unit** in Indonesia.)

*Sukar memelihara **kesatuan** bahasa.*
(It is difficult to maintain linguistic **unity**.)

*Ahmad adalah seorang anggota **persatuan** mahasiswa.*
(Ahmad is a member of the students' **union**.)

*Ia berhasil **mempersatukan** rakyat Indonesia sebagai satu bangsa.*
(He succeeded in **uniting** the Indonesian people as one nation.)

*Ahli-ahli bahasa sedang berusaha mencapai **penyatuan** ejaan bahasa Melayu dan Indonesia.*
(Linguists are striving to accomplish the **unification** of Malay and Indonesian spelling.)

(c)  *temu: bertemu, menemui, menemukan, mempertemukan, pertemuan, penemuan*

e.g.  *Dia **bertemu** dengan pemuda itu minggu yang lalu.*
(He **met** the young man last week.)

*Dia pulang ke desa **menemui** kaum keluarganya.*
(He went back to the village **to visit** his family.)

*Dia **menemukan** barang yang dicari.*
(He **found** what he was looking for.)

*Jika perlu saya akan **mempertemukan** anda dengan pegawai itu.*
(If necessary, I will **bring** you **to meet** the officer.)

*Dia masih ingat **pertemuan**nya dengan pegawai itu.*
(He can still remember his **meeting** with the officer.)

*Beliau telah membuat beberapa **penemuan** dalam bidang kimia.*
(He made several **discoveries** in chemistry.)

(*d*) ***tinggal: meninggal, meninggali, meninggalkan, tertinggal, ketinggalan, peninggalan, sepeninggalan***

e.g. *Kamu **tinggal** di sini; saya akan keluar sebentar.*
(You **remain** here; I want to go out for a while.)

*Ayahnya **meninggal** di tanah suci.*
(His father **passed away** in the holy land.)

*Dia sudah lama **meninggali** rumah itu.*
(He has **lived** in that house for a long time.)

*Dia **meninggali** anaknya sebidang tanah.*
(He **left** his son a piece of land.)

*Dia **meninggalkan** anak laki-lakinya di rumah.*
(He **left** his son at home.)

*Payung saya **tertinggal** di rumah.*
(My umbrella **was left** at home.)

*Kunci saya **ketinggalan** di rumah.*
(My keys **were left** at home.)

*Kami **ketinggalan** bis.*
(We **missed** the bus.)

*Harta **peninggalan** ayahnya tidak banyak.*
(The property **left behind** by his father was not much.)

*Sepeninggalan ibunya, rumahnya menjadi berantakan.*
(**After the death** of his mother, the house was in a mess.)

(e) **tolak: bertolak, menolak, menolakkan, penolakan**

    e.g. *Dia **bertolak** ke Singapura.*
(He **left** for Singapore.)

*Orang-orang desa datang **menolak** mobil saya.*
(The villagers came **to push** my car.)

*Saya **menolak** permintaannya itu.*
(I **reject** his request.)

*Ketua itu **menolakkan** kesalahan itu kepada orang bawahannya.*
(The chief **threw** the blame onto his subordinates.)

*Dia merasa malu karena **penolakan** itu.*
(He feels ashamed because of the **rejection**.)

# PART II

# I NEWS HEADLINES

## (A)

| NOUN PHRASE | NOUN PHRASE |
|---|---|
| 1. *Golkar* <br> Golkar | *milik rakyat.* <br> is the property of the people. |
| 2. *Wanita* <br> Women | *(bukan) kaum lemah.* <br> are (not) the weaker sex. |
| 3. *Indonesia* <br> Indonesia | *sasaran utama.* <br> is the main target. |
| 4. *Kita* <br> We | *bangsa yang sopan.* <br> are a polite nation. |
| 5. *Selat Melaka* <br> The Straits of Malacca | *wewenang Indonesia-Malaysia.* <br> is the concern of Indonesia-Malaysia. |
| 6. *Pancasila* <br> Pancasila | *adalah soal hidup dan mati.* <br> is a matter of life and death. |
| 7. *Lampung* <br> Lampung | *juara Musabaqah Tilawati Quran.* <br> is the champion for the Koran Reading Competition. |
| 8. *Aru* <br> Aru | *penyelam terbaik.* <br> is the best diver. |
| 9. *Abdul Munir Mulkan* <br> Abdul Munir Mulkan | *guru besar IAIN.* <br> is a professor of IAIN. |
| 10. *Kompor* <br> Stoves | *penyebab utama kebakaran.* <br> are the main cause of fire. |
| 10. *Nanjing* <br> Nanjing | *ibu kota kuno China* <br> is an ancient capital of China |
| 10. *Universitas* <br> University | *adalah air mancur modernisasi.* <br> is the foundation of modernization. |

## (B)

| NOUN PHRASE | ADJECTIVE PHRASE |
|---|---|
| 1. *Tata Niaga cengkeh* <br> The clove trade regulation | *kacau.* <br> is chaotic. |
| 2. *Persaingan antarbank* <br> The competition between banks | *semakin keras.* <br> is stronger. |
| 3. *Jalan Tol Jakarta-Cikampek* <br> The tollroad Jakarta-Cikampek | *rawan.* <br> is in a pitiable state. |
| 4. *Kritik tak langsung* <br> Indirect criticism | *lebih kena.* <br> is more fitting. |
| 5. *Peranan duta besar* <br> An ambassador's role | *sangat penting.* <br> is very important. |
| 6. *Penangan korupsi* <br> The management of corruption | *lemah.* <br> is weak. |
| 7. *Pusat keramaian* <br> The entertainment centre | *lengang.* <br> is quiet. |
| 8. *Investasi di Indonesia* <br> Investment in Indonesia | *tetap menjanjikan.* <br> is still promising. |
| 9. *Pemeriksaan terhadap wisatawan* <br> Examinations for tourists | *harus tegas.* <br> must be firm. |
| 10. *Lalulintas di Depok* <br> Traffic in Depok | *makin semrawut.* <br> is more and more chaotic. |
| 11. *Pengrajin mandau* <br> Sword craftsmen | *makin langka.* <br> are scarce. |
| 12. *Mutu pendidikan* <br> The standard of education | *menyedihkan.* <br> is saddening. |

# (C)

| NOUN PHRASE | INTRANSITIVE VERBS |
|---|---|
| 1. *Rekor dunia angkat besi* <br> The world weight-lifting record | *tumbang.* <br> has fallen. |
| 2. *Gaji guru di Jateng* <br> The salary problem of the teachers in Central Java | *belum beres.* <br> is not solved yet. |
| 3. *Latihan perbaikan kampung* <br> The training on village improvement | *selesai.* <br> is completed. |
| 4. *MUNAS Dharma Wanita* <br> The National Conference of Dharma Wanita | *rampung.* <br> ends. |
| 5. *Gedung Sekolah Dasar* <br> A primary school building | *nyaris amberuk.* <br> nearly collapsed. |
| 6. *Seorang pengusaha asuransi mobil* <br> A car insurance agent | *kabur.* <br> ran away. |
| 7. *Zaman edan* <br> A mad age | *bisa muncul setiap waktu.* <br> can appear anytime. |
| 8. *Lalulintas Pasar Kabayoran Lama* <br> Traffic at Old Kebayoran | *macet lagi.* <br> clogs up again. |
| 9. *Banjir di Bekasi* <br> The flood at Bekasi | *surut.* <br> subsides. |
| 10. *Kegiatan belajar* <br> Study activities | *pulih kembali.* <br> are restored again. |
| 11. *Sopirs* <br> Drivers | *mogok.* <br> are on strike. |
| 12. *Tiga gadis cilik* <br> Three small girls | *loncat dari mobil.* <br> jumped down from the vehicle. |

# (D)

| NOUN PHRASE | INTRANSITIVE VERBS |
|---|---|
| 1. *Pencurian dan perampokan* <br> Theft and robbery | *meningkat.* <br> increase. |
| 2. *Jumlah wisatawan* <br> The number of tourists | *merosot.* <br> declines. |
| 3. *Peternak kecil* <br> Small cattle breeders | *terus mengeluh.* <br> continue to complain. |
| 4. *Penyelundupan pasir timah* <br> Tin ore smuggling | *menurun.* <br> decreases. |
| 5. *Pengunjung pameran buku* <br> Visitors to the book fair | *melimpah.* <br> are many. |
| 6. *Harga minyak* <br> The price of oil | *menguat.* <br> strengthens. |
| 7. *Pedagang pasar* <br> Bazaar traders | *mengeluh.* <br> sigh. |
| 8. *Demonstrasi mahasiswa* <br> Student demonstrations | *meletus lagi.* <br> broke out again. |
| 9. *Ketegangan* <br> Tension | *memuncak.* <br> peaked. |
| 10. *Sarjana kehutanan* <br> Forestry graduates | *belum memadai.* <br> are not sufficient yet. |
| 11. *Boeing 757* <br> A Boeing 757 | *mendarat dengan satu mesin.* <br> landed with one engine. |
| 12. *Masyarakat Ende* <br> The people of Ende | *aktif menabung.* <br> save (money) actively. |
| 13. *Minat investor* <br> The investors' interest | *menyurut.* <br> diminishes. |

## (E)

| NOUN PHRASE | TRANSITIVE VERB | NOUN PHRASE |
|---|---|---|
| 1. *Pejabat tinggi* <br> Senior officers | *terima* <br> accept | *suap dari wartawan.* <br> bribes from reporters. |
| 2. *Wartawan Asean* <br> Asean journalists | *akan keliling* <br> will tour | *Australia.* <br> Australia. |
| 3. *Polisi Medan* <br> The police from Medan | *usut* <br> investigate | *kasus penyelewengan.* <br> the case of irregularities. |
| 4. *Pemohon IMB* <br> Applicants for building permits | *bisa tegur* <br> can question | *petugas.* <br> the officer in charge. |
| 5. *Penodong* <br> A robber | *rampas* <br> seized | *uang sopir taksi.* <br> a taxi driver's money. |
| 6. *Perampok* <br> A bandit | *bacok* <br> stabbed | *Maimunah.* <br> Maimunah. |
| 7. *Polisi* <br> The police | *bekuk* <br> arrested | *dokter gadungan.* <br> a false doctor. |
| 8. *Polisi* <br> The police | *sita* <br> seized | *2.5 kg ganja.* <br> 2.5 kg of drug. |
| 9. *DKI* <br> Jakarta | *harus rem* <br> should control | *kelahiran.* <br> births. |
| 10. *Mahasiswa eksakta* <br> Science students | *perlu* <br> need | *penataran tentang ukum.* <br> training/instruction about laws. |
| 11. *Calon TKI* <br> Prospective Indonesian workers | *butuh* <br> need | *bantuan* <br> assistance. |
| 12. *Garuda* <br> Garuda | *buka* <br> opens | *jalur baru ke luar negeri.* <br> a new route abroad. |
| 13. *Massa Parpol* <br> Mass political parties | *palak* <br> squeeze | *pedagang di Bekali.* <br> traders in Bekali. |

## (F)

| NOUN PHRASE | TRANSITIVE VERB | NOUN PHRASE |
|---|---|---|
| 1. *Pemerintah* <br> The Government | *bisa menggugat* <br> can charge | *koruptor.* <br> a corrupter (in court). |
| 2. *Universitas terbuka* <br> The Open University | *mampu menampung* <br> can accept | *150.000 mahasiswa.* <br> 150,000 students. |
| 3. *Kegiatan membaca* <br> Reading activities | *mendukung* <br> support | *pendidikan formal.* <br> formal education. |
| 4. *Polisi* <br> The police | *masih melacak* <br> are tracking down | *buronan itu.* <br> the fugitive. |
| 5. *BI* <br> The Bank of Indonesia | *akan mencegah* <br> will prevent | *penarikan deposito.* <br> withdrawal of deposits. |
| 6. *Petani India* <br> India's farmers | *menuntut* <br> demand | *harga yang lebih.* <br> a better price. |
| 7. *Sektor perkebunan* <br> The estate sector | *menyerap* <br> absords | *268.000 tenaga kerja.* <br> 268,000 workers. |
| 8. *Bencana alam* <br> Natural disaster | *melanda* <br> hits | *Argentina.* <br> Argentina. |
| 9. *Komplotan perampok* <br> A gang of robbers | *menjarah* <br> plundered | *pablik sepatu.* <br> a shoes factory. |
| 10. *Obat bius* <br> Narcotics | *mengancam* <br> threaten | *Afrika.* <br> Africa. |
| 11. *Jakarta* <br> Jakarta | *cepat meniru* <br> is fast to copy | *mode Tokyo.* <br> Tokyo fashion. |
| 12. *Pemerintah* <br> The Government | *berani mengambil* <br> dares to take | *risiko.* <br> risks. |

## (G)

| NOUN PHRASE | TRANSITIVE VERB | NOUN PHRASE |
|---|---|---|
| 1. *Kecelakaan lalulintas* <br> Traffic accidents | *tewaskan* <br> kill | *11.000 orang.* <br> 11,000 people. |
| 2. *Lima Yayasan* <br> Five agencies | *hentikan* <br> stop | *usaha adopsi.* <br> adoption efforts. |
| 3. *Pungutan tak resmi* <br> Unofficial payment | *resahkan* <br> worries | *pedagang pasar.* <br> the market traders. |
| 4. *Penjualan mobil dinas* <br> The sale of government cars | *timbulkan* <br> causes | *masalah.* <br> problems. |
| 5. *Mahasiswa Jakarta* <br> Jakarta students | *pentaskan* <br> staged | *karya Molière.* <br> Molière's works. |
| 6. *Presiden* <br> The President | *resmikan* <br> officiated at the opening | *pabrik minyak sawit.* <br> of a palm oil factory. |
| 7. *Pabrik gula* <br> The sugar factory | *menyerap* <br> absorbs | *268.000 pekerja.* <br> 268,000 workers. |
| 8. *Masyarakat* <br> The society | *lumpuhkan* <br> cripples | *penjahat bersenjata api.* <br> the criminals with firearms. |
| 9. *Polri* <br> The Indonesian police | *galakkan* <br> encouraged | *pemberantasan perjudian.* <br> the fight against gambling. |
| 10. *Pemda Medan* <br> The regional government of Medan | *tertibkan* <br> tightened the control | *becak.* <br> of pedicabs. |
| 11. *Peneliti sosial* <br> Social researchers | *perlu lakukan* <br> must carry out | *studi kecenderungan.* <br> studies into (social) trends. |
| 12. *Presiden* <br> The President | *canangkan* <br> announced | *wajib belajar.* <br> compulsory schooling. |

## (H)

| NOUN PHRASE | TRANSITIVE VERB | NOUN PHRASE |
|---|---|---|
| 1. *Indonesia* <br> Indonesia | *bisa jembatani* <br> can act as a bridge between | *Asean dan Indochina.* <br> Asean and Indochina. |
| 2. *Asean* <br> Asean | *sepakati* <br> agrees on | *kerjasama bidang perikanan.* <br> co-operation in the field of fishing. |
| 3. *Menlu RI* <br> The Foreign Minister of Indonesia | *akhiri* <br> ends | *kunjungan di AS.* <br> a visit to the United States. |
| 4. *Anggota DPR* <br> Members of the Indonesian Parliament | *tanggapi* <br> react | *masalah sistim perkebunan di Indonesia.* <br> against the problems of estate system in Indonesia. |
| 5. *KASAD* <br> The Chief of Staff of the Armed Forces | *kunjungi* <br> visits | *Jawa Timur.* <br> East Java. |
| 6. *Seratus juta warga dunia* <br> One hundred million people | *alami* <br> experience | *depresi.* <br> depression. |
| 7. *Pemikir pendidikan* <br> Educational thinkers | *harus amati* <br> should observe | *tantangan masa depan.* <br> the challenge of the future. |
| 8. *Indonesia* <br> Indonesia | *batasi* <br> limits | *tawaran alih teknologi.* <br> the offer of technology transfer. |
| 9. *Masyarakat Indonesia* <br> Indonesian society | *harus jauhi* <br> should avoid | *pelanggaran hak cipta.* <br> the violation of copyright. |

| NOUN PHRASE | TRANSITIVE VERB | NOUN PHRASE |
|---|---|---|
| 10. *Banyak rumah sakit swasta* <br> Many private hospitals | *tak taati* <br><br> do not obey | *peraturan Menkes.* <br><br> the Ministry of Health's regulations. |
| 11. *Kadin* <br> The Commercial and Industrial Chamber | *harus benahi* <br> should get ready | *organisasi dan tatakerja.* <br> (its organization and working methods). |
| 12. *Paceklik* <br> Famine | *hantui* <br> haunts | *transmigran di Jambi.* <br> relocated residents in Jambi. |

## (I)

| NOUN PHRASE | TRANSITIVE VERB | NOUN PHRASE |
|---|---|---|
| 1. *Modernisasi industri* <br> The modernization of industry | *merugikan* <br> harms | *kaum wanita.* <br> woman kind. |
| 2. *Saling percaya* <br><br> Mutual trust | *menentukan* <br><br> decides | *masa depan kehidupan politik.* <br> the future of political life. |
| 3. *PT Digantara* <br> Digantara Ltd | *merumahkan* <br> retired | *seluruh karyawannya.* <br> the whole of its °employees |

| NOUN PHRASE | TRANSITIVE VERB | NOUN PHRASE |
|---|---|---|
| 4. *Pemilu 2004* <br> The 2004 election | *menyatukan* <br> united | *kita semua.* <br> all of us. |
| 5. *Pedesaan luar Jawa* <br> Villages outside Java | *memerlukan* <br> need | *perhatian.* <br> attention. |
| 6. *Dua sekawan* <br> Two friends | *mewujudkan* <br> realized | *impian.* <br> a dream. |
| 7. *Surabaya* <br><br> Surabaya | *akan memiliki* <br><br> will have | *pusat pertokoan yang besar.* <br> a big shopping centre. |
| 8. *Wisatawan Australia* <br> Australian tourists | *membanjiri* <br> flooded into | *Kupang.* <br> Kupang. |
| 9. *Ekspor sepatu* <br> Shoe exports | *masih menghadapi* <br> still face | *kendali.* <br> constraints. |
| 10. *Pemerintah DKI* <br> The Jakarta Government | *harus membenahi* <br> should take care of | *aspirasi rakyat.* <br> people's aspirations. |
| 11. *Armada Patroli Laut* <br> The patrolling naval forces | *mampu mengawasi* <br> is capable of watching | *kapal perikanan asing.* <br> foreign fishing fleets. |
| 12. *Industri kecil* <br><br> Small industries | *mengahadapi* <br><br> are facing | *persaingan dari negara maju.* <br> competition from developed countries. |

# (J)

| NOUN PHRASE | VERB PHRASE |
|---|---|
| 1. *Tiga konsortium kontraktor Indonesia* <br> Three consortiums of Indonesian contractors | *dibentuk.* <br> were formed. |
| 2. *Sarang judi* <br> The gambling den | *digeledah.* <br> was raided. |
| 3. *Asrama polisi* <br> The police hostel | *diubrak-abrik oleh maling* <br> was ransacked by burglars |
| 4. *Komplotan perampok perhiasan* <br> A gang of jewellery robbers | *diringkus.* <br> was arrested. |
| 5. *Pemotongan gaji guru* <br> The teachers' pay cut | *diusut.* <br> is to be investigated. |
| 6. *Penjambret* <br> The snatch thief | *dituntut hukuman mati.* <br> was charged with a capital offence |
| 7. *Pencopet itu* <br> The pickpocket | *dihajar massa.* <br> was beaten by the people. |
| 8. *100 tersangka judi* <br> 100 suspected gamblers | *diciduk.* <br> were detained. |
| 9. *203 polisi Jatim* <br> 203 policemen from East Java | *ditindak.* <br> were disciplined. |
| 10. *Taman Hiburan Rakyat* <br> The People's Amusement Park | *dipugar.* <br> was restored/renovated. |
| 11. *Enam teroris* <br> Six terrorists | *diidentifisir.* <br> were identified. |
| 12. *Pemerkosa gadis cacat* <br> The rapist of a retarded girl | *divonis bebas.* <br> was acquitted. |
| 13. *Rumah hakim* <br> A judge's house | *dibobol maling.* <br> was broken into by burglars. |

**(K)**

| NOUN PHRASE | VERB PHRASE |
|---|---|
| 1. *Jambatan layang di Wonokromo* <br> A flyover in Wonokromo | *diresmikan.* <br> was officially opened. |
| 2. *Paspor baru* <br> The new passport | *susah dipalsukan.* <br> is difficult to forge. |
| 3. *Ladang ganja di pinggir Y* <br> A heroine field outside Y | *ditemukan.* <br> was discovered. |
| 4. *Tarif pemeriksaan barang expor* <br> The tariff for examination of goods for export | *diturunkan.* <br> was cut. |
| 5. *Pelestarian alam* <br> The preservation of nature | *perlu dilanjutkan.* <br> needs to be continued. |
| 6. *Dua saudara* <br> The two brothers | *mulai disidangkan.* <br> began to be tried. |
| 7. *Gabenur Bali* <br> The Governor of Bali | *dikucilkan.* <br> was expelled. |
| 8. *Orang-utan Indonesia* <br> Indonesia's orang-utan | *diseludupkan ke Thailand.* <br> was smuggled into Thailand |
| 9. *Industri kecil perdesaan* <br> Small village industry | *perlu dikembangkan.* <br> needs to be developed. |
| 10. *Undang-undang perkawinan* <br> The marriage law | *perlu disempurnakan.* <br> needs to be improved. |
| 11. *Penghapusan bemo* <br> The abolition of the pedicab | *terus dilaksanakan.* <br> will be carried out continuously. |
| 12. *Penggunaan konsultan pajak* <br> The use of tax consultants | *tak dianjurkan.* <br> was not encouraged. |
| 13. *Pencarian korban gempa* <br> The search for earthquake victims | *terus dilakukan.* <br> was carried on continuously. |

# (L)

| NOUN PHRASE | VERB PHRASE |
|---|---|
| 1. *Jenis burung yang dianggap punah* <br> A type of bird believed to have been extinct | *dijumpai.* <br> was discovered. |
| 2. *Permintaan pabrik gula* <br> The request of the sugar factory | *sulit dipenuhi.* <br> is difficult to fulfil. |
| 3. *Kesempatan karyawan membeli saham perusahaan* <br> Options for government officials to buy company shares | *ditandatangani.* <br><br> were signed. |
| 4. *Jakarta* <br> Jakarta | *dikangkangi preman.* <br> was controlled by gangsters. |
| 5. *Banjir di daerah Monas* <br> Floods in the Monas area | *akan ditanggulangi.* <br> will be under control. |
| 6. *Pengajaran bahasa Indonesia* <br> The teaching of Indonesian | *akan dibenahi.* <br> will be given attention. |
| 7. *Medan* <br> Medan | *mulai dilayani airbus.* <br> began to be served by airbus. |
| 8. *Penarik becak* <br> Pedicab drivers | *akan ditawari pekerjaan baru.* <br> will be offered new jobs. |
| 9. *Dolar palsu* <br> Fake dollars | *terus diselidiki polisi.* <br> will continue to be investigated by the police. |
| 10. *Penderita kusta* <br> Leprosy sufferers | *tidak harus dijauhi.* <br> need not be avoided. |
| 11. *Hotel dan losmen* <br> Hotels and inns | *disaingi wisma.* <br> face competition from private houses. |
| 12. *Pembinaan perumahan nelayan* <br> The building of fishermen's houses | *akan ditangani lebih mantap.* <br> will be handled more steadily. |

## (M)

| NOUN PHRASE | VERB PHRASE |
| --- | --- |
| 1. *Dia* <br> He | *berkiprah dalam bidang kemiliteran.* <br> was active in the military. |
| 2. *Korban banjir* <br> Flood victims | *bertambah.* <br> increase. |
| 3. *Dewan Penasihat Pakistan* <br> Pakistan's Advisory Council | *bersidang.* <br> convened. |
| 4. *Sejarah* <br> History | *tidak beredar di Imogiri.* <br> does not move in Imogiri. |
| 5. *Demonstrasi* <br> Demonstrations | *masih terus berjalan.* <br> still continue. |
| 6. *Pembenahan pajak* <br> Tax revision | *harus berlanjut.* <br> should be continued. |
| 7. *Undangan Presiden* <br> The President's invitation | *tetap berlaku.* <br> is still open. |
| 8. *Ekspor sepatu* <br> The export of shoes | *berkembang baik.* <br> develops well. |
| 9. *Penyerobotan tanah* <br> Illegal occupancy of land | *masih berlangsung di Jambi.* <br> still goes on in Jambi. |
| 10. *Peninjau tetap Palestina* <br> Palestine's permanent observer | *berada di Jakarta.* <br> was in Jakarta. |
| 11. *Rakyat Paraguay* <br> The Paraguay people | *berpesta.* <br> celebrate. |
| 12. *Elektronika Indonesia* <br><br> Indonesia's electronics industry | *mampu bersaing di pasar International.* <br> can compete on the international market. |

# (N)

| NOUN PHRASE | VERB PHRASE |
|---|---|
| 1. *Harganya* <br> A price | *tidak terjangkau.* <br> was not reached. |
| 2. *200 orang* <br> 200 people | *tertimbun hidup-hidup.* <br> were buried alive. |
| 3. *10 hektar kebun karet* <br> 10 hectares of rubber estates | *terbakar.* <br> were burnt down. |
| 4. *Penjualan ganja kepada anak kapal* <br> The sale of marijuana to sailors | *terungkap.* <br> was revealed. |
| 5. *Pelayanan air minum Jakarta* <br> The supply of drinking water in Jakarta | *terganggu.* <br> was interrupted. |
| 6. *Perbauran* <br> Assimilation | *masih terhambat.* <br> was still hampered. |
| 7. *Pendaki gunung* <br> A mountain climber | *tersesat.* <br> lost (his) way. |
| 8. *Penjualan tiket aspal* <br> The sale of fake tickets | *terbongkar.* <br> was uncovered. |
| 9. *Pemeriksaan* <br> The investigation | *terhenti.* <br> was stopped. |
| 10. *Anak seorang pejabat* <br> The son of an officer | *terlibat dalam pencurian.* <br> was involved in the theft. |
| 11. *Beberapa lokasi di Jakarta* <br> A few locations in Jakarta | *tergenang air.* <br> were flooded. |
| 12. *Perhiasan emas berlian* <br> Gold and diamonds jewellery | *tertinggal dalam taksi.* <br> was left in the taxi. |
| 13. *Nelayan* <br> Fishermen | *terbelenggu tengkulak.* <br> were shackled by middlemen. |

## (O)

| NOUN PHRASE | TRANSITIVE VERB | NOUN PHRASE |
|---|---|---|
| 1. *Tokyo* <br> Tokyo | *perketat* <br> tightens | *penjagaan.* <br> (its) security. |
| 2. *Depkeh* <br> The Department of Justice | *perbanyak* <br> increases | *penyidik kasus hak cipta.* <br> investigators of copyright cases. |
| 3. *WHO* <br> WHO | *peringatkan* <br> warned of | *soal radang paru misterius.* <br> the mysterious pneumonia problem. |
| 4. *TNI-AU* <br> The Indonesian Air Forces | *peroleh* <br> get | *24 penerbang baru.* <br> 24 new pilots. |
| 5. *Pemerintah pertimbangkan* <br> The government | *sedia* <br> is ready to consider | *dana.* <br> the funding. |
| 6. *Pembangunan politik* <br> Political developments | *perhatikan* <br> will observe | *aspirasi demokrasi.* <br> democratic aspirations. |
| 7. *Mahkamah Agung* <br> The Supreme Court | *pertanyakan* <br> asked | *pelanggaran pengadilan anak.* <br> the violation (of law) in a child trial. |
| 8. *Partai Persatuan Pembangunan* <br> The PPP | *persiapkan* <br> prepares | *materi untuk Muktamar.* <br> its material for conference. |
| 9. *Kabul* <br> Kabul | *persenjatai* <br> arms | *30.000 anggota Partai Komunis.* <br> 30,000 members of the Communist Party. |
| 10. *Iran* <br> Iran | *harus perbaiki* <br> should improve | *citra.* <br> (its) image. |

# II THE NEWSPAPER LEAD

## Politics and Government

1. *JAKARTA – Pelita V yang dijalankan Kabinet Pembangunan V ini akan sangat menentukan kesiapan bangsa Indonesia memasuki tahap pembangunan jangka panjang 25 tahun II nanti. Untuk itu, hendaknya para menteri Kabinet Pembangunan V benar-benar mengarahkan aparatnya mewujudkan pemerintahan yang bersih dan berwibawa.*

(*Kompas*)

| | |
|---|---|
| *aparatnya* | : government officers |
| *berwibawa* | : responsible, with authority |
| *jangka panjang* | : long-term |
| *kesiapan* | : readiness |
| *Pelita (Perencanaan Lima Tahun)* | : Five-Year Plan |
| *tahap* | : stage, phase |

2. *JAKARTA – Dengan stabilitas politik yang makin mantap, tugas pokok kabinet baru di bidang pembangunan politik selama lima tahun mendatang adalah meningkatkan keterbukaan untuk menyerap dan menyalur aspirasi rakyat.*

   *Staf pengajar Fakultas Ilmu Sosial dan Ilmu Politik (FISIP) UI Dr. Burhan Menda mengemukakan hal ini dalam percakapan dengan 'Kompas' di Jakarta pekan ini.*

(*Kompas*)

| | |
|---|---|
| *keterbukaan* | : readiness, openness |
| *mantap* | : steady |
| *menyalur* | : to channel |
| *menyerap* | : to absorb |

3. *JAKARTA – Perbaikan sistem transportasi secara menyeluruh harus dilakukan pemerintah dalam menyikapi permasalahan transportasi yang terus memburuk dari tahun ke tahun. Pemerintah harus mulai memikirkan sistem transportasi massal nasional dengan tekanan utama pada pembenahan sistem perkeretaapian. Demikian ditegaskan oleh Wakil Ketua Komisi IV Dewan Perwakilan Rakyat E.S.*

| | |
|---|---|
| *dilakukan(laku)* | : to be carried out |
| *massal* | : mass |
| *menyeluruh(seluruh)* | : whole, completely |
| *menyikapi (sikap)* | : to adopt an aptitude in dealing with s.t. |
| *pembenahan(benah)* | : management |
| *perkeretaapian (kereta api)* | : railway |
| *tekanan* | : stress, emphasis |

4. *JAKARTA–Komisi Pemilihan Umum (KPU)menolak permintaan sejumlah partai politik(parpol) untuk menghentikan penghitungan suara dengan teknologi informasi. Sebab penghitungan itu lebihkan diperuntukkan bagi masyarakat luas, wartawan, dan pihak luar negeri. Sedang penghitungan resmi dan sah bagi partai politik adalah penghitungan secara manual. Demikian kata anggota KPU Anas Urbanin grum yang dihubungi Sabtu(10/4) pagi.*

| | |
|---|---|
| *diperuntukkan(untuk)* | : be meant for |
| *Komisi Pemilihan Umum* | : General Election Committee |
| *manual* | : manually |
| *resmi* | : official |
| *sah* | : valid |

5. *SALATIGA – Ada dua hal mendesak yang akan dihadapi pemerintah dalam lima tahun mendatang. Yaitu masalah akumulasi (pemupukan) modal dan masalah pemerataan atau distribusi kekayaan.*

    *Pendapat itu dikemukakan Dr. Arief Budiman, pengamat*

*masalah sosial ekonomi dari Universitas Kristen Satya Wacana, Salatiga, dalam percakapan dengan 'Kompas' pekan ini.*

*(Kompas)*

| | |
|---|---|
| *akumulasi* | : accumulation |
| *mendesak* | : urgent, pressing |
| *pengamat* | : observer |

6. Pemilihan umum ulang terpaksa di gelar oleh sejumlah daerah akibat surat suara yang dicoblos pemilih ternyata tertukar dengan surat suara dari daerah pemilihan lain.

| | |
|---|---|
| *akibat* | : as a result of |
| *dicoblos* | : punched (as a way of voting) |
| *gelar* | : to organize |
| *pemilih(pilih)* | : voter |
| *ternyata (nyata)* | : apparently |
| *surat suara* | : vote |

# Business News

1. *MANILA – Bank Pembangunan Asia (ADB) hari Kamis mengemukakan, venture capitalist berniat menanamkan modal dalam proyek-proyek yang dapat memberikan hasil kembali dalam tujuh hingga 10 tahun. Pernyataan ADB ini merupakan hasil studi.*

| | |
|---|---|
| *hasil kembali* | : a return (of the investment) |
| *menanam* | : to invest |
| *pernyataan* | : statement |

2. *Para pedagang Pasar Cikokol, Koata Tangerang, selepas bulan Puasa harus pindah ke tempat yang sudah disediakan di Pasar Tanah Tinggi. Mereka harus pindah karena lahan*

*pasar itu adalah milik Departement Kehakiman dan Hak Asasi Manusia yang semula dipinjam.Demikian dikemukakan oleh juru bicara Pemerintah Kota Tangeran E.S. kepada Antara, Senin (4/12)*

| | |
|---|---|
| *Antara* | : Indonesia's news agency |
| *dikemukakan (muka)* | : put forward |
| *Hak Asasi Manusia* | : Basic Human Rights |
| *lahan* | : land |

3. *JAKARTA – Barang-barang eks Cina kini membanjiri DKI Jakarta.Barang-barang itu sebagian dijual secara eceran, mulai dari peniti, solder, hingga kunci Inggeris. Tidak terbayangkan kalau harga barang-barang impor tersebut ada yang hanya Rp 8(delapan rupiah). Menurut pemantauan yang dilakukan Kompas,Senin(5/8),barang-barang tersebut antaranya bisa ditemukan di Pasar Pagi, kawasan Glodok,Jakarta Pusat.*

*(Kompas)*

| | |
|---|---|
| *eceran* | : retail |
| *kunci Inggeris* | : monkey wrench |
| *membanjiri (banjir)* | : to flood |
| *pemantauan(pantau)* | : monitoring |
| *peniti* | : safety pin |
| *tak terbayangkan* | : unimaginable |

4. *JAKARTA – Kebijaksanaan dalam pengelolaan perbankan periode lima tahun mendatang tidak akan menyimpang dari arah deregulasi yang sudah dimulai sejak tahun 1983. Sementara dalam operasionalnya perhatian utama ditujukan pada usaha pemecahan masalah ketenagakerjaan dan membantu pengembangan ekspor nonmigas.*

*(Kompas)*

| | |
|---|---|
| *deregulasi* | : de-regulation, to remove regulations |
| *kebijaksanaan* | : policy |
| *ketenagakerjaan* | : manpower |
| *menyimpang* | : to deviate |
| *nonmigas* | : non-oil gas |
| *operasinalnya* | : its operation |
| *pengelolaan* | : management |

5. *LONDON, Jum'at – Harga minyak hari Kamis masih terus menguat beberapa puluh sen dollar AS di pasaran dunia. Semua ini masih berkaitan dengan pernyataan OPEC yang bermaksud mengadakan pertemuan komite harga awal bulan depan.*

6. *JAKARTA – Pemerintah memberikan kemudahan kepada calon TKI (Tenaga Kerja Indonesia) yang hendak bekerja di luar negeri, termasuk ke Malaysia. Yaitu, mereka dibebaskan dari kewajiban membayar surat keterangan fiskal luar negeri Rp 250.000 per orang.*

(*Kompas*)

| | |
|---|---|
| *fiskal* | : fiscal |
| *kemudahan* | : facilities |

## Crime and Courts

1. *SAMARINDA – Bekas karyawan PT Asuransi Kecelakaan Jasa Raharja, Syahril (34) dijatuhi hukuman 4 tahun penjara dan denda Rp 15 juta, karena terbukti melakukan korupsi hingga menimbulkan kerugian perusahaan negara itu sebesar Rp 37.6 juta. Selain itu, terhukum juga diharuskan*

*membayar uang pengganti sebesar Rp 10 juta dengan subsider 3 bulan kurungan.*

*(Kompas)*

| | |
|---|---|
| *dengan subsider* | : with the alternative of |
| *kurungan* | : imprisonment |

2. *ISABELA, FILIPINA —Sebanyak 19 dari 53 narapidana yan kabur dari satu penjara di Filipina, termasuk beberapa anggota kelompok Abu Sayyaf, telah ditangkap kembali dan delapan orang lagi tewas ditembak pasukan Filipina yang melakukan pengejaran, kata para pejabat setempat Ahad.*

*(Rol)*

| | |
|---|---|
| *narapidana* | : convicted criminals |
| *pasukan* | : troops |
| *pejabat* | : officers |

3. *JAKARTA – Lima calon pemudik dari Batam tertipu kawanan penjahat yang menawarkan taksi dan mobil omprengan gelap sesaat setelah turun dari pesawat Bandar Udara Soekarno-Hatta, Jumat(21/11)malam. Mereka jua diperas dan dipukuli di sebuah rumah di daerah Rawamangun, Jakarta Timur.*

*(Kompas)*

| | |
|---|---|
| *Bandar Udara* | : airport |
| *calon* | : candidates, prospective |
| *menawarkan(tawar)* | : offer |
| *omprengan gelap* | : illegal transportation |
| *pemudik(mudik)* | : someone who is going back to his village |

4. *JAKARTA – Tenaga Kerja Indonesia (TWI) di Nunukun, Kalimantan Timur yang akan kembali ke Malaysia menghadapi masalah baru. Mereka diharuskan membayar biaya pengurusan paspor sebesar Rp3,5 juta jauh melebihi biaya resmi pengurusan sebesar 200 ribu. Hal ini diungkapkan oleh Wakil Ketua Komisi VII Rekso Ageng Herman kepada Pembaruan di Jakarta Senin (26/8) pagi berkaitan dengan pengiriman kembali TKI ke Malaysia.*

   | | |
   |---|---|
   | *berkaitan (kait)* | : relating to |
   | *biaya* | : expenses |
   | *diungkapkan (ungkap)* | : be revealed |
   | *pengurusan (urus) paspor* | : passport arrangement |
   | *resmi* | : official |

5. *MEDAN – Seorang warga negara (WN) Singapura bernama Willie(51) Sabtu (27/7), dirampok oleh tiga orang yang mengaku sebagai anggota Kepolisian Negara Republik Indonesia (Polri) di kawasaan Harmoni, Jakarta Pusat. Saat kejadian, korban yang sehari-hari bekerja sebagai sales perhiasan sedang dengan rekannya Bakar Hussein sedang menumpang taksi. Keterangan ini dihimpun Kompas di Kepolisian Daerah (Polda) Metro Jaya semalam.*

   (*Kompas*)

   | | |
   |---|---|
   | *kawasan* | : area, region |
   | *Kepolisian Daerah* | : Regional Police |
   | *korban* | : victim |
   | *mengaku (aku)* | : confess |

6. *BOGOR– Sebanyak tujuh pelajar lulusan Sekolah Menengah Kejuruan (SMK), Kota Bogor, Senin (14/7), mengadukan Siswo Supeno(50) ke Kepolisian Resor Kota Bogor. Tujuh pelajar tersebut menyebutkan, Siswo yang mengaku bekerja di PT Kurnia Bina Riski (KBR) menipu dengan cara memberikan*

*janji akan mempekerjakan mereka ke Malaysia. Setelah ditunggu-tunggu, janji tidakpernah terrealisasi.*

*(Kompas)*

| | |
|---|---|
| *Kepolisian Resor* | : local police |
| *mempekerjakan(kerja)* | : engage to work |
| *mengadukan(adu)* | : to lodge a complaint against |
| *PT (Perseroan Terbtas)* | : Limited Company |
| *Sekolah Menengah Kejuruan* | : Secondary Technical School |

7. *Pendiri sekte Pondok Nabi,Mangapin Sibuea, yang sempat menimulkan kehebohan dengan perkataannya yang menyatakan kiamat terjadi pada 10November2003,dijatuhi hukuman dua tahun penjara.*

   | | |
   |---|---|
   | *kiamat* | : doomsday |
   | *kehebohan(heboh)* | : uproar |
   | *pendiri(diri)* | : founder |
   | *sekte* | : sect |

# Disasters

1. *BEIJING, Jum'at – Tabrakan keras dua kereta penumpang hari Kamis terjadi dekat Shanghai, Cina, menewaskan sedikitnya 29 orang dan mencederai 100 orang lainnya. Korban yang tewas sebagian besar pelajar dan guru Jepang yang sedang melakukan karya wisata ke Cina dan menumpang salah satu kereta nahas itu.*

   | | |
   |---|---|
   | *karya wisata* | : study tour |
   | *mencederai* | : to injure |
   | *nahas* | : unlucky |

2. *SEOUL, Jum'at* – *Sekitar 20 orang wanita pekerja tewas dan tiga lainnya dalam keadaan kritis ketika terjadi kebakaran hebat di sebuah asrama putri yang terdapat di kompleks pabrik tekstil di daerah pinggiran kota Anyang. Korsel, hari Jum'at.*

3. *MANILA* – *Mereka yang selamat dari feri 'Dona Marilyn' yang tenggelam hari Senin di Filipina Selatan menjadi 225 orang, sementara korban tewas yang ditemukan 32 orang. Jadi yang masih dinyatakan hilang 254 orang.*

   (*Kompas*)

4. *JAKARTA* – *Pusat pertokoan Harco, salah satu pusat perdagangan barang elektronik di Jakarta Selasa pagi terbakar, menghanguskan lebih sepuluh dari 600 toko di kompleks itu. Api mulai berkobar sekitar pukul 03.30 dan sampai kemarin sore masih menyala.*

   (*Kompas*)

5. *Garut,(PR).Bencana longsor yang melanda Kampung Cigangsa RT2 RW8, Desa Sukamaju, Garut,Jumat malam(9/4),memaksa aparat terkait mengungsikan enam kepada keluarga(KK) yang tinggal di dekat lokasi bencana. Hal ini dilakukan guna menghindari bencana langsor susulan yang dapat terjadi sewaktu-waktu.Meski demikian, sejak Sabtu (10/4) pagi, jalur utama yang menghubungkan Garut dan Taksikmalaya telah kembali normal.*

| | |
|---|---|
| *aparat terkait* | : government officers concerned |
| *guna* | : in order to |
| *longsor* | : landslide |
| *melanda(landa)* | : to devastate |

| | |
|---|---|
| *mengungsikan* | : to evacuate |
| *RT(Rukun Tetangga)* | : Neighbourhood Association |
| *RW(Rukun Warga)* | : Citizens' Association |

6. *MEDAN – Korban tanah longsor Desa Sihabuk, Kecamatan Gaya Baru, Tarutung, bertambah ketika ditemukan lagi mayat-mayat lainnya para penggali.*

(*Kompas*)

    *tanah longsor*                : landslide

## Demonstrations and Disputes

1. *TENGERANG – Masyarakat Kelurahan Gerendeng di Kotatif Tangerang memprotes kepemimpinan lurahnya, MY. Lurah tersebut dianggap kurang bermusyawarah dengan tokoh masyarakat setempat dalam memutuskan sesuatu serta tidak memperhatikan aspirasi warga. Mereka minta agar Lurah MY segera diganti.*

(*Kompas*)

2. *NEW DELHI, Jum'at – Belasan ribu petani India melakukan aksi duduk di depan gedung parlemen India. Ratusan petani ini bahkan bertekad akan melakukan aksi tanpa batas waktu hingga pemerintah memenuhi tuntutan mereka, untuk meningkatkan harga hasil pertanian dan menghapuskan beban utang mereka.*

    *bertekad*                    : to determine

3. *JAKARTA – Pengurus Seksi Wartawan Olahraga (Siswo) PWI Jaya menyesalkan atas terjadinya pengusiran terhadap*

*para wartawan, yang meliput kegiatan Kongres Pertina hari Kamis di Wisma Karsa Pemuda Senayan, Jakarta.*

(*Kompas*)

| | |
|---|---|
| *meliput* | : to cover |

4. *JAKARTA – Sebanyak 21 pedagang Pasar Senen lantai I dan II, Blok I dan II mengadu ke DPRD DKI Jakarta, Kamis. Mereka menyatakan ketidakpuasannya kepada PT Pembangunan Jaya yang selama 24 tahun terakhir ini mengelola pusat perbelanjaan itu.*

(*Kompas*)

| | |
|---|---|
| *mengadu* | : to complain |
| *mengelola* | : to manage |
| *pusat perbelanjaan* | : shopping centre |

5. *PEKANBARU – Sebanyak 47 orang mahasiswa Universitas Riau (Unri) melancarkan aksi protes terhadap perguruan tinggi tersebut, tanggal 8 September. Protes dengan cara berdiam diri di depan kampus Unri, Jalan Pattimura Pekanbaru, sejak dinihari sampai sore.*

(*Kompas*)

## War and Terrorism

1. *BOMBAY, Jum'at – Seorang teroris bersenjata, hari Jum'at secara membabi-buta melepaskan tembakan dan melemparkan dua buah granat tangan di bagian luar ruang kedatangan Bandara Internasional Sahar, Bombay (India).*

2. *JAKARTA – Komando Amerika Serikat(AS) untuk Asia Pasifik Laksamana Thomas Boulton Farco mengatakan masa depan hubungan militer Indonesia–AS bergantung pada profesionisme TNI dalam melakukan reformasi dan penghormatan terhadap hak asasi manusia.*

   *"Kami yakin, seorang militer yang professional lekat dengan pengertian kekuasaan sipil atas militer, menghormati hak asasi manusia dan taat pada hukum. Dan untuk hal itu kami sangat mendukung," kata Farco dalam konferen pers selama 30 menit di Jakarta, Kamis (15/8)*

   | | |
   |---|---|
   | *bergantung(gantung)* | : depend on |
   | *laksamana* | : admiral |
   | *lekat* | : adhere to |
   | *melakukan (laku)* | : to carry out |
   | *pengertian(erti)* | : understanding |
   | *taat* | : obey |

3. *Panglima Armada Barat(Armabar) Laksamana Muda TNI Putu Ardana mengemukan kejahatan di kawasan perairan laut selat Melaka bagian utara saat ini cenderung meningkat dan menjadi perhatian khusus masyarakat Internasional.*

   *Hal itu dikemukakannya di Tanjung Pinang, Senin, usai serah terima jabatan Komando Gugus Keamanan Laut Armabar dari Laksamana TNI Mualimin Santoso kepada Laksamana TNI Dipo Rahardjo*

   | | |
   |---|---|
   | *Armada Barat* | : western fleet |
   | *Laksamana muda* | : rear admiral |
   | *jabatan* | : position |
   | *komando* | : military command |
   | *panglima* | : commander |
   | *selat* | : straits |
   | *serah terima* | : transfer (of power) |
   | *usai* | : after |

4. *JERUSALEM – Tentara-tentara Israel hari Jum'at menembak mati dua orang pemuda Palestina dan melukai sepuluh lainnya ketika terjadi bentrokan di kota Tarqumiya yang terletak di wilayah Tepi Barat.*

   *bentrokan* : collision

5. *JAKARTA –Ketua Umum Pengurus Besar Nahdlatul Ulama KH Hasyim Muzadi merasa kecewa dengan Kepala Polri Dai Bahctiar yang mempertanyakan kurikulum di pondon pesantren. Pondon pesantren merupakan tempat pendidikan berciri khas keagamaan Islam yang tidak pernah mengajarkan kekerasan dan tidak memiliki kurikulum yang mengajarkan tindakan terorisme atau yang mengarah pada aksi radikalisme. Hal ini disampaikan Hasyim Muzadi di depan peserta Jakarta International Conference 2003 dengan tema "Strategi Dakwah Menuju Ummatan Wasathon dalam menghadapi Radikalisme" di Jakara, Senin(13/10)*

   *(Kompas)*

   | | |
   |---|---|
   | *Dakwah* | : mission, proselytize |
   | *mempertanyakan(tanya)* | : to question |
   | *Nahdlatul Ulama* | : Muslim Scholars' Association |
   | *pondok pesantren* | : Islamic religious (boarding) school |
   | *tindakan(tindak)* | : action |

6. *SRINAGAR, Rabu – Ledakan tiga bom hari Selasa mengguncang India utara, menewaskan paling tidak 23 orang dan mencederai 64 lainnya. Otak dan pelaku aksi peledakan itu diduga kaum ekstremis Sikh, yang sedang memperjuangkan pembentukan negara separatis di Punjab, India utara.*

7. *SIDON, Rabu – Armada tempur Israel membumihanguskan wilayah Lebanon Tengah dan Selatan, menewaskan 15 orang dan mencederai 43 lainnya.*

    *membumihanguskan* : to scorch the earth, i.e. to reduce torubble

## Miscellaneous

1. *JAKARTA – Bangsa Indonesia terdiri atas 1.017 suku bangsa, berdiam di atas lebih dari 13.000 pulau, serta menganut berbagai agama. Dengan kemajemukan seperti itu, maka muklak diperlukan adanya persaudaraan. Terlebih di saat bangsa Indonesia sedang memasuki masa kompetisi politik, rasa persaudaraan itu makin diperlukan. Hanya dengan semangat persaudaraan dan menghormati perbedaan multikutural dan agama, bangsa Indonesia akan tetap utuh. Demikian ujar Prof.Dr. Atho Mudzhar, Kepada Badan Litbang pada khobah Idul Adhal di Mesjid Istiqlah, Jakarta, Minggu (1/2)*

    *(Kompas)*

| | |
|---|---|
| *Idul Adhah* | : feast that commemorates the sacrifice of Ismail by Ibrahim |
| *khobah* | : sermon |
| *Litband(Penelitian dan Pengembangan)* | : Research and Development |
| *Mesjid Istiqlah* | : the grand mosque in Jakarta |
| *persaudaraan (saudara)* | : friendship, brotherhood |
| *utuh* | : intact, complete |

2. *BERAMBAI – Para transmigran Kolam Kanan, Desa Berambai, Kabupaten Baritokuala (Kalsel) memprihatinkan.*

| | |
|---|---|
| *memprihatinkan* | : worrying |
| *transmigran* | : a resettled resident |

3. *JAKARTA – Ikatan Penerbit Indonesia (Ikapi) Jakarta kembali menggelar pameran buku dalam Pesta Buku Jakarta 2003. Kali ini, pameran yang berlangsung di Istora Gelora Bung Karno Senayan Jakarta tidak sekadar ajang promosi dan jual-beli produk perbukuan. Lebih dari itu, penyelenggara mencoba menampilkan fenomena menggairahkan dari dunia perbukuaan tanah air.*

(*Kompas*)

| | |
|---|---|
| *ajang* | : arena, site |
| *Ikapi* | : Indonesia Publishers' Association |
| *Istora (istana olahraga)* | : Sports Palace |
| *Menampilkan (tampil)* | : to present |
| *menggairahkan* | : stimulating |
| *menggelar (gelar)* | : to hold |
| *menyelenggara (selenggara)* | : to organize |
| *pameran* | : exhibition |
| *sekadar* | : just for the sake of |

4. *BANDUNG – Dua masalah mendesak yang harus dipecahkan dalam pengembangan wilayah adalah belum tersedianya perangkat peraturan yang ketat, dan masih lemahnya pengaturan sistem angkutan. Jika tidak diupayakan sejak dini, keduanya ini akan menjadi ancaman masa datang dalam program pengembangan wilayah.*

(*Kompas*)

| | |
|---|---|
| *dini* | : early |
| *perangkat peraturan* | : a set of regulations |

5. *JAKARTA– Penyimpangan dana hibah Pemerintah Belanda untuk perbaikan sekolah miskin di Indonesia terjadi karena lemahnya sistem pengawasan dan sanksi terhadap pelaku.Selain itu,lemahnya penegakan hukum membuat pelaku tidak jera melakukan kurupsi.Demikian dikatakan Stephen Bainess dalam dengar pendapat umum di Jakarta,Selasa (11/11)*

    (*Kompas*)

    | | |
    |---|---|
    | *dana* | : fund |
    | *dengar pendapat umum* | : public hearing |
    | *hibah* | : grant |
    | *jera* | : fear |
    | *penegakan(tegak)* | : enforcement |
    | *pengawasan (awas)* | : control |
    | *penyimpangan (simpang)* | : diversion |
    | *sanksi* | : sanction |

6. *JAKARTA – Wakil Kepala Pusat Penerangan ABRI Kolonel CZI Soekardi, Jum'at siang, pukul 11.35 WIB meninggal di RS Jantung Yayasan Harapan Kita.*

    (*Antara*)

7. *JAKARTA – Pelaksanaan program transmigrasi yang selama ini lebih ditekankan pada pendekatan sosial, perlu diubah dengan sistem pendekatan ekonomi. Artinya, orang-orang yang ditransmigrasikan hendaknya benar-benar mempunyai motivasi kuat untuk memperoleh kemajuan hidup atau mengembangkan dirinya di daerah yang baru dalam bidang-bidang tertentu yang telah ditetapkan dalam program transmigrasi.*

    *Dr. Kartomo Wirosuhardjo, Asisten Menteri KLH (Kependudukan dan Lingkungan Hidup) mengemukakan pendapatnya itu sebagai bahan pertimbangan bagi Menteri*

*Transmigrasi baru dalam Kabinet Pembangunan V.*

(*Kompas*)

*bahan pertimbangan* : matter for consideration

8. *YOGYAKARTA – Nilai pra-EBTA (evaluasi belajar tahap akhir) siswa SMA di daerah Istimewa Yogyakarta diragukan sehubungan sebagian peserta sebelum pra-EBTA sudah memperoleh soal beserta kuncinya dari hasil 'bocoran'. Pra-EBTA itu berakhir hari Kamis setelah berlangsung serentak sejak hari Senin.*

(*Kompas*)

9. *MEDAN – Permasalahan tenaga guru dewasa ini bukan soal kurang atau lebih, tetapi justru menyangkut soal distribusi dan proporsi bidang studi guru yang dihasilkan. Rektor IKIP Medan, Prof. Drs. Sukarna MA mengatakan hal itu dalam pidato sambutan pada acara wisuda 432 lulusan perguruan tinggi, Kamis pagi.*

*acara wisuda* : graduation ceremony
*menyangkut* : to relate to

10. *JAKARTA– Setelah menggusur para pemukim liar, Pemerintah Propinsi (Pemprop)DKI Jakarta kini bersiap-siap menggusur gepeng (gelandangan dan pengemis) serta WTS(wanita tuna susila) dari jalan-jalan ibu kota.Operasi direncanakan mulai malam ini di wilayah Jakarta Pusat, kemudian disusul wilayah-wilayah lainnya. Hal ini dikemukakan Kepala Dinas Ketenteraman Ketertiban dan Perlindungan Masyarakat,DKI,Soebagio di Balaikota, Jumat(24/10)*

| | |
|---|---|
| *Balaikota* | : townhall |
| *Dinas* | : department, service |
| *DKI (Daerah Khusus Ibukota)* | : Capital City Special Area |
| *gelandangan* | : vagrant |
| *Ketenteraman dan Ketertiban* | : peace and order |
| *KCM* | : Cybermedia Kompas |
| *menggusur(gusur)* | : to remove |
| *pemukim(mukim)* | : residents |
| *pengemis(kemis)* | : beggars |
| *perlindungan(lindung)* | : protection |
| *wanita tuna susila* | : women without virtue, prostitutes |

# III SELECTED READINGS

## 1: Pojok Minggu

*Penerbitan berkala model Teka-teki Silang pernah merajalela dalam sejarah pers kita. Kalau sekarang ini agak menyurut, mungkin saja karena itu tak perlu ditampung dalam penerbitan khusus. Demikian juga, majalah khusus humor tak berkembang – karena humor mudah ditampilkan dalam kehidupan sehari-hari. Ngomong soal humor, ada "stok lama".*

*Begini: seorang ibu yang baik mengatakan kepada anaknya agar bilang "menyanyi" kalau mau "pis" atau "buang air kecil". Soalnya secara politis etis, kata menyanyi lebih sopan.*

*Suatu ketika datanglah Nenek menginap di rumah ibu yang baik itu. Sebagaimana lazimnya cerita, Nenek ini kangen sama cucunya. Ia bermaksud mengeloni. Maka tidurlah mereka berdua dalam satu kamar. Di tengah malam, sang cucu ingin buang air kecil. Lalu berkata kepada Nenek, "Nek, cucu mau menyanyi."*

*Nenek yang arif pun mengangguk, "Boleh Cu, sini di telinga Nenek, tapi pelan-pelan saja ya?"*

*Entah bagaimana akhir anekdot itu tidak dapat diketahui.*

*'Kompas'*
*(Disesuaikan)*

| | |
|---|---|
| *angguk* | |
|   *mengangguk* | : to nod |
| *arif* | : wise, clever |
| *bilang* | : to say |
| *buang air kecil* | : to urinate |
| *hidup* | |
|   *kehidupan sehari-hari* | : daily life |
| *inap* | |
|   *menginap* | : to stay overnight |
| *kangen* | : to long for |

| *kelon* | |
| --- | --- |
| *mengeloni* | : to hold a child close |
| *kembang* | |
| *berkembang* | : to develop |
| *khusus* | : specific |
| *lazimnya* | : customarily |
| *ngomong* | : to talk, converse |
| *nyanyi* | |
| *menyanyi* | : to sing |
| *pelan-pelan* | |
| *(perlahan-lahan)* | : slowly |
| *pers* | : press |
| *pojok* | |
| *pojok minggu* | : Sunday column |
| *rajalela* | |
| *merajalela* | : rage, i.e. very popular |
| *sejarah* | : history |
| *sopan* | : polite |
| *spanduk* | : banner |
| *surut* | |
| *menyurut* | : to decrease |
| *tampil* | |
| *ditampilkan* | : to be shown |
| *tampung* | |
| *ditampung* | : to be taken care of or given places |
| *teka-teki silang* | : crossword puzzle |
| *telinga* | : ear |
| *terbit* | |
| *penerbitan berkala* | : periodical |

## 2: Gajah Mada berasal dari Minang

*Ketua Mahkamah Agung, Moedjono SH yakin, Patih Kerajaan Majapahit, Gajah Mada berasal dari Minangkabau, Sumatera*

*Barat. Sebab "Mada" di Sumbar berarti kebal dan di situ terdapat gajah. Sedangkan di Jawa hanya ada kata "modo" yang berarti mencela, lagi pula tak ada gajah. Dengan demikian lebih pantas kalau Gajah Mada berasal dari Sumbar.*

*Pendapat Moedjono itu diperkuat dengan kebiasaan orang Minangkabau yang memberi nama tambahan di belakang nama asli seseorang yang punya hal-hal khusus. Dan tambahan itu biasanya nama binatang. Misalnya Udin Kabau karena si Udin itu penggembala kerbau atau Pendekar Semut karena ia seorang pemberani. Sehingga ada kemungkinan karena kebal maka patih Majapahit disebut Gajah Mada.*

*"Benar tidaknya perlu dijajaki," kata Moedjono di hadapan para pemuka agama di gedung Tri Arga Bukittinggi Sabtu lalu. Dan cerita itu diulangnya ketika berjumpa dengan sejumlah wartawan di Padang hari Senin lalu.*

*Menurut versi yang diperolehnya, Raja Pagaruyung di Minangkabau beberapa abad silam mempunyai dua anak. Seorang lahir sebagai manusia biasa dan satunya lagi seekor gajah. Binatang itu kemudian bertapa hingga akhirnya menjelma menjadi manusia. Manusia inilah yang dinamakan Gajah Mada. Ia dibawa ke Pulau Jawa dan akhirnya diangkat menjadi patih kerajaan Majapahit.*

### Dukung Matrinineal

*Berbicara mengenai sistem kekeluargaan di Minangkabau yang matrilineal (menurut garis keturunan ibu), Moedjono mengatakan dukungannya terhadap sistem tersebut. "Perlu dipertahankan ini," katanya kepada "Kompas".*

*Secara bergurau Moedjono mengatakan pula, "Tidak ada bapak jari. Yang ada ibu jari. Tidak ada bapak kota, tapi ibu kota, ibu pertiwi, ibu negara dan sebagainya. Ini ibu jari, bukan bapak jari," katanya sambil mengangkat jempol.*

*"Saya orang patrilineal, tapi mendukung sistem kekeluargaan matrilineal. Sistem ini jarang terdapat di mana-mana," kata Moedjono.*

*'Kompas'*

*arti*
   *berarti* : to mean
*asal*
   *berasal* : to come from
*asli* : original
*berani*
   *pemberani* : a courageous person
*biasa*
   *kebiasaan* : habit
*cela*
   *mencela* : to criticize
*dapat*
   *pendapat* : opinion
*dekar*
   *pendekar* : a martial arts master
*dukung*
   *mendukung* : to support
*gajah* : elephant
*gembala*
   *pengembala* : shepherd
*gurau*
   *secara bergurau* : jokingly
*hal* : matter
*ibu*
   *ibu jari* : thumb
   *ibu kota* : capital
   *ibu pertiwi* : mother-land
   *ibu negara* : capital
*jajak*
   *dijajaki* : to be investigated
*jelma*
   *menjelma* : transformed
*jempol*
   *mengangkat jempol* : thumbs up
*kebal* : invulnerable
*kena*
   *mengenai* : about

*kuat*
  *diperkuat* : supported
*khusus* : special
*Mahkamah Agung* : Supreme Court
*oleh*
  *diperolehnya* : obtained by him
*para pemuka agama* : religious leaders
*pantas* : proper, suitable
*Patih* : 'Prime Minister'
*SH (Sarjana Hukum)* : LLM
*tahan*
  *dipertahankan* : to be maintained
*tapa*
  *bertapa* : to practise asceticism
*turut*
  *menurut* : according to
*ulang*
  *diulangnya* : was repeated by him
*warta*
  *wartawan* : journalist
*yakin* : convinced

## 3: Atasi Pembajakan di Selat Philip

*Mengingat serangkaian aksi pembajakan laut terhadap kapal-kapal supertanker di Selat Philip, selatan Singapura, kini mulai ditempuh tindakan pengamanan. Demikian diisyaratkan di Singapura hari Rabu.*

*Dalam pada itu Pemerintah Indonesia dan Singapura meningkat satuan patrolinya di Selat Philip, wilayah pelayaran sepanjang delapan kilometer di perairan teritorial RI, sekitar 16 km selatan Singapura. Jika terjadi serbuan kaum perompak, maka kapal patroli segera menghubungi melalui radio polisi maritim dan AL Singapura.*

*Perusahaan-perusahaan minyak, yang menjadi korban utama dalam peristiwa pembajakan 22 kali sejauh diketahui selama tahun ini, juga sudah mengambil tindakan pengamanan sendiri.*

*Perusahaan Mobil Oil, yang dua supertankernya menjadi sasaran serbuan tahun ini, telah memakai dua pengawal bersenjata guna mengawasi kapalnya tatkala membongkar muatan atau berlabuh di lepas pantai Jurong pada malam hari.*

*Perusahaan itu juga menginstruksikan agar awak yang menempati dek diperbanyak, dan memasang lampu-lampu tambahan di sekeliling kapal jika sedang berlabuh. Jika diserang, awak kapal harus mematahkan kaum perompak dengan menyemprotkan air yang deras ke wajah mereka.*

*Langkah-langkah yang diambil itu dijelaskan oleh Humas perusahaan Mobil Oil sendiri. Dijelaskan pula secara panjang lebar serangan terhadap dua buah supertankernya selama ini. Dari dua peristiwa yang dialami, banyak awak kapal menderita kerugian, di samping perusahaan sendiri.*

*Sampai saat ini identitas kaum pembajak sukar diketahui. Karena mereka umumnya bertopeng dan aksi mereka berjalan begitu cepat.*

*'Kompas'*
*(Disesuaikan)*

| | |
|---|---|
| *air* | |
|   *perairan* | : territorial waters |
| *AL Singapura* | : Singapore Navy |
| *aman* | |
|   *tindakan pengamanan* | : security action, precaution |
| *awak (kapal)* | : sailors |
| *bajak* | |
|   *pembajakan laut* | : sea piracy |
| *bongkar* | |
|   *membongkar (muatan)* | : to unload cargo |
| *Humas (Hubungan Masyarakat)* | : Public Relations |
| *isyarat* | |
|   *diisyaratkan* | : to be given a signal, to give signal |

| | |
|---|---|
| *panjang* | |
|   *sepanjang* | : along |
| *panjang lebar* | : elaborate |
| *pantai* | |
|   *lepas pantai* | : off shore |
| *serbu* | |
|   *serbuan* | : attacks |
| *semprot* | |
|   *menyemprotkan* | : to spray |
| *tempuh* | |
|   *ditempuh* | : to take |

## 4: Studi Javanologi

*Redaksi Yth.*

*Setelah membaca tajuk rencana "Kompas" 28 Januari 1984 yang berjudul "Studi Javanologi Bermanfaat", saya teringat pada reuni alumni Universitas Gadjah Mada (KAGAMA) beberapa tahun yang lalu di Hotel Horison, Ancol, Jakarta.*

*Seorang alumnus U.G.M. yang berasal Tapanuli yang duduk berdekatan dengan rekannya yang berasal dari Sumatera Barat dengan suara lantang mengemukakan pendapat, betapa perlunya suku-suku lain mengetahui kebudayaan dan kebiasaan orang Jawa, yang menurut pendapatnya baik untuk ditiru. Ia merasa beruntung tambahnya, karena lama tinggal di Yogya.*

*Ia berkisah tentang seorang Jawa yang memesan segelas kopi di warung. Setelah mau diminum diketahuinya ada lalat di dalamnya. Daripada ribut-ribut dengan pemilik warung mengenai soal sepele, ia memesan satu gelas lagi. Meskipun ia hanya minum satu gelas yang tidak ada lalatnya, orang Jawa itu rela membayar untuk dua gelas. Lain dengan orang Padang, katanya sambil menengok rekan sebelahnya. Waktu ia melihat ada lalat dalam kopinya, kontan ia marah-marah dan minta ganti. Pelayan mengam-*

*bil kopi itu kembali dan dibawanya masuk. Setelah agak lama pelayan keluar dari dapur dan dengan sopan mengantarkan kopi itu kepada tamunya. Setelah diteliti tidak ada lalatnya, kopi itu diminumnya habis dengan rasa puas. Padahal, katanya, kopi yang diminumnya itu kopi yang lama, hanya lalatnya saja yang diambil.*

*Gerrr, hadirin tertawa, alumni yang berasal Padang pun ikut tertawa. Tidak marah, karena mereka sudah memahami "kebudayaan" Jawa suka nyek-nyekan antara sesama kawan.*

*Drs Sunarto Prawirosujanto*
*Apek Ketua Komisariat*
*Farmasi Kogama*
*Jl Patiunus No. 8*
*Jakarta 12120*

*ambil*
  *mengambil* : to take
*antar*
  *mengantar* : to deliver
*antar sesama* : among themselves
*bawa*
  *dibawanya* : he brought (it)
*bayar*
  *membayar* : to pay
*belah*
  *sebelah* : side
*dapat*
  *pendapat* : opinion
*dapur* : kitchen
*ingat*
  *teringat* : remember
*Javanologi* : study of Java and Javanese culture
*judul*
  *berjudul* : entitled
*kembali* : again
*kisah*
  *berkisah* : to tell a story

| | |
|---|---|
| *kontan* | : promptly |
| *lalat* | : housefly |
| *layan* | |
|   *pelayan* | : waiter |
| *manfaat* | |
|   *bermanfaat* | : useful |
| *muka* | |
|   *mengemukakan* | : to put forward |
| *nyek* | |
|   *nyek-nyekan* | : to make fun of each other |
| *pada* | |
|   *padahal* | : although |
| *pesan* | |
|   *memesan* | : to order |
| *rasa puas* | : a feeling of satisfaction |
| *redaksi yth.* | : dear editors |
| *rekannya* | : his colleague |
| *ribut* | |
|   *ribut-ribut* | : to make a fuss |
| *sepele* | : small, worthless |
| *U.G.M.* | : Universitas Gadjah Mada |
| *untung* | |
|   *beruntung* | : to be lucky |
| *warung* | : small shop, stall |
| *yth (yang terhormat)* | : the honourable |

## 5: Bar di Indonesia

*Redaksi Yth.*

*Dalam "Kompas" 17 Maret 1984 saya baca berita, sejumlah advokat di Jakarta menghendaki pembentukan wadah advokat dengan nama "Bar Indonesia".*

*Sepanjang saya ketahui, istilah bar itu berasal dari bahasa Inggeris, karena dalam ruangan sidang pengadilan di negeri itu para advokat berdiri di belakang sebuah meja panjang (bar) yang memisahkan mereka dari para hakim. Keadaan demikian sepanjang saya ingat dari tiga puluh tahun yang lalu di Indonesia hanya berlaku untuk ruang sidang umum Mahkamah Agung di Jalan Lapangan Banteng Timur 1, tetapi tidak terdapat dalam ruang-ruang sidang pada pengadilan tinggi dan pengadilan negeri, di mana tidak terdapat bar.*

*Orang yang tidak menyadari kata bar berasal dari bahasa Inggeris, ingin mengetahui arti "Bar Indonesia", dan mencari kata "bar" dalam "Kamus Umum Bahasa Indonesia" susunan W.J.S. Poerwadarminta yang diolah kembali oleh Pusat Pembinaan dan Pengembangan Bahasa akan menemukan, "bar" berarti "Tempat minum-minum (biasanya minuman keras seperti bir, anggur)".*

*Kecenderungan sementara advokat Indonesia untuk menggunakan bahasa asing memang kadang-kadang menimbulkan hal-hal yang lucu. Cukup banyak (kantor) advokat di Jakarta menamakan dirinya Patent & Trade Mark Lawyers, tanpa menyadari bahwa di negara kita belum berlaku patent law, karena Indonesia belum memiliki undang-undang yang mengatur pemberian hak patent/oktroi.*

*Apakah, demi perkembangan bahasa Indonesia umumnya, bahasa hukum Indonesia khususnya, tidak lebih baik untuk wadah para advokat (pengacara) diberikan nama dalam bahasa Indonesia, misalnya yang dahulu sudah pernah digunakan seperti "balai" atau "persatuan" atau "perhimpunan"?*

*Prof. Ting Swan Tiong SH*
*Jl Kramat Raya*
*Jakarta*

*ada*
   *keadaan*     : situation
*adil*
   *pengadilan*     : court
*advokat*     : advocate

*asal*
  *berasal* : to come from
*atur*
  *mengatur* : to regulate
*bahasa asing* : foreign language
*balai* : bureau
*bentuk*
  *pembentukan* : formation, establishment
*beri*
  *pemberian* : issue
*cari*
  *mencari* : to look for
*cenderung*
  *kecenderungan* : inclination
*dapat*
  *terdapat* : can be found
*diri*
  *berdiri* : to stand
*guna*
  *menggunakan* : to use
*hak* : right
*hendak*
  *menghendaki* : desire
*himpun*
  *perhimpunan* : association, organization
*istilah* : term
*kadang-kadang* : sometimes
*kantor* : office
*kembang*
  *perkembangan* : development, expansion, combustion
*laku*
  *berlaku* : to happen; be in force
*lucu* : funny, amusing
*Maret* : March
*milik*
  *memiliki* : to possess
*nama*
  *menamakan* : to call

| *oktroi* | : patent right |
| *olah* | |
|   *diolah kembali* | : re-issued |
| *panjang* | |
|   *sepanjang* | : as far as |
| *pisah* | |
|   *memisahkan* | : to separate |
| *para hakim* | : judges |
| *sadar* | |
|   *menyadari* | : to realize |
| *sidang* | |
|   *ruang sidang* | : meeting room |
| *satu* | |
|   *persatuan* | : association, club, union |
| *sementara* | : certain |
| *susun* | |
|   *susunan* | : compilation |
| *temu* | |
|   *menemukan* | : find |
| *tahu* | |
|   *mengetahui* | : to know |
| *tanpa* | : without |
| *timbul* | |
|   *menimbulkan* | : to cause |
| *umum* | |
|   *umumnya* | : generally |
| *undang-undang* | : law |
| *wadah* | : place, organization |

## 6: Kalau Perlu, Tinggalkan Bahasa Indonesia

*Lebih baik tinggalkan bahasa Indonesia yang sekarang ini masih jadi bahasa kelas tiga, kalau harus memilih ilmu atau bahasa. "Saya pribadi lebih memilih ilmu. Bahasa itu hanya sebagai alat," ujar Prof. Dr. Mr. St. Takdir Alisjahbana, sebagai salah seorang pengurus Persatuan Pengarang Indonesia, dalam acara dengar pendapat dengan anggota Komisi IX DPR, Senin kemarin. Ucapannya itu berkaitan dengan masalah penerjemahan buku-buku ilmu ke bahasa Indonesia.*

*Dinyatakannya, kemajuan ilmu dan teknologi bangsa lain hanya bisa direbut dengan menerjemahkan buku-buku asing ke dalam bahasa Indonesia. Penerjemahan buku asing, tidak berarti menghilangkan identitas nasional. Selain bisa merebut ilmu, penerjemahan buku asing juga bisa membentuk bahasa Indonesia sebagai bahasa ilmu yang kaya dan "up to date". Penerjemahan ini sangat penting artinya untuk mengejar keterbelakangan Indonesia.*

*Takdir juga mengimbau uluran tangan pemerintah lewat DRP untuk menangani hal ini sesegera mungkin. "Berilah dana, misalnya, dua milyar rupiah per tahun. Lalu pemerintah menentukan judul-judul buku yang dianggap penting untuk kemajuan ilmu dan teknologi," katanya bersemangat.*

*Seterusnya Takdir mengatakan pemerintah perlu menetapkan 500 judul buku per tahun dengan sistem prioritas. Nanti akan terlihat betapa besar manfaatnya. Penerjemahan buku asing merupakan satu-satunya upaya merebut ilmu dan teknologi negara maju. Harus kita akui, hanya sedikit masyarakat yang menguasai bahasa asing. Bahasa Inggeris, misalnya. Padahal, buku-buku itu banyak ditulis dalam bahasa asing," katanya.*

*Ditekannya pula, penerjemahan buku asing ini sama sekali tidak berarti menghilangkan identitas nasional. "Bersikaplah lebih terbuka. Jangan hanya seperti katak dalam tempurung. Contohlah Jepang yang kini begitu maju," imbau Takdir. Jepang, kata Takdir, seusai PD II langsung menerjemahkan 170.000 judul buku asing. "Justru bahasa Jepang sekarang jadi bahasa internasional," tambahnya.*

*Mengenai masalah salah penafsiran dalam penerjemahan yang mungkin terjadi, Takdir mengakatan, hal itu merupakan suatu proses yang biasa. "Yang pokok, kita harus memulainya. Kalau belum-belum sudah merasa takut, lalu kapan kita mau maju?" tanyanya. Pada pokoknya, Takdir menekankan, buku amat penting demi pertumbuhan rohani dan budi manusia serta kebudayaan.* "*Buku penting artinya dalam kehidupan manusia. Perkembangan ilmu sangat cepat, kita yang harus mengejar bukan ilmu yang menanti kita,*" *katanya.*

*'Kompas'*
*(Disesuaikan)*

| | |
|---|---|
| *acara* | : programme |
| *aku* | |
|   *diakui* | : to admit |
| *alat* | : tools |
| *anggap* | |
|   *dianggap* | : considered |
| *anggota* | : member |
| *asing* | : foreign |
| *belakang* | |
|   *keterbelakangan* | : backwardness |
| *bentuk* | |
|   *membentuk* | : to form |
| *dana* | : funds |
| *dapat* | |
|   *pendapat* | : opinion |
| *dosen* | : lecturer |
| *DPR (Dewan Perwakilan* | |
|   *Rakyat)* | : Indonesian Parliament |
| *hilang* | |
|   *menghilangkan* | : obliterate |
| *identitas* | : identity |
| *ilmu* | : knowledge |
| *imbau* | |
|   *mengimbau* | : to call out |
| *jadi* | |
|   *terjadi* | : happened |
| *judul* | : title |
| *justru* | : exactly, precisely |
| *kait* | |
|   *berkaitan* | : to be concerned with |

| | | |
|---|---|---|
| *katak dalam tempurung* | : | narrow-minded (like a frog in a coconut shell) |
| *kejar* | | |
|   *mengejar* | : | to pursue |
| *kuasa* | | |
|   *menguasai* | : | to be proficient |
| *lain* | | |
|   *selain* | : | besides |
| *lewat* | : | via |
| *maju* | | |
|   *kemajuan ilmu* | : | progress/advancement of science |
| *manfaat* | | |
|   *manfaatnya* | : | usefulness |
| *masalah* | : | problem |
| *masyarakat* | : | society |
| *milyar* | : | billions |
| *Mr. (Meester in de* Rechten) | : | title, equivalent to an LLM Degree |
| *mulai* | | |
|   *memulainya* | : | to begin it |
| *padahal* | : | whereas |
| *PD II (Perang Dunia II)* | : | World War II |
| *Persatuan Pengarang*   *Indonesia* | : | Indonesian Writers' Association |
| *pilih* | | |
|   *memilih* | : | to choose |
| *pokok* | | |
|   *yang pokok* | : | the point is |
| *pribadi* | : | personally |
| *prioritas* | : | priority |
| *rebut* | | |
|   *direbut* | : | acquired |
| *rupa* | | |
|   *merupakan* | : | constitute |
| *segera* | | |
|   *sesegera* | : | as soon as |
| *semangat* | | |
|   *bersemangat* | : | enthusiastically |

*sempat*
   *kesempatan* : opportunity
*seusai* : after
*tangan*
   *menangani* : to tackle (a problem or job)
*tayang*
   *menayangkan* : to present, bring
*tekan*
   *ditekannya* : he stressed
*tentu*
   *menentukan* : to determine, fix
*terjemah*
   *menerjemahkan* : to translate
   *penerjemahan* : translating
*terus*
   *seterusnya* : further
*tetap*
   *menetapkan* : to determine
*tinggal*
   *tinggalkan* : to abandon
*tumbuh*
   *pertumbuhan* : growth, development
*ulur*
   *uluran tangan* : gesture
*urus*
   *pengurus* : officer (of an organization)
*upaya* : means

# 7: "Tauke" dan "Tuan" di Medan

*Orang Cina mulai didatangkan pengusaha perkebunan tembakau Deli yang dirintis oleh Nieuwenhuys tahun 1860-an. Pengusaha Belanda menjadikan mereka buruh kasar. Rombongan buruh ditempatkan di bagian timur laut kota Medan.*

*Pengusaha Belanda berusaha memikat buruh Cina agar tidak meninggalkan perkebunan. Belanda semula memanfaatkan kebiasaan buruk mengisap candu untuk mengikat mereka. Sebuah rumah candu dibangunkan di Tanjung Pura, sekitar 70 kilometer timur laut kota Medan. Bangunan rumah candu itu masih ada sampai sekarang.*

*Tetapi sebagian besar tak mau dan lolos dari bujukan candu. Mereka kemudian membangun perkampungan sendiri di Belarang, sekitar 35 kilometer utara kota Medan. Di situ mereka bercocok tanam dan mencoba berdagang. Sementara itu, jumlah buruh Cina yang tidak mau menyambung kontrak dengan perkebunan makin banyak. Mereka menyebar ke seluruh dataran rendah Sumatra. Maka lahirlah perkampungan-perkampungan baru.*

*Di Medan, mereka berkumpul di Loh A Yok, suatu perkampungan khas Cina sampai sekarang. Tetapi yang paling menonjol adalah keberhasilan mereka merebut posisi utama dalam dunia usaha. Banyak di antara mereka telah menjadi kelas pengusaha yang ulet. Walaupun demikian, hingga 1950-an masih ada orang Cina menarik becak. Tetapi tahun 1960-an sudah diganti seluruhnya oleh "pribumi".*

*Karena posisi kuat di dunia usaha, sampai sekarang setiap orang Cina di Medan dipanggil "tauke". Sekalipun dia bukan pemilik toko tetapi mencari nafkah sebagai guru.*

*Antara tahun 1860-1890 muncul pula di Medan orang-orang Sikh dari India. Mereka bekerja sebagai pengawal dan penjaga malam. Ada juga yang berdagang dan mengusahakan perternakan lembu untuk memperoduksi susu murni.*

*Jumlah orang Sikh di Sumatra Utara makin berkurang mulai tahun 1946. Ketika tentara Inggeris pulang, prioritas diberikan kepada mereka untuk ikut pulang ke India. Namun mereka yang memilih tetap tinggal ternyata sampai sekarang masih tampil dengan ciri khasnya yaitu "serban" (turban) di kepala, janggut lebat di dagu, gelang besi putih di tangan serta pakaian khas yang terdiri dari salwa (celana) dan kurta (kemeja). Ini-membedakan mereka dengan pendatang lain yang sudah meninggalkan kebiasaan di negeri asalnya.*

*Perbedaan lain, orang Medan tidak memanggil mereka "tauke" walaupun orang Sikh itu pedagang kain seperti rekannya pedagang Cina. Biar dia penjaga malam sekalipun, orang Medan menegur dengan panggilan "tuan" (bob hutabarat).*

*'Kompas'*
*(Disesuaikan)*

*beda*
  *membedakan* : to distinguish
*candu* : opium
*hasil*
  *keberhasilan* : success
*ikat*
  *mengikat* : to tie
*manfaat*
  *memanfaatkan* : to take advantage
*pikat*
  *memikat* : to lure
*pribumi* : native
*rintis*
  *dirintis* : established
*tegur*
  *menegur* : to address
*ternak*
  *perternakan* : cattle breeding
*tonjol*
  *menonjol* : remarkable
*ulet* : tough

## 8: Tajuk Rencana

*Bahasa Indonesia dalam usianya yang 60 tahun telah berbuat banyak kebajikan. Kita bangga karena sebagai bangsa yang bermasyarakat majemuk memiliki bahasa nasional dan bahasa persatuan yang benar-benar hidup dan berfungsi.*

*Dari sekadar bahasa Melayu pasar atau "lingua franca", bahasa Indonesia tumbuh menjadi bahasa politik, bahasa pemerintahan, bahasa sekolah, bahasa ilmu, bahasa kebudayaan.*

*Tantangan dan tanggungjawab ke depan, ke-60 tahun berikutnya adalah mengembangkannya menjadi bahasa yang dipergunakan untuk menuturkan jalan pikiran yang nalar dan logis serta menjadi bahasa ekspresi perasaan serta kekayaan hidup yang mendalam serta bernuansa.*

*Selanjutnya, juga agar menjadi bahasa yang sanggup menyatakan daya-daya kreativitas dan orisinal.*

*Bahasa memang bentuk dan alat. Tetapi kita perlu ingat, bahwa bentuk bukan saja mempengaruhi isi, juga bersatu dengannya.*

*Dari urutannya barangkali benar jika dikatakan, pikiran dan perasaan dulu, barulah bahasa yang mengungkapkan. Dari fungsi, keduanya serentak dan saling mempengaruhi.*

*Cemerlanglah gagasan untuk memperingati Hari Sumpah Pemuda 1988 ini dengan konsentrasi pada bahasa Indonesia. Isi Sumpah Pemuda 28 Oktober 1928 tiga: tanah air, bangsa, bahasa.*

*'Kompas'*
*(Disesuaikan)*

*bajik*
  *kebajikan*    : benefit
*bangsa*    : race
*bentuk*    : form
*fungsi*
  *berfungsi*    : functional
*gagasan*    : idea
*ingat*
  *memperingati*    : to commemorate
*isi*    : content
*jarak*
  *berjarak*    : to be at a distance
*majemuk*    : plural
*nalar*    : reasonable, logical

| | | |
|---|---|---|
| *nuansa* | | |
| *bernuansa* | : | to distinguish the nuance; subtle (of words) |
| *pengaruh* | | |
| *mempengaruhi* | : | to influence |
| *rentak* | | |
| *serentak* | : | together |
| *saling* | : | one another |
| *satu* | | |
| *persatuan* | : | unity |
| *Sumpah Pemuda* | : | Youths' Pledge |
| *tanah* | | |
| *tanah air* | : | fatherland |
| *tanggungjawab* | : | responsibilities |
| *tantangan* | : | challenge |
| *ungkap* | | |
| *mengungkapkan* | : | to express |
| *urut* | | |
| *urutan* | : | order of things |

## 9: Pameran Makanan

*Penduduk Indonesia tahun ini diperkirakan berjumlah 142.178.000 jiwa. Dan nasi tetap makanan pokok sebagian besar warganya, sehingga perlu disediakan beras 19.500.000 ton tiap tahun. Sebagian harus diimpor dengan menelan devisa ratusan juta dollar AS.*

*Baru-baru ini satu pameran makanan non beras telah diadakan di Jakarta. Penyelenggara pameran adalah Dharma Wanita dibantu oleh Departemen Kesehatan dan Departemen Pertanian serta beberapa perusahaan swasta dan perguruan tinggi. Tujuan pameran ini ialah supaya rakyat mengurangi makan nasi. Nyonya Salimoen, ketua II Dharma Wanita menjelaskan lebih lanjut: "bukan mengurangi makan tiga kali sehari menjadi dua kali, tapi mengganti sarapan pagi dengan makanan lain." Dan pengganti beras yang paling cocok ialah jagung, asal tahu cara memasaknya.*

*Pengunjung memang banyak yang hanya merubung pameran kue-kue yang sebagian boleh dicicipi atau berebut brosur-brosur yang boleh dibawa pulang. Dalam brosur-brosur itu terdapat resep berbagai jenis makanan yang dapat dibuat dari bahan pokok non beras.*

*Nyonya Salimoen sendiri mengakui bahwa sarapan dengan kue-kue yang dipamerkan memang memakan ongkos lebih mahal. Kerepotan juga bertambah. Seorang ibu yang datang menonton pameran bergumam: "Huh, murahan sarapan nasi, kecap dan telur. Suami saya sudah puas kok dengan sarapan sederhana ini."*

*Kalau kampanye makanan pokok non beras ini berhasil, masalahnya yang akan timbul ialah: apakah pemerintah siap menyediakan jatah misalnya jagung? Sedangkan harga jagung dan beras tidak banyak berbeda, yaitu Rp 175 untuk jagung dan Rp 240 untuk beras Saigon per liter. Tapi paling tidak dengan kampanye ini nyonya-nyonya di lingkungan Dharma Wanita telah berusaha memperbanyak menu makanan non beras untuk menambah khazanah resep makanan para ibu rumah tangga.*

*'Tempo'*
*No. 16 Thn X*
*14 Juni 1980*
*(Disesuaikan)*

| | | |
|---|---|---|
| *asal* | : | as long as |
| *cicip* | | |
|   *dicicipi* | : | tasted |
| *devisa* | : | foreign exchange |
| *Dharma Wanita* | : | Federation of Women's organizations |
| *gumam* | | |
|   *bergumam* | : | to grumble |
| *jatah* | : | quota |
| *khazanah* | : | collection |
| *pameran* | : | exhibition |
| *rebut* | | |
|   *berebut* | : | to snatch away |

*repot*
  *kerepotan* : busy
*rubung*
  *merubung* : to crowd around
*swasta* : private

## 10: Agama Islam

*Agama Islam berkembang baik di kalangan masyarakat orang Jawa. Walaupun demikian, tidak semua orang beribadat menurut agama Islam sehingga timbul golongan yang disebut Islam santri dan Islam abangan. Kecuali itu, ada juga di desa-desa Jawa orang-orang pemeluk agama Nasrani dan agama besar lainnya.*

*Islam santri adalah penganut agama Islam di Jawa yang secara patuh menjalankan ajaran-ajaran Islam. Islam abangan ialah orang Jawa yang tidak salat, atau puasa serta tidak bercita-cita naik haji, tetapi mereka toh percaya kepada ajaran keimanan agama Islam. Tuhan, mereka sebut Gusti Allah dan Nabi Muhammad adalah Kanjeng Nabi.*

*Kebanyakan masyarakat orang Jawa percaya bahwa hidup manusia di dunia sudah diatur dalam alam semesta, sehingga tidak sedikit mereka yang bersikap menerima, yaitu menyerahkan diri kepada takdir. Di samping itu orang Jawa juga percaya kepada arwah atau ruh, dan mahluk-mahluk halus seperti memedi dan lelembut dan sebagainya. Unsur-unsur ini dapat mendatangkan kebahagiaan dan keselamatan, tetapi bisa pula menimbulkan gangguan fikiran, kesehatan bahkan kematian. Maka bilamana seorang ingin berbuat sesuatu untuk mempengaruhi alam semesta dengan perbuatan seperti misalnya berpuasa, berpantang melakukan perbuatan serta makan makanan tertentu dan berselamatan.*

*Selamatan adalah suatu upacara makan bersama makanan yang telah diberi doa sebelum dibagi-bagikan. Upacara selamat-*

*an biasanya diadakan untuk memperoleh keselamatan hidup pada waktu kelahiran, upacara potong rambut pertama, sunat dan kematian. Upacara selamatan juga diadakan pada hari-hari besar Islam.*

Koentjaningrat<br>
MANUSIA DAN KEBUDAYAAN DI INDONESIA<br>
(Disesuaikan)<br>
hal. 344 – 345

| | | |
|---|---|---|
| *abangan* | : | one who is only a Muslim in name |
| *arwah* | : | soul |
| *desa* | : | village |
| *gusti* | : | lord |
| *ibadat* | | |
|   *beribadat* | : | religious, pious |
| *iman* | | |
|   *keimanan* | : | beliefs, faith |
| *lelembut* | : | spirits |
| *memedi* | : | ghosts |
| *santri* | : | one who strictly adheres to Islam |
| *selamat* | | |
|   *selamatan* | : | religious meal |

## 11: Pengalaman Tak Terlupakan

*Pertama kali menginjakkan kaki di kota Bogor pada tahun 1981, saya dihadapkan pada suatu problema. Problema ini tentu dialami juga oleh pendatang lain sepertiku. Yaitu betapa sulit mencari kontrakan kamar yang memenuhi syarat untuk kegiatan studi. Untunglah hanya dalam tempo dua hari saya telah mendapatkan tempat, berkat bantuan kakak kelas sewaktu di SMA.*

*Pada hari pertama menghuni kamar itu, saya menyempatkan*

*diri pergi ke pasar yang jaraknya kira-kira satu kilometer, walaupun masih tanya sana-sini tentang rute bemo. Setelah sampai di pasar ternyata sikapku yang masih bloon itu tercium oleh seseorang. Orang itu potongannya perlente dan kelihatan necis. Orang itu tersenyum kepadaku yang kusambut juga dengan senyum tanpa menaruh rasa curiga sedikit pun. Ia menuju ke arahku.*

*"Nama Anda Agus?" tanyanya sambil membuka selembar kertas. Karena aku bukan yang ia maksudkan, tentu saja tidak mengiakan. Tetapi orang itu tidak percaya sambil memperlihatkan lembaran kertas yang ia pegang kepadaku. Ia katakan bahwa ia mendapat tugas untuk merazia jaringan narkotik, dan nama-nama yang ia maksud sudah tertulis. Tentu saja aku jadi serius menanggapinya sambil membela diri bahwa aku bukan nama yang ia maksudkan.*

*Akhirnya orang itu minta tanda bukti dan menanyakan dompetku. Aku pun menyerahkannya untuk diperiksa, SIM, KTP dan kartu mahasiswa yang baru jadi, diperiksanya tanpa luput dari pengawasanku. Ternyata dompet itu segera diserahkan padaku lagi sembari minta maaf dan berpesan padaku bahwa kalau-kalau nanti di tengah pasar diperiksa lagi, aku disuruh bilang kalau sudah diperiksa oleh mas Bambang. Tanpa rasa curiga sedikit pun aku memasukkan dompet ke saku dan berlalu pergi.*

*Namun betapa terkejut ketika aku akan membayar lampu belajar, ternyata uangku yang beberapa puluh ribu sudah lenyap dari dompet. Padahal ketika membayar ongkos bemo tadi masih utuh. Aku baru sadar, menjadi korban penipuan. Pengalaman ini saya tulis, karena pada semester baru lalu aku mendengar cerita dari seorang rekan mahasiswa baru yang mengalami nasib serupa. Semoga rekan mahasiswa baru yang lain dapat memetik hikmahnya.*

*Kompas*
*(Disesuaikan)*

| | |
|---|---|
| *berkat* | : thanks to |
| *bloon* | : stupid, crazy |
| *ia mengiakan* | : to answer 'yes' |

*injak*
   *menginjakkan kaki* : to set foot on
*jaring*
   *jaringan* : network
*kontrak*
   *kontarakan* : leased
*KTP (Kartu Tanda Pengenal)* : resident identity card
*necis* : neat
*perlente* : smart
*razia*
   *merazia* : to raid
*sembari* : while
*SIM (Surat Izin Mengemudi)* : driving licence
*tanggap*
   *menaggapi* : to reply
*utuh* : in good condition

## 12: Pidato H.B. Jassin

*Berbicara tentang kesusasteraan Indonesia dan usaha-usaha memperkembangkannya saya seolah-olah melupakan kesusastraan daerah. Marilah saya ambil perumpamaan seperti berikut.*

*Indonesia dapat membanggakan luasnya yang seluas Eropah. Dan kekayaan alamnya tidaklah kalah dengan kekayaan alam Eropah ataupun Amerika, malahan mungkin lebih kaya lagi. Demikian pula mengenai perbendaharaan kebudayaan yang amat anekaragamnya.*

*Eropah berpecah belah dalam berpuluh-puluh negara, tapi masing-masing negara merupakan kesatuan yang secara utuh dikenali kepribadiannya sendiri. Kita mengenal negeri Inggeris, Perancis, Jerman, Itali, untuk menyebutkan beberapa yang besar. Negeri Belanda, Belgia, Cekoslovakia, Austria, untuk menyebut beberapa yang kecil. Kesusastraan Inggeris, Perancis, Jerman, kesusastraan Spanyol, Itali, Belanda, Cekoslovakia masing-*

*masing mempunyai wajah dan permasalahannya sendiri, kalau kita mau bicara tentang kesusastraan.*

*Apakah kita juga mempunyai kesusastraan yang anekaragam demikian? Dapatkah kita membanggakan kesusastraan Aceh, Batak, Minangkabau, kesusastraan Kalimantan, Sulawesi, Nusatenggara, di samping kesusastraan Jawa, Sunda, Bali, Madura? – Ya, kita juga mempunyai kesusastraan Jawa yang kaya, kesusastraan Sunda yang kaya, kesusastraan Minang yang kaya, tapi sayang sudah lama terhenti berkembang, demikian juga kesusastraan-kesusastraan daerah lainnya – kalau masih ada – yang hanya merupakan bahan penyelidikan karena kekuatiran akan hilang tanpa bekas.*

*Seyogiannyalah kita sebagai negara kesatuan Republik Indonesia yang bersemboyan Bhineka Tunggal Ika, di samping memelihara dan memperkembangkan bahasa Indonesia, memberikan perhatian yang intensif pula kepada bahasa dan kesusastraan daerah. Dalam hal ini sebagaimana kita belum lagi cukup mengeksploatir secara intensif kekayaan alam kita, kita pun belum lagi membina, menyelidiki dan mengolah secara intensif kebudayaan daerah-daerah kita, belum lagi memanfaatkan segala daya tenaga dan pikiran kita untuk mengintensifkan kemampuan kita dalam pembinaan bahasa dan kesusastraan daerah, sama intensifnya seperti di negara-negara kecil di Eropah, yang meskipun kecil namun besar dalam prestasinya. Dan itu adalah tugas kita pula masing-masing dalam bidangnya.*

*Sebagai penutup izinkanlah saya mengemukakan satu hal lagi, suatu idaman hati. Kita haruslah pandai menyimpan hasil-hasil kebudayaan kita, hasil-hasil kesusastraan kita. Untuk itulah kita mempunyai museum, perpustakaan-perpustakaan, pusat arsip dan dokumentasi. Di sinilah kita harus menyimpan segala apa yang dipikirkan, dirasakan dan dikerjakan oleh bangsa kita, dalam perjalanan hidupnya sebagai manusia yang berpikir, merasa, berkarya. Menyia-nyiakan hasil karya kita berarti menyia-nyiakan kehidupan kita, sejarah kita, masa silam, masa sekarang, masa depan kita khusus dalam hubungan dengan kesusastraan haruslah kita membina suatu Pusat Dokumentasi Sastra, yang bukan saja menyimpan hasil-hasil sastra Indonesia dan daerah, tapi juga hasil-hasil sastra sedunia.*

H.B. Jasin
SASTRA INDONESIA SEBAGAI WARGA SASTRA DUNIA

| | | |
|---|---|---|
| *arsip* | : | archives |
| *bendahara* | | |
|   *perbendaharaan* | : | treasury |
| *Bhineka Tunggal Ika* | : | Unity in Diversity |
| *daerah* | : | regional |
| *eksploatir* | | |
|   *mengesploatir* | : | to exploit |
| *karya* | | |
|   *berkarya* | : | to work |
| *manfaat* | | |
|   *memanfaatkan* | : | to make use of |
| *olah* | | |
|   *mengolah* | : | to process |
| *pribadi* | | |
|   *kepribadiannya* | : | his personality |
| *pretasinya* | : | prestige |
| *semboyan* | : | slogan |
| *sia* | | |
|   *menyia-nyiakan* | : | to neglect |

# 13: Pancasila

*Republik Indonesia lahir pada tanggal 17 Agustus 1945. Sebelum lahirnya negara Republik Indonesia, Sukarno telah menggali dan merumuskan sebuah falsafah yang diberi nama Pancasila atau lima dasar. Pancasila itulah yang kemudian dijadikan dasar ne-*

*gara Indonesia. Rumusan dan tata urutan Pancasila yang benar dan sah adalah sebagai berikut:*

1. *Ketuhanan Yang Maha Esa.*
2. *Kemanusiaan yang adil dan beradab.*
3. *Persatuan Indonesia.*
4. *Kerakyatan yang dipimpin oleh hikmat kebijaksanaan dalam permusyawaratan.*
5. *Keadilan sosial bagi seluruh rakyat Indonesia.*

*Sebagai dasar Negara, Pancasila dijabarkan dalam pasal-pasal Undang-Undang Dasar 1945. Karena itu, Pancasila dan Undang-Undang Dasar 1945 merupakan satu kesatuan yang tidak terpisahkan sebab Pancasila merupakan jiwa UUD '45.*

*Pemerintah dan seluruh rakyat Indonesia berkewajiban untuk mematuhi Pancasila dan Undang-Undang Dasar 1945. Seluruh bangsa Indonesia wajib menghayati, mengamalkan, dan mengamankan Pancasila serta Undang-Undang Dasar 1945.*

*Pancasila adalah bukan hanya sebagai dasar negara saja. Pancasila adalah juga pandangan hidup bangsa Indonesia. Sebagai pandangan hidup bangsa, Pancasila harus tercermin dalam peri kehidupan bangsa Indonesia sehari-hari. Jadi, Pancasila merupakan ciri-ciri atau watak bangsa Indonesia. Adalah tidak wajar dan janggal jikalau manusia berbuat tidak sesuai dengan watak bangsanya, yaitu Pancasila.*

*Mungkin, akan timbul pertanyaan pada diri kita sebagai berikut. Kalau menghayati dan mengamalkan Pancasila adalah tugas seluruh bangsa Indonesia, masih adakah orang Indonesia yang menyangsikan peranan Pancasila dalam kehidupan bangsa Indonesia? Untuk mendapatkan jawaban atas pertanyaan itu, baiklah kita ikuti uraian di bawah ini.*

*Bangsa Indonesia telah hidup di alam merdeka. Selama itu, telah terjadi beberapa kali ancaman terhadap kelangsungan hidup negara Republik Indonesia. Ancaman itu dengan sendirinya juga tertuju kepada Pancasila dan Undang-Undang Dasar 1945. Ancaman terakhir terjadi pada akhir September 1965 dengan adanya "Gerakan 30 September" yang didalangi oleh PKI. Gerakan itu lebih dikenal dengan singkatannya, yaitu G 30 S/PKI. Berkat kesiagaan bangsa Indonesia, Pancasila dan Undang-Undang Dasar*

*1945 serta negara Republik Indonesia lepas dari bahaya. ABRI dan rakyat telah menyelamatkan Pancasila yang oleh G 30 S/PKI akan diganti dengan ajaran Komunis. Sejak saat itu, tiap tanggal 1 Oktober diperingati sebagai hari Kesaktian Pancasila. Kita tidak rela bila dasar negara Pancasila diganti dengan apa pun juga.*

*PENDIDIKAN MORAL PANCASILA*
*SLP Kelas 1*
*(Disesuaikan)*

| | |
|---|---|
| *ABRI (Angkatan Bersenjata Indonesia)* | : Armed Forces of the Republic of Indonesia |
| *amal* | |
|   *mengamalkan* | : to put into practice |
| *aman* | |
|   *mengamankan* | : safeguard |
| *dalang* | |
|   *didalangi* | : masterminded by |
| *dasar negara* | : principles of country |
| *falsafah* | : philosophy |
| *gali* | |
|   *menggali* | : to dig |
| *hayat* | |
|   *menghayati* | : to experience; to comprehend fully |
| *jabar* | |
|   *dijabarkan* | : explained |
| *Pancasila* | : Five principles (of Indonesia's state ideology) |

1. Belief in One God
2. Just and Civilized Humanitarianism
3. Indonesian Unity
4. Democracy led by wisdom born of consultation
5. Social Justice for the entire Indonesian population

| | |
|---|---|
| *pandang* | |
|   *pandangan hidup* | : views on life |
| *PKI (Partai Komunis Indonesia)* | : Indonesian Communist Party |
| *rumus* | |
|   *merumuskan* | : to formulate |
| *sangsi* | |
|   *menyangsikan* | : to doubt |
| *siaga* | |
|   *kesiagaan* | : alertness |

## 14: Pria Idaman Jawa

*Lelaki idaman masyarakat Jawa ternyata tidak usah tinggi besar, gagah, kuat dan perkasa. Pria ideal dari dunia Barat yang berbentuk tubuh "Hercules", justru kurang disenangi. Menurut Soedarsono Ph.D., konsep pahlawan idaman bagi orang Jawa, diwujudkan tidak terlalu tinggi, paling sekitar 158 cm, agak kurus, berwajah cantik, ulah tingkahnya lembut seperti wanita.*

    *Mengapa gambaran lelaki idaman Jawa bukan pria tinggi besar?*

    *Staf pengajar di Akademi Seni Tari Indonesia (ASTI) Yogyakarta, yang menulis disertasi "Wayang Wong in The Kraton Yogyakarta" tahun ini di University of Michigan, (AS) itu mengutip pendapat buku "Man and His Symbols". Dikemukakan bahwa ada perbedaan menyolok antara rasa kejiwaan dan cara berpikir masyarakat Timur dengan Barat.*

    *Orang Timur, termasuk masyarakat Jawa, pada umumnya introvert, lebih mementingkan segi batiniah daripada jasmaniah. Sedang orang Barat, sifatnya extrovert yang lebih mementingkan segi lahiriah. Masyarakat Barat percaya kebenaran hanya bisa dikaji lewat observasi dan pengalaman lahiriah. Sehingga tak mengherankan, mengapa lelaki idaman mereka harus semacam Hercules yang digambarkan bertubuh tinggi besar, kekar, cekatan dan yang secara lahiriah saja sudah mampu mengesankan. Mereka memang benar-benar orang kuat. Latihan-latihan keperkasaannya pun dilakukan melalui latihan jasmani, lari, bergulat dan tentu saja ketrampilan memainkan berbagai senjata perang.*

### Lelaki Paling Jantan

*"Sangat berlainan dengan ksatria, idaman masyarakat Jawa, yaitu Arjuna", kata Soedarsono akhir pekan lalu, ketika memberikan ceramah ilmiah di Proyek Javanologi Yogyakarta. Saudara nomor tiga keluarga Pandawa tadi dilukiskan berperawakan sedang, tidak tinggi besar, tubuhnya kecil mendekati kerempeng dan lembut bagai wanita. "Namun anehnya, sekalipun kecil bentuk tubuhnya, Arjuna selalu disebut sebagai lelananging jagad (lelaki paling jantan di dunia) serta memiliki kemampuan daya tempur paling hebat".*

*Dijelaskannya, pria idaman semacam Arjuna memang harus menggembleng kemampuan fisiknya dengan latihan-latihan kemiliteran berat. Tetapi puncak kehebatan Arjuna justru tercapai, ketika ia diam bertapa membisu di puncak Gunung Indrakila, sebagaimana digambarkan dengan amat bagus dalam kisah Mintaraga.*

*"Itulah gambaran pria idaman orang Jawa," kata Soedarsono Ph.D. "Lelaki ideal Jawa, puncak kesaktiannya hanya bisa dicapai melalui samadi berupa latihan batin, bukan hanya dengan latihan jasmani. Hal ini berlainan sekali dengan cara penggambaran lelaki idaman orang Barat yang harus berperawakan tinggi kekar, mampu bergerak serba cepat dan amat kuat". (jup)*

*'Kompas'*
*(Disesuaikan)*

*awak*
   *perawakan*     : figure
*cekat*
   *cekatan*     : capable
*gulat*
   *bergulat*     : to wrestle

| *idaman* | : ideal |
| *gembleng* | |
|   *menggembleng* | : to train |
| *kekar* | : strong |
| *kerempeng* | : thin |
| *Pandawa* | : five princes from the Indian epic, *Mahabharata* |
| *perkasa* | : powerful |
| *samadi* | : meditation |
| *ulah* | |
|   *ulah tingkah* | : behaviour |

## 15: Surat kepada Garuda Indonesian Airways

*Jakarta, 9 April 1975*

*Kepada Yth.*
*DIRUT PN GARUDA INDONESIAN AIRWAYS*
*Jl.Ir. Haji Juanda 15*
*Jakarta*

*Dengan hormat,*

    *Saya tiap-tiap dua minggu sekali terbang pulang-pergi ke Bali dan selain daripada itu dua minggu yang lalu terbang ke Kuala Lumpur – Pakanbaru – Padang untuk memberi kuliah. Saya sedapat mungkin selalu memakai pesawat GARUDA.*

    *Bagi saya sebagai ahli bahasa, selalu agak janggal bunyinya apabila dari pimpinan pesawat terbang, sebelum berangkat maupun sebelum mendarat diucapkan Tuan-tuan dan Nyonya-nyonya kepada para penumpang. Penumpang mendapat kesan seolah-olah di Indonesia yang ada hanya nyonya saja dan tidak ada nona lagi. Dalam bahasa lain jelas sekali diucapkan "Ladies and Gentleman" atau "Dames and Heren" dll. Apabila saya naik pesawat terbang Malaysia saya mendengar diucapkan Tuan-tuan dan Puan-puan, demikian juga oleh pesawat Singapore Airlines. Pada pikiran saya perkataan Tuan-tuan dan Puan-puan jauh lebih baik daripada Nyonya-nyonya, baik tentang artinya maupun tentang bunyinya. Perkataan Puan itu adalah perkataan Indonesia juga dan jelas terdengar dalam perkataan per-empu-an. Perkataan puan berasal daripada empu, yang kelihatan dalam kata-kata empu-nya atau empu. Mungkin sekali perkataan empunya atau punya berasal dari zaman ketika wanita yang paling penting dalam masyarakat dan mempunyai segala sesuatu.*

*Di Malaysia dan mungkin di Sumatra Timur perkataan Puan dipakai untuk menyebut wanita dari golongan atas, seperti isteri Tun Razak disebut Puan Raha Razak. Kita tidak usah takut dikatakan mengambil kata ini dari bahasa Malaysia sebab terpakai juga di Indonesia seperti dalam perkataan perempuan. Selain daripada itu Malaysia sudah mengambil satu perkataan Puan ini untuk keseragaman ucapan dalam pesawat terbang Indonesia – Malaysia – Singapore. Adalah satu kemajuan yang besar sesudah disamakan ejaan antara bahasa Malaysia dan Indonesia disamakan pula kata-kata yang umum dalam pesawat mesin terbang yang dipakai orang segala bangsa. Orang asing akan mendapat kesan bahwa bahasa Indonesia dan Malaysia itu bahasa Internasional yang perbedaannya bertambah lama bertambah kecil. Pada suatu ketika kita akan memperjuangkan supaya bahasa Indonesia dan Malaysia sebagai bahasa yang dipercakapkan kira-kira 150 juta orang di Asia Tenggara dipakai dalam rapat UNO, UNESCO dll. seperti bahasa Sepanyol dan Arab.*

*Akhirnya dengan memakai perkataan Puan-puan dan Tuan-tuan ini kita mendapat satu kata yang indah bunyinya dan tinggi derajatnya untuk seluruh bangsa Indonesia dan Malaysia. Hal ini sudah saya bicarakan dengan beberapa pemimpin pesawat yang saya tumpangi dan ada yang langsung memakai perkataan Puan itu setelah saya sarankan dan beri keterangan. Sebagai orang yang memperjuangkan bahasa Indonesia saya sangat berharap supaya Anda tak berkeberatan untuk menganjurkan kepada mesin terbang GARUDA untuk memakai perkataan Puan dan Tuan dalam menghadapi penumpang. Demikian juga di mana perlu baik sekali dipakai perkataan Anda yang sekarang ini telah diterima oleh masyarakat kita.*

*Terima kasih.*

*Salam dan hormat*
*S. Takdir Alisjahbana*

*DARI PERJUANGAN DAN PERTUMBUHAN:*
*BAHASA INDONESIA DAN BAHASA MALAYSIA*
*SEBAGAI BAHASA MODEREN*

| | |
|---|---|
| *DIRUT (Direktur Utama)* | : Chief Director |
| *empu* | : an honorific for 'Sir' |
| *empunya* | : owner |
| *kuliah* | : lecture |
| *PN (Perusahaan Negara)* | : State Enterprise |
| *ragam* | |
|   *keseragaman* | : uniformity |
| *rapat* | : meeting |
| *saran* | |
|   *saranan* | : suggestion |

# 16: Wayang Kulit

*Wayang kulit adalah hasil sastera Jawa yang besar pengaruhnya dalam kehidupan orang Jawa. Berdasarkan isinya, wayang kulit bisa dibagi dalam empat jenis:*

*(1) WAYANG PURWA. Jenis ini adalah jenis wayang yang paling tua. Ceritanya berdasarkan mitos dan cerita yang berasal dari India.*

*(2) WAYANG GEDOG. Jenis wayang ini diciptakan oleh Sunan Giri pada tahun 1553. Ceritanya berkisar pada cerita Panji.*

*(3) WAYANG KLITIK ATAU KERUCIL. Wayang ini menggunakan*

*boneka pipih. Ceritanya mengenai Damar Wulan serta sejarah Majapahit.*

*(4) WAYANG GOLEK. Jenis wayang ini diciptakan oleh Sunan Kudus pada tahun 1584. Bonekanya panjang bulat, memakai jubah, serban, dan sepatu. Wanitanya memakai kebaya, sangat mirip pada manusia dalam miniatur. Ceritanya diambil dari Menak, cerita Amir Hamzah yang digubah dalam bahasa Jawa.*

## Asal Usul

*Wayang Purwa ialah jenis wayang yang paling tua dan paling besar pengaruhnya sehingga bila orang berbicara tentang wayang kulit maksudnya ialah wayang purwa. Tentang istilah purwa, ada beberapa tafsiran. Ada yang berpendapat purwa berarti "permulaan" atau "kuno", karena wayang purwa mengambil ceritanya dari zaman permulaan atau zaman purwa (kuno). Ada juga orang yang mengatakan bahwa purwa berasal dari parwa atau parwan yang berarti bagian, karena wayang purwa mengambil ceritanya dari cerita Mahabharata yang terdiri atas 18 parwa (bagian). Dari tafsiran tentang istilah purwa itu sendiri jelaslah bahwa wayang purwa sudah sangat tua usianya.*

## Peranan Sosial

*Bagi orang Jawa, wayang bukanlah hiburan semata-mata. Wayang mempunyai peranan sosialnya. Pertunjukan wayang selalu diadakan bila seorang istri sudah mengandung. Kalau sang bapak ingin anak yang bakal dilahirkan itu lemah lembut dan halus, ia akan mempertunjukkan Lakon Lahir. Kalau dia ingin anak yang bakal dilahirkan itu anak laki-laki yang kuat lagi berani, lakon Bima Bungkuslah yang dipertunjukkan. Kalau ingin memperoleh anak perempuan yang sopan santun lagi cantik, ada pula lakon yang bisa diadakan. Demikianlah khatam Quran, perkawinan, menerima anugerah atau wahyu dari Tuhan, semuanya dirayakan dengan pertunjukan wayang dengan lakon-lakon tertentu. Mungkin itulah sebabnya Tjan Tjoe Siem, seorang pakar bahasa dan sastra*

Jawa, pernah menulis bahwa wayang bukanlah pertunjukan semata-mata melainkan upacara yang berdasarkan kepercayaan.

## Falsafah Pewayangan

Wayang juga melambangkan perkembangan batin dan jiwa seseorang dalam masyarakat. Dalam adegan permulaan (jejer), sang Ratu sedang berbincang dengan segala menteri hulubalangnya tentang keadaan dalam negeri. Ini adalah lambang seorang anak kecil yang sedang tumbuh menjadi dewasa. Tentara yang dikirim ke medan perang dan perang gagal melambangkan perjuangan seorang pemuda untuk hidup dalam masyarakat. Peristiwa ini diikuti oleh perang kembang di mana kita nampak seorang kesatria sedang berperang dengan raksasa. Perang yang terjadi antara kesatria dengan raksasa itu melambangkan perjuangan antara baik dan jahat yang berkobar dalam hati sanubari manusia. Perang itu berakhir dengan kemenangan bagi sang kesatria. Fase ini melambangkan makna dan kehidupan manusia yang penuh pancaroba. Akhirnya adalah tarian golek (boneka yang berpakaian sebagai penari) yang dikaitkan dengan kata "golekki", mencari, yaitu mencari makna dan pelajaran dari lakon yang baru disaksikan itu.

Perlu disebut di sini bahwa pertentangan yang terdapat dalam wayang itu adalah perjuangan antara kebaikan dan kejahatan. Dan perlawanan itu akan senantiasa ada. Satu kejahatan sudah dimusnahkan, akan timbul pula kejahatan yang lain. Rawana yang dibunuh akan hidup semula. Kalau dunia sudah tidak ada kejahatan lagi, maka dunia ini juga akan terganggu keseimbangannya.

| | |
|---|---|
| *adegan* | : scene |
| *imbangan* | |
|   *keseimbangan* | : balance |
| *khatam* | : finished the first reading of the Koran |
| *lakon* | : play, drama |
| *pakar* | : expert |
| *pancaroba* | : uncertainty |
| *pipih* | : flat |

| *purwa* | : old, beginning |
| *raksasa* | : giant |
| *Ratu* | : King or Queen |
| *sunan* | : prince, ruler of Surakarta |
| *tafsir* | : interpretation, explanation |
| *wahyu* | : divine revelation |

## 17: Catatan sebulan di negeri Belanda

*Beberapa waktu lalu saya berada sebulan di Negeri Belanda. Waktu yang cukup lama untuk memperhatikan kehidupan rakyat di negeri bekas penjajah kita itu. Dan kesan yang paling meresap: makin miskin orang di sana, makin dijamin pemerintah – makin kaya/tinggi penghasilan seseorang akan makin besar tanggungjawab orang itu terhadap sesama rakyat Belanda. Ini jelas terlihat dari pemungutan pajaknya.*

*Dari pembicaraan dengan beberapa orang dari berbagai golongan (dosen, dokter, usahawan, manajer perusahaan, biro pariwisata, sekretaris, perawat, pramugari, pembersih got dan sebagainya) hal itu tercermin jelas. Mereka yang berpenghasilan kecil kena pajak rendah tapi yang berpenghasilan tinggi, tinggi pula pajaknya. Seorang pegawai yang bergaji N.F. 8.000 gulden (Rp 2,64 juta) dikenakan pajak sekitar separuhnya sehingga hanya menerima Rp 1,32 juta. Dan pajak ini masih ada yang lebih tinggi, tertinggi 73 persen.*

### Taksi = Mewah

*Mobil taksi di negeri itu tidak bisa diberhentikan di tengah jalan seperti layaknya di Jakarta. Siapa yang perlu taksi harus telepon ke kantor taksi yang kemudian menjemputnya. Atau pergi ke pangkalan taksi di halaman setasiun atau pusat-pusat kota (centrum).*

*Tarif taksi terhitung mahal sehingga mereka yang naik taksi bisa diidentikkan dengan punya uang banyak. Untuk jarak yang sama, naik bis kota atau trem hanya bayar 4,8 gulden tapi dengan taksi bisa 20 gulden. Padahal naik bis kota/trem pun tak kurang nyamannya, tepat waktunya, bersih dan tak perlu berdesak-desakan.*

### *"Centrum"*

*Pemerintah memperhatikan rakyat kecil. Di setiap kota biasanya mempunyai daerah pusat yang disebut centrum. Ini merupakan suatu pusat pertemuan lalulintas bis kota maupun antarkota, kereta api dan perdagangan semacam super market. Jadi rakyat kecil disediakan kemudahan untuk keperluan hidupnya sehari-hari.*

### *Peraturan Ditaati*

*Yang nampak jelas, peraturan lalulintas sangat ditaati. Pengendara mobil, bis, pejalan kaki, orang naik sepeda mentaati peraturan lalulintas. Penyeberang jalan melewati zebra-cross, bis kota berhenti di tempat pemberhentian, dan penumpang tidak saling menyerobot.*

*Di siaran TV saya juga pernah melihat seorang pejabat pemerintah diberitakan bersalah dalam mengurus keuangan, bahkan gambarnya nampak di layar TV. Jera juga seorang "beliau" disiarkan semacam itu. Demi rakyat, pejabat hendaknya memberi contoh yang baik, mentaati peraturan, dan jangan sebaliknya.*

*Peraturan penjualan minuman keras juga sangat ditaati. Karena agak dingin, ingin saya sekali-sekali minum bir. Sesudah makan sore di suatu tempat makan, karena saya melihat ada kaleng bir, saya bilang kepada pemilik restoran mau minum bir di situ. Tapi jawabnya, "Boleh beli bir di sini, tapi tidak boleh diminum di sini". Dan lain kali di tempat lain ada bar yang tidak menjual bir kalau bir dibawa pergi, bir harus diminum di bar itu juga. Tentunya masih banyak lagi hal-hal yang bagi saya menyenangkan karena ketertiban sangat disanjung tinggi.*

*Semua itu sangat mengesankan bagi saya. Semoga tertib*

*peraturan juga segera terlaksana di negara kita sendiri. (B.J. Marwoto)*

*'Kompas'*
*(Disesuaikan)*

| | | |
|---|---|---|
| *got* | : | drain |
| *jemput* | | |
|    *menjemputnya* | : | to pick him up |
| *kesan* | | |
|    *mengesankan* | : | impressive |
| *layak* | | |
|    *layaknya* | : | usually |
| *nyaman* | : | pleasant |
| *pangkal* | | |
|    *pangkalan taksi* | : | taxi stand |
| *pramugari* | : | air-hostess |
| *pungut* | | |
|    *pemungutan* | : | collection |
| *resap* | | |
|    *meresap* | : | striking |
| *serobot* | | |
|    *menyerobot* | : | to race one another |

## 18: Lalulintas Singapura

### *Melancong Dengan Murah*

*Pebedaan yang nampak jelas antara Jakarta dan Singapura adalah rapinya lalulintas di sana. Bis Jakarta yang kerap jadi sasaran makian orang itu bahkan "diiklankan" oleh salah satu brosur pariwisata sebagai "penuh sesak". Bis Singapura dibanggakan badan pariwisatanya, "kesempatan luarbiasa untuk bercampur dengan penduduk lokal serta cara melancong dengan murah". Kenapa bisa begitu berbeda?*

*Bis di Singpura, Singapore Bus Service (SBS) – merupakan perusahaan semi-pemerintah. Pemerintah mengaturnya serta punya saham di dalamnya, tapi rakyat biasa pun boleh membeli sahamnya.*

*Peraturan dan fasilitas disediakan untuk membuatnya jadi sebagaimana harapan orang. Alat transpor yang murah dan enak, tanpa perlu mengganggu ketertiban lalulintas.*

*Kalau di Jakarta orang harus berlelah berdiri menunggu bis, di kebanyakan perhentian bis di Singapura disediakan tempat duduk. Bahkan di salah sebuah perhentian bis di Scotts Road, tempat duduknya lebar, terbuat dari marmar.*

*Halte terletak di tepi jalan lurus, diberi tanda garis kuning, untuk tempat bis berhenti. Tapi ada pula yang jalannya agak masuk ke trotoar di mana kendaraan lain tak boleh memakainya.*

## *Jalur Bis*

*Naik bis di daerah berlalulintas padat di Jakarta seperti Jl Hayam Wuruk, bukanlah hal yang menyenangkan. Bis beringsut sedang di dalam penumpang berjejalan.*

*Di Singapura, bahkan di daerah teramai pun tak bakal kita mengalaminya. Daerah perdagangan dan perkantoran masuk dalam "restricted zone" alias daerah terbatas. Pada hari kerja antara pukul 7.30 hingga 10.15 kendaraan pribadi dan taksi yang masuk wilayah ini harus berisi sekurangnya 4 orang. Kalau kurang silahkan bayar untuk izin masuk.*

*Dengan demikian jalan yang ada di wilayah itu dipergunakan secara optimal. Kendaraan pribadi dan taksi yang kena peraturan itu tentu berusaha menghindari daerah "terlarang" itu. Kemacetan yang kelewatan terhindarkan dan bis bisa berjalan dengan lega.*

*Di beberapa jalan besar, ada jalur khusus untuk bis, ditandai dengan garis kuning tebal. Pada jam sibuk selama sehari kerja, hanya bis yang boleh lewat, kendaraan lain harap ambil jalur lain.*

*Penggunaan jalan yang terencana juga terlihat dari larangan menyeberang jalan pada 50 meter dari lampu merah-hijau, jembatan penyeberang, atau zebra-cross. Sehingga arus lululintas lancar, dan hanya berhenti di tempat tertentu.*

### Disiplin Sopir

*Dari pengamatan selama beberapa hari, amat terasa disiplin sopir dalam menjalankan tugasnya. Tak sekali pun saya merasakan berhenti di sebuah halte sedang di depan ada beberapa bis lain, tak ada yang menyelonong maju di depan bis lain.*

*Lampu lalulintas yang berwarna kuning ternyata punya makna macam-macam. Di Jakarta, itu berarti Anda harus menjalankan kendaraan secepatnya agar lolos dari si merah. Kalau coba-coba berhenti waktu lampu "masih" kuning, bisa-bisa terlindas kendaraan di belakang Anda yang melaju kencang.*

*Sedang di negara kecil yang jadi tetangga kita itu, lampu kuning menyala, segera kendaraan berhenti, termasuk bis. Sopir bis ugal-ugalan tak tertemukan.*

### Antri

*Menunggu giliran dengan sabar, dengan cara mengantri, rupanya telah merasuk dalam perilaku penduduk Singapura. Membayar di supermarket atau menanti taksi dilakukan dengan antrian. Bahkan naik bis di terminal para calon penumpang harus mengantri! Sedang di terminal Blok M atau Grogol, orang harus berkutetan berebut tempat agar bisa masuk bis lebih dulu dari orang lain. Kursi kan hanya terbatas. Yang kalah berebut tentu terpaksa berdiri.*

*Hal ini juga terlihat di perhentian bis. Orang memang tidak membuat antrian panjang. Tapi mereka tidak berebut naik, sabar menanti giliran. Mengantri bukanlah hal yang luar biasa.*

### Ditunjang

*Nikmatnya naik bis dalam lalulintas yang tertib, bukan hanya disebabkan disiplin para sopir bis. Banyak yang menunjang. Antaranya pengemudi kendaraan lain yang amat mematuhi peraturan, serta para pejalan kaki yang tak sembarangan menyeberang. Juga kesadaran para penumpang bis yang mau mengantri, taat pada peraturan naik dari pintu depan turun dari pintu belakang sehingga tak ada desak-desakan di pintu, serta memberhentikan bis di halte agar tak membuat macet.*

*Dalam kunjungan bersama beberapa wartawan pekan lalu, seringkali ada kejadian "saling tunggu". Untuk menyeberang, para warga Jakarta dibiasakan untuk punya mata awas serta kesabaran menanti jalan lega, agar tak disambar kendaraan yang di Jakarta jadi "raja jalanan". Di Singapura beberapa kali di zebra-cross kami menunggu mobil lewat agar bisa menyeberang, sedang si mobil menunggu pejalan kaki menyeberang agar ia bisa lewat.*

*Kompas*
*(Disesuaikan)*

*amat*
  *pengamatan* : observation
*antri* : to queue
*awas* : careful, sharp
*bakal* : will (future tense)
*halte* : (bus) stop
*ingsut*
  *beringsut* : to move slowly
*jalur* : road, track
*jejal*
  *berjejalan* : to crowd
*kutetan*
  *berkutetan* : to struggle to get something
*lewat*
  *kelewatan* : to go through; exceedingly
*lindas*
  *terlindas* : knocked down
*pariwisata* : tourists
*perilaku* : behaviour
*rapi*
  *rapinya* : (its) orderliness
*rasuk*
  *merasuk* : to enter, to penetrate

*saham*
  *sahamnya* : its share
*selonong*
  *menyelonong* : to emerge (suddenly)
*trotoar* : pavement
*tunjang*
  *menunjang* : to support
*ugal*
  *ugal-ugalan* : reckless

## 19: Nostalgia Uang Lama

*Bagi rakyat Indonesia yang berusia 50 tahun ke atas, bila disebutkan "uang ORI" pasti timbul kenangan-kenangan sendiri.*

*Kenangan-kenangan itu akan berbeda bagi masing-masing orang, tergantung waktu itu dia tinggal di mana. Sebab di samping "Dai Nippon Teikoku" dan uang "NICA" (Netherlands Indies Civil Administration) yang pernah berlaku luas di wilayah yang sekarang bernama Republik Indonesia ini, berlaku juga uang "ORI", yang jenisnya ada banyak dan berlaku di daerah-daerah tertentu saja.*

*Pemerintah RI memang pernah mengizinkan daerah mengeluarkan uang khusus bersifat sementara, karena suplai uang dari pusat (Yogyakarta) tak cukup, dan tak akan bisa dikirim sampai ke daerah-daerah itu.*

*Uang ORI pertama dicetak di desa Kendalpayak, Malang. Diumumkan berlaku sejak jam 12 malam tanggal 30 Oktober, 1946 setelah didahului dengan pengumuman dan pidato Bung Hatta.*

*Uang itu menggantikan uang Belanda dan uang Jepang, nilainya sangat tinggi. Ditentukan bahwa nilai 10 rupiah sama dengan 5 gram emas murni!*

*Ketika Belanda sudah mendarat di Surabaya sebagai NICA, membonceng Sekutu, pertempuran pun berkobar, makin mendekati*

*Malang. Percetakan uang lalu dipindahkan ke desa Kanten dekat Ponorogo.*

*Kertas yang tadinya dari pabrik kertas Letjes, sangat sulit didapat. Juga penyebaran uang keluar Jawa mustahil dilakukan.*

*Oleh karena itu dikeluarkan Peraturan Pemerintah no. 19 26 Agustus 1947, yang mengatur bahwa tiap kepala keresidenan diberi kuasa untuk mengeluarkan dan mencetak uang sementara yang sifatnya pinjaman, berlaku dua bulan.*

*Sejak saat itu muncullah berjenis-jenis uang ORI, dan kenangan orang pastilah pada jenis tertentu tempat dia tinggal.*

*Bagi mereka yang sudah cukup umur, mungkin dapat diingat betapa uang-uang ORI itu berangsur-angsur surut nilainya, dan tiga kali dikenakan devalusi sangat drastis, meskipun kata-kata yang digunakan lain.*

*Uang kertas De Javasche Bank yang keluar tahun 1946 berangsur-angsur menggantikan uang ORI. Tahun 1950, di bawah Menteri Keuangan RIS Mr. Syafruddin Prawiranegara, uang dikenai "senaring" (penyehatan) dan "pinjaman wajib". Semua uang De Javasche Bank dan uang NICA yang juga masih laku mulai dari pecahan 5 rupiah ke atas, digunting menjadi dua. Yang laku adalah guntingan sebelah kiri, dengan nilai separuh aslinya. Sebelah kanan boleh ditukar ke bank dengan "obligasi negara". Dipinjam oleh negara dengan bunga 3% setahun, akan dibayar 40 tahun lagi.*

*Tahun 1959, kabinet pertama setelah RIS berubah lagi menjadi RI setelah Dekrit kembali ke UUD 45 mengebiri uang seri baru yang baru terbit setahun sebelumnya. Nilai uang diturunkan menjadi 10% dari nilai nominal yang tertera di lembaran uang itu. Uang 1000 rupiah tinggal bernilai 100 rupiah.*

*Tanggal 13 Desember 1965, beberapa bulan setelah Gestapu, sekali lagi uang RI kena tindakan yang paling drastis selama sejarahnya. Uang 1000 rupiah menjadi berlaku hanya bernilai satu rupiah.*

*Waktu itu, pegang uang 100 rupiah nilai baru rasanya bisa beli sorga. Uang yang sama itu sekarang hanya bernilai 4 – 5 batang rokok, atau sekali parkir!*

*Itulah beberapa kenangan tentang uang. Orang yang berumur lebih dari 50 tahun, apa lagi berasal dari pedalaman Kalbar, atau di Pulau Nias sana, pasti punya kenangan lebih banyak.*

*Kompas*
*(Disesuaikan)*

| | |
|---|---|
| *angsur* | |
|   *berangsur-angsur* | : gradually |
| *bonceng* | |
|   *membonceng* | : to get a lift |
| *dektrit* | : decree |
| *Gestapu (Gerakan September* | |
|   *Tigapuluh* | : September 30 (1965) Movement |
| *kebiri* | |
|   *mengebiri* | : to castrate; to devalue |
| *keluar* | |
|   *mengeluarkan* | : to issue |
| *RIS (Republik Indonesia* | |
|   *Serikat)* | : Federal Republic of Indonesia |
| *tera* | |
|   *tertera* | : printed |

# 20: Kontak

*Bujangan* WNI, 32, 166, Cina, Islam, wiraswasta, rumah sendiri di Bandung.
Mengidamkan gadis maks 28, Islam setia, jujur, putih, Bandung.
K-49/12/67

*Bujangan*, 30, 167/55, Islam, sarjana, guru SLP, terbuka, tidak materialistis, sabar, luwes.
Menginginkan gadis, maks 28, min SLP, setia, Islam, terbuka, toleransi.
K-50/12/67

*Gadis*, 30, 160/50, Sunda, Islam, SLP, karyawati, sabar, pengertian, sederhana, Jakarta.
Mendambakan jejaka/duda tanpa anak, maks 40, 170, SLA, karyawan, Islam, jujur. K-53/12/67

*Bujangan*, 33, 162/49, Islam, SLA, Karyawan, penyayang, Jakarta.
Menghendaki gadis/janda satu anak, maks 29, min SLP, sederhana, penyayang. K-51/12/67

*Gadis*, 29, 160/59, Jawa, Islam, sarjana, pegawai negeri, sederhana, setia, terbuka, cantik, Cirebon.
Mengharapkan jejaka, maks 40, Islam, min sarjana muda, karyawan, setia, jujur, pengertian, Jabar/Jakarta. K-54/12/67

*Gadis*, WNI, 28, 155/42, Cina, Buda, SAA, karyawati, sederhana, keibuan, pengertian, musik, baca, Jakarta.
Mengidamkan jejaka, maks 36, Buda, min SLA, karyawan, jujur, humoris, Jakarta. K-56/12/67

*Gadis*, WNI, 28, 160/47, Cina, Katolik, sarjana muda, sekretaris, langsat, Bandung.
Menghendaki jejaka, maks 35, Katolik/Kristen/Buda, karyawan.
K-55/12/67

*Janda*, tanpa anak, 45, 140, Jawa/Sunda, Islam, SLA, jahit, bikin kue, rumah sendiri di Bogor.
Mendambakan duda, 46-60, Islam, SLA, karyawan, sabar, penyayang.
K-58/12/67.

*Duda*, cerai mati, 53, Islam, karyawan, pengamat budaya, tiga anak mentas, dua sekolah, Jakarta.
Menginginkan gadis/janda tanpa anak, maks 30, 155/50, sabar, putih.
K-57/12/67

*Catatan Redaksi.*
– Rubrik ini memberi kesempatan kepada pria dan wanita yang belum berkeluarga dalam arti belum menikah, duda/janda karena cerai pisah atau cerai mati, menyertakan fotocopy tanda pengenal diri.

**Gadis**, *32 Minang, Islam, SLA keibuan, sabar penyayang, karyawati, Jakarta. Mendambakan jejaka/duda maks tiga anak, Islam, SLA, karyawan, sabar, jujur.*
*K-59/12/67*

> KUPON
> KONTAK   170
> KOMPAS
> MINGGU

*– Bagi yang berstatus duda/janda diwajibkan menyertakan fotocopy surat cerai atau surat kematian. Minimal usia bagi calon peserta wanita 27 tahun, bagi pria 30 tahun.*
*– Pengasuh tidak melayani calon peserta yang tidak memenuhi persyaratan di atas, kerahasiaan dijamin, namun redaksi tidak bertanggungjawab terhadap reaksi akibat pengisi rubrik ini.*
*– Surat perkenalan untuk peserta "Kontak" agar menyebutkan nomor kode yang dikehendaki.*
*– Sertakan kupon "Kontak" nomor terakhir pada sampul surat.*
*– Peserta/peminat "Kontak" tidak dibebani biaya apa pun.*

*asuh*
  *pengasuh* : editor
*bujang*
  *bujangan* : bachelor
*damba*
  *mendambakan* : to long for
*duda* : widower
*erti*
  *pengertian* : understanding
*Jabar (Jawa Barat)* : West Java
*janda* : widow
*jejaka* : young man
*karyawan* : employee
*karyawati* : female employee
*kontak* : contact
*langsat* : (of skin) pale yellow colour
*luwes* : elegant, sociable

| | | |
|---|---|---|
| *maks (maksimal)* | : | maximal |
| *mentas* | : | graduated, independent |
| *rubrik* | : | column |
| *SLA (Sekolah Lanjutan Atas)* | : | Upper Secondary Shcool |
| *SLP (Sekolah Lanjutan Pertama)* | : | Junior Secondary School |
| *wiraswasta* | : | entrepreneur |
| *WNI (Warga Negara Indonesia)* | : | Indonesian citizen, i.e. Chinese |

# IV A LIST OF NEW WORDS AND TERMS

| | |
|---|---|
| *adem* | : cold |
| *adem ayem* | : quiet and calm |
| *adikuasa* | : super power |
| *ajang* | : site, arena |
| *alih-alih* | : on the contrary |
| *alot* | : tough, difficult |
| *ampuh* | : effective |
| *ancang-ancang* | : preparations |
| *ancar-ancar* | : plans |
| *andal* | : to rely on |
| *anggun* | : elegant |
| *anjak* | : to move |
| *anjlok* | : to fall, collapse |
| *apparat* | : appliance, instrument |
| *apparatur* | : organization |
| *argometer* | : taxi meter |
| *awet* | : durable |
| *awur* | : to talk irrationally |
| *ayal* | : hesitant |
| *ayom* | : to protect |
| *bacok* | : cut, stab |
| *babat* | : to clear |
| *bahenol* | : sexy |
| *badi* | : evil influence |
| *badung* | : naughty |
| *bagak* | : bold |
| *bagasi* | : luggage |
| *baheula* | : ancient |
| *bajak* | : pirate |
| *banal* | : disobedient |
| *bangor* | : mischievous |
| *bangpak* | : bad |
| *banyor* | : joker |
| *batasan* | : definition |

*baur*
  *berbaur* : assimilate
*becus*
  *tak becus* : incompetent
*bego* : stupid
*begundal* : accomplice
*belasting* : tax
*beleid* : policy
*benah*
  *membenahi* : to tidy up
*bengal* : rude, insolent
*bergajul* : hooligan
*beringas* : wild
*binnen* : successful
*blak-blakan* : frankly
*blong* : breakdown (of brake)
*bobol* : to penetrate
  *kebobolan* : hit by theft
*bobot* : weight, strength
*bobrok* : dilapidated, ruined
*bolong* : hole
  *siang bolong* : broad daylight
*boyong*
  *memboyong* : to capture, win
*bromocorah* : habitual criminals
*buram* : draft, outline
*butut* : worn-out
*cadangan* : reserve
*camar* : greedy
*canggih* : sophisticated
*cantel* : safety pin
*cekak* : insufficient
*cekal* : to hold
*cepak* : short (of hair)
*ceplas-ceplos* : to speak frankly
*ciduk* : to arrest
*colong* : to steal
*cukong* : financier

| | |
|---|---|
| *culas* | : dishonest |
| *dablek* | : thick-skinned |
| *dampak* | : impact |
| *didong* | : Caucasian |
| *dini* | : early |
| *direksi* | : management, board (of directors) |
| *dongkrak* | : jack; to jack up |
| *ejawantah* | : to manifest |
| *emban* | : to carry, convey |
| *encer* | : estimate |
| *fiscal* | : departure tax |
| *gacoan* | : girl-friend |
| *gahari* | : moderate |
| *ganjen* | : coquettish |
| *ganyang* | : to crush |
| *gairah* | |
|   *bergairah* | : enthusiatic |
| *gali* | : gangster |
| *gandrung* | : to like |
| *ganjalan* | : obstacle |
| *gawai* | : instrument, device |
| *gebrakan* | : a brave move |
| *gebu* | : lively and flourishing |
| *gebuk* | : to beat |
| *gelar* | : to exhibit, perform |
| *gembong* | : ring leader |
| *gencar* | : active |
| *gensi* | : prestige |
| *gentayangan* | : to roam about, spread |
| *geragot* | : to gnaw, nibble |
| *gerombol* | : assemble |
| *gesit* | : adroit |
| *getol* | : active, diligent |
| *girayangi* | : to steal |
| *godog* | : to train, coach |
| *gonjang-ganjing* | : shaking seriously |
|   *tanpa gonjang-ganjing* | : without fuss |
| *gulung* | : to roll |

| | |
|---|---|
| *digulung* | : annihilate |
| *guyon* | : joke |
| *hengkang* | : to run away |
| *himbauan* | : call |
| *imbalan* | : reward, compensation |
| *iming* | : to tempt; attractive |
| *imtihan* | : test, selection |
| *irit* | : to economize |
| *jabar* | : to explain, simplify |
| *jajak* | : to investigate |
| *jajaran* | : staff |
| *jalur* | : track, route |
| *jarah* | : loot |
| *jawil* | : to touch with the finger |
| *jebol* | : to uproot, destroy |
| *jegal* | : stop |
| *jelimet* | : detailed, complicated |
| *jubel* | |
|   *berjubel* | : to throng to |
| *jungkal* | : topple |
| *kada* | : God's decision |
| *kadet* | : cadet, pick-pocket |
| *kahat* | : famine |
| *kahin* | : fortune teller |
| *kalem* | : calm |
| *kalibut* | : commotion |
| *kalingan* | : sheltered |
| *kambuh* | : relapse |
| *kangkang* | : to take somehing for oneself |
| *kapok* | : chary |
| *kaprah* | : common |
| *karawitan* | : fine art |
| *kasak-kusuk* | : intrigue |
| *kawakan* | : experienced |
| *kawula* | : people |
| *kebut* | : to drive recklessly |
| *keblinger* | : to be misled |
| *kece* | : good-looking |

| | |
|---|---|
| *keduk* | : obtain |
| *kejur* | : stiff |
| *kelatah* | : affected |
| *kelit* | : avoid |
|   *berkelit* | : to be evasive |
| *kendala* | : constrain |
| *kenyal* | : elastic |
| *keplok* | : applause |
| *kerinan* | : oversleep |
| *keseleo* | : to slip |
| *keseleo lidah* | : a slip of the tongue |
| *kesima* | |
|   *terkesima* | : to be surprised by |
| *ketimbang* | : compared with |
| *kewalahan* | : at a loss |
| *kilah* | : to argue |
| *kinerja* | : performance |
| *kintaka* | : archives |
| *kiprah* | |
|   *berkiprah* | : to take part, participate |
| *kisruh* | : trouble, disturbance |
| *komnas* | : National Commission |
| *kondang* | : famous |
| *kucil* | : expel |
| *kucur* | : to pour into |
| *kumuh* | : dirty, low(-down) |
| *kuras* | : to clean |
| *kutil* | |
|   *pengutilan* | : shoplifting |
| *labil* | : shaky |
| *lacak* | : to trace, investigate |
| *lacur* | : unlucky |
| *lahan* | : land |
| *lansir* | : circulate, spread (news) |
| *langgeng* | : eternal |
| *langka* | : scarce |
| *layat* | : to pay a condolence call |
| *lecet* | : chafe |

| | |
|---|---|
| *ledek* | : tease |
| *lego* | : to sell |
| *lengser* | : to step down |
| *lestari* | : durable |
| *libas* | : to finish off |
| *lokakarya* | : workshop |
| *lugas* | : simple |
| *luncur* | |
|   *meluncurkan* | : to launch |
| *lugu* | : naïve, simple |
| *luruh* | : settle |
| *luwes* | : elegant, flexible |
| *majas* | : metaphor |
| *makar* | : attack; subversive |
| *mangkus* | : efficacious |
| *mapan* | : established |
| *mawas (diri)* | : introspective |
| *mejeng* | : appear |
| *meleng* | : inattentive |
| *melit* | : curious |
| *mempan* | : effect |
| *menclok* | : to perch on, to side with |
| *mendingan* | : better |
| *mentas* | : come out, graduate |
| *mitra* | : partner |
| *mulus* | : excellent |
| *mumpung* | : while |
| *nalar* | : reasoning, judgement |
| *nanar* | : dazed |
| *nasabah* | : client (bank) |
| *ngibul* | : to deceive |
| *nongkrong* | : to hang around |
| *nyaman* | : pleasant |
| *nyana* | : to suspect |
| *nyeri* | : pain |
| *odol* | : toothpaste |
| *ongeh* | : arrogance |
| *orak* | : sloppy, ill-fitting |

| | |
|---|---|
| *pajang* | : counter |
|   *memajang* | : to display |
| *palak* | : to squeeze |
| *pampang* | |
|   *terpampang* | : begin to be seen |
| *pamor* | : authority, influence |
| *pamrih* | : ulterior motive |
| *pantau* | : monitor |
| *parewa* | : a criminal |
| pas-*pasan* | : just enough |
| *pasrah* | : resigned oneself to, submission |
| *patukan* | : standard |
| *patungan* | : joint venture |
| *penasaran* | : exasperated |
| *perangah* | |
|   *terperangah* | : surprised |
| *perangkat* | : system |
| *peranti* | : instrument |
| *perawis* | : ingredients |
| *perbawa* | : influence |
| *perisa* | : delicious |
| *pergok* | |
|   *kepergok* | : to be arrested |
| *perlente* | : handsome |
| *piawai* | : experienced, skilful |
| *pilang* | : broker |
| *plinplan* | : opportunistic |
| *prakarsa* | : initiative |
| *pranata* | : system |
| *prasaran* | : working-paper |
| *prasarana* | : infra-structure |
| *preman* | : a criminal (Jakarta) |
| *racik* | |
|   *meracik* | : to prepare |
| *raga* | |
|   *peragaan* | : show, exhibition |
| *rakit* | |
|   *merakit* | : to assemble (cars) |

| | |
|---|---|
| *rambah* | |
|   *merambah* | : to clear away |
| *rampung* | : to cooomplete |
| *rancu* | : confused |
| *rekayasa* | : to mastermind; manipulate |
| *remas* | : squeeze |
| *reserse* | : criminal investigation department |
| *residivis* | : ex-criminal |
| *rinding* | |
|   *merinding* | : tremble |
| *risih* | : uneasy ,worried |
| *rongrong* | : to undermine |
| *rudin* | : very poor |
| *ruas* | : route |
| *saba* | : go out |
|   *bersaba* | : to visit |
| *sakinan* | : peace |
| *salir* | : to drain |
| *sandi* | : code |
| *santai* | : relaxed |
| *santer* | : loud ( rumours) |
| *saranan* | : means, instrument |
| *sarasehan* | : meeting, seminar |
| *satron* | : hostile towards |
| *seko* | : spy |
| *selia* | : to supervise |
| *semanan* | : friendly |
| *semrawut* | : chaotic |
| *senjang* | : gap |
| *sinynalir* | : to signal, to call attention to |
| *sreg* | : comfortable, at ease |
| *strata* | : educational level |
| *sujana* | : a wise man |
| *sumpek* | : crowded |
| *supel* | : flexible |
| *tangguh* | : strong |
| *tatar* | : to upgrade |
| *tawur* | : gang fight |

| | |
|---|---|
| *telak* | : decisively |
| *temanten* | : bride |
| *tenar* | : famous |
| *tilang* | : a traffic summon |
|   *tilang bukti pelanggaran lalulintas* | : evidence of traffic offence, |
| *tinja* | : faeces |
| *tohok* | : betray |
| *tuna* | : lack loss |
| *umbar* | |
|   *mengumbar* | : show, expose |
| *unek-unek* | : grudge |
| *unggul* | : excellent |
| *urun* | : to contribute |
| *utak-utik* | |
|   *diutak-utik* | : to be tampered with |
| *wadah* | : organization |
|   *mewadahi* | : to convey |
| *wahana* | : vehicle |
| *wasit* | : middleman |
| *wejangan* | : advice |
| *wisuda* | : convocation |

# V GLOSSARY OF ACRONYMS AND ABBREVIATIONS

| | | |
|---|---|---|
| ABRI | *Angkatan Bersenjata Republik Indonesia* | Armed Forces of the Republic of Indonesia |
| ABS | *asal bapa senang* | so long as the boss is happy |
| AD | *Angkatan Darat* | The Army |
| AK | *Angkatan Kepolisian* | The Police Force |
| Akmil | *Akademi Militer* | Military Academy |
| AL | *Angkatan Luat* | The Navy |
| AP | *Angkatan Perang* | Armed Forces |
| Asi | *air susu ibu* | mother's milk |
| aspal | *asli tetapi palsu* | original but is falsified |
| Aspri | *asisten pribadi* | private assistant |
| Atmil | *atase militer* | military attachÈ |
| AU | *Angkatan Udara* | The Air Forces |
| badko | *badan koordinasi* | coordinating body |
| Bakin | *Badan Coordinasi Intelijen Negara* | State Intelligence Coordinating Body |
| Bakom | *Badan Komunikasi* | Communication Body |
| bandara | *bandar udara* | airport |
| Banpol | *Pembantu Polisi* | Police Assistant |
| Bappenas | *Badan Perencanaan Pembangunan Nasional* | National Development Planning Body |
| BBM | *bahan bakar minyak* | refined fuel oil |
| BBN | *Bea Balik Nama* | conversion fee for vehicle ownership |
| Bemo | *becak bermotor* | tricycle with motor |
| bikar | *bidang kareer* | career opportunity |
| Bimas | *Bimbingan Masyarakat* | Social Guidance |

| | | |
|---|---|---|
| Bipen | *biro penerangan* | information bureau |
| BKO | *badan kendali operasi* | |
| BPK | *Badan Pemeriksa Keuangan* | Monetary Examination Body (?) |
| BPKB | *Buku Pemilik Kendaraan Bermotor* | Motor Vehicle Ownership Certificate |
| BPS | *Biro Pusat Statistik* | Central Bureau of Statistics |
| BPT | *Buku Petunjuk Telepon* | Telephone Directory |
| Brimob | *Brigade Mobil* | Mobil e Brigade |
| BSF | *Badan Sensur Film* | Film Censorship Board |
| BTP | *Badan Tabunan Pos* | Post Office Savings Bank |
| Budpar | *Kebudayaan dan Pariwisata*(?) | |
| Bulog | *Badan Urusan Logistik* | Logistic Affair Agency |
| BUMN | *badan usaha milik negara* | government-owned business body(?) |
| CPM | *Corps Polisi Militer* | Military Police |
| D1 | *Diploma Satu* | First Diploma |
| D2 | *Diploma Dua* | Second Diploma |
| D3 | *Diploma Tiga* | Third Diploma |
| D4 | *Diploma Empat* | Fourth Diploma |
| dagri | *dalam negeri* | home, internal |
| Dam | *daerah militer* | military region |
| Danpus | *Komandan Pusat* | Central Command |
| Dandim | *komandan distrik militer* | district militery command |
| Danrem | *komandan resor militer* | local military command |
| Den | *detasement* | detachment |
| Dep | *departemen* | department |
| Dedag | *Departemen Perdagangan* | Department of Commerce |
| Deparlu | *Departemen Luar Negeri* | Department of Foreign Affairs |

| | | |
|---|---|---|
| Depdagri | *Departemen Dalam Negeri* | Department of Internal Affairs |
| Depnaker | *Departemen Tenaga Kerja* | Department of Manpower |
| Dirjen | *direktur jenderal* | director general |
| Dirut | *direktur utama* | chief director |
| dis | *dinas* | government service |
| dit | *direktorat* | directorate |
| DIY | *Daerah Istimewa Yogyakarta* | Yogyakarta Special Area |
| DK | *Daya Kuda* | horsepower |
| DKI | *Daerah Khusus Ibu Kota* | Capital City Special Area |
| DPA | *Dewan Pertimbangan Agung* | Supreme Deliberative Council |
| DPP | *DewanPimpinan Pusat* | Central Leadership |
| DPR | *Dewan Perwakilan Rakyat* | People's Representatives Council |
| DPRD | *Dewan Perwakilan Rakyat Daerah* | Regional People's Representatives Council |
| DPU | *Dinas Pekerjaan Umum* | Public Works Deparrment |
| Dr | *doktor* | Ph.D holder |
| dr | *dokter* | doctor |
| Dra | *doktoranda* | Master of Arts(female) |
| Drs | *doktorandus* | Master of Arts |
| Dubes | *duta besar* | ambassador |
| fa | *firma* | firm |
| FE | *Fakultas Ekonomi* | Faculty of Economics |
| FH | *Fakultas Hukum* | Faculty of Law |
| FIPIA | *Fakultas Ilmu Pasti dan Ilmu Alam* | Faculty of Mathematics and Physics |
| FISIP | *Fakultas Ilmu Sosial dan Ilmu Politik* | Faculty of Social and Political Science |

| | | |
|---|---|---|
| FKM | *Fakultas Kesehatan Masyarakat* | Faculty of Social Health |
| FT | *Fakultas Teknik* | Faculty of Technology |
| Gam | *Gerakan Aceh Merdeka* | Aceh Independent Movement |
| Golkar | *Golongan Karya* | The Functional Groups |
| Hankam | *pertahanan dan keamanan* | defense and security |
| Hansip | *pertahanan sipil* | civil defense |
| HAP | *Hukum Acara Pidana* | Criminal procedural Law |
| humas | *hubungan masyarakat* | human relations |
| HUT | *hari ulang tahun* | anniversary |
| IAIN | *Institut Agama Islam Negeri* | Government Institute for Islamic Studies |
| ICMI | *Ikatan Cendekiawan Muslim Indonesia* | Indonesian Muslim Intellectual Association |
| IDI | *Ikatan Dokter Indonesia* | Indonesian Physicians' Association |
| Ikapi | *Ikatan Penerbit Indonesia* | Indonesia Publishers' Union |
| IKIP | *Institut Keguruan dan Ilmu Pendidikan* | Institute of Education |
| IMB | *izin mendirikan rumah* | house building permit |
| Inpres | *instruksi presiden* | Presidential Instruction/ Directive |
| IPA | *ilmu pengetahuan alam* | natural science |
| Ipeda | *iuran pembangunan daerah* | land development tax |
| IPK | *Indeks Prestasi Kumulatif* | Accumulative Achievement Index |
| iptek | *ilmu pengetahuan dan teknologi* | science and technology |
| Ir | *Insinyur* | titile of an engineer |
| Irjen | *inspektur jenderal* | inspector general |

| | | |
|---|---|---|
| ITB | *Instritut Teknologi Bandung* | Bandung Technological Institute |
| Jakbar | *Jakarta Barat* | West Jakarta |
| Jakpus | *Jakarta Pusat* | Central Jakarta |
| Jamsostek | *Jaminan Sosial Tenega Kerja* | Workers' Social Security |
| Jagung | *Jaksa Agung* | Attorney General |
| Kadin | *Kamar Dagang dan Industri* | Chamber of Commerce and Industry |
| Kadispen | *kepala dinas penerangan* | Head of Information Service |
| kamtib | *keamanan dan ketertiban* | security and public order |
| kamtibmas | *keamanan ketertiban masyarakat* | security and public order in society? |
| Kanwil | *kantor wilayah* | regional office |
| Kapolda | *Kepala Polisi Daerah* | Head of Provincial Police |
| kapus | *kantor pusat* | head office |
| karo | *kepala biro* | bureau head |
| kas | *kepala staf* | chief of staff |
| Kasab | *Kepala Staf Angkatan Bersenjata* | Chief of Staff of the Armed Forces |
| Kasad | *Kepala Saf Angkatan Darat* | Chief of Staff of the Army |
| Kasak | *Kepala Staf Angkatan Kepolisian* | Chief of Staff of the Police |
| Kasal | *Kepala Staf Angkatan Laut* | Chief of Staff of the Navy |
| Kasdam | *Kepala Staf Daerah Militer* | Chief of Staff of the Regional Military |
| Kastra | *Kepala staf tentara* | Chief of Staff of the Army(?) |
| KB | *keluarga berencana* | family planning |

| | | |
|---|---|---|
| KBRI | *Kedutaan Besar Republik Indonesia* | Embassy of the Republic of Indonesia |
| KCS | *Kantor Catatan Sipil* | Civil Registration Office |
| Keppres | *Keputusan Presiden* | President's decision |
| KIM | *kartu izin masuk* | entry permit |
| KKN | *korupsi, kolusi dan nepotisme* | corruption, collusion and nepotism |
| KKO | *Korps Komando* | Corps Commando |
| Koandahan | *Komando Antar Daerah Pertahanan* | Inter-Regional Command |
| Kodak | *komando daerah kepolisian* | Regional Police Command |
| Kodam | *komando daerah militer* | Regional Militaay Command |
| Kodim | *komando distrik militer* | District Military Command |
| Kopassu | *Komando Pasukan Khusus* | Special Forces Command |
| Kombes | *komisaris besar* | chief commissioner |
| Koni | *Komite Olahraga Nasional Indonesia* | Indonesia National Sports Committee |
| Konjen | *konsulat jeneral* | consulate general |
| Konwil | *komando wilayah* | regional command |
| Kopkamtib | *Komando Operasi Pemulihan Keamanan dan Ketertiban* | Operation Commands for the Restoration of Order and Security |
| Kopri | *Korps Pegawai Republik Indonesia* | Indonesian Civil Servants' Association |
| Koramil | *Komando Rayon Militer* | District Military Command |
| Korem | *Komando Resort Militer* | Resort Military Command |
| Kostrad | *Komando Cadangan Strategis Angkatan Darat* | Army Strategic Reserve Command |

| | | |
|---|---|---|
| Kostranas | *Komando Strategi Nasional* | National Strategic Committee |
| Koti | *Komando Operasi Tertinggi* | The Supreme Operational Command |
| Kow | *korps wanita* | Women's Corps |
| Kowilhan | *Komando Wilayah Pertahanan* | Regional Defence Command |
| KTP | *kartu tanda penduduk* | Resident Identity Card |
| KTT | *konferensi tingkat tinggi* | Summit Conference |
| KUHD | *Kitab Undang-undang Hukum Dagang* | Code of Commercial Law |
| KUHP | *Kitab Undang-undang Hukum Pidana* | Code of Criminal Law |
| Laks | *laksamana* | admiral |
| LBH | *Lembaga Bantuan Hukum* | Legal Aid Bureau |
| lem | *lembaga* | institute, organization |
| Lemhannas | *Lembaga Pertahanan Nasional* | National Defence Institute |
| Let. | *letnan* | lieutenant |
| LIPI | *Lembaga Ilmu Pengetahuan Indonesia* | The Indonesian National Science council |
| Litbang | *penelitian dan pengembangan* | research and development |
| Litsus | *penelitian khusus* | special investigation |
| LP | *lembaga pemasyarakat* | jail, prison |
| LSM | *Lembaga Swadaya Masyarakat* | |
| Ltk Pol | *Letnan Kolonel Polisi* | Police Lieutenant Colonel |
| MA | *Mahkamah Agung* | High Court |
| Mabes | *markas besar* | Headquarters |
| Mahmil | *mahkamah militer* | military court |
| Menag | *Menteri Agama* | Minister of Religious Affairs |

| | | |
|---|---|---|
| Mendag | *Menteri Perdagangan* | Minister of Trade |
| Mendagri | *Menteri Dalam Negeri* | Minister of Internal Affairs |
| Menanker | *Menteri Tenanga Kerja* | Minister of Manpower |
| Mendikbud | *Menteri Pendidikan dan Kebudayaan* | Minister of Education and Culture |
| Meneg | *Menteri Negara* | Minister of State |
| Menhankam | *Menteri Pertahanan dan Keamanan* | Minister of Defence and Security |
| Menhub | *Menteri Perhubungan* | Minister of Communications |
| Menkeh | *Menteri Kehakiman* | Minister of Law |
| Menkeu | *Menteri Keuangan* | Minister of Finance |
| Menkes | *Mentyeri Kesehatan* | Minister of Health |
| Menko | *Menteri Koordinator* | Coordinating Minister |
| Menlu | *Menteri Luar Negeri* | Minister of Foreign Affairs |
| Menmud | *Menteri Muda* | Under Secretary |
| Menpen | *Menteri Penerangan* | Information Minister |
| Menpora | *Menteri Negara Pemuda dan Olahraga* | State Secretary of Youth and Sports |
| Mensekneg | *Menteri Sekretaris Negara* | Minister of State Secretariat |
| Mensesneg | *Menteri Negara Sekretarias Negara* | Minister of State Secretariat |
| migas | *minyak dan gas bumi* | oil and gas |
| MPR | *Majelis Permusyawaratan Rakyat* | People's Consultative Council |
| Mr. | *Meester in de Rechten* | title of a lawyer with an LLM |
| MTQ | *Musabaqah Tilawati Quran* | Contest of Quranic Recitation |
| MUI | *Majelis Ulama Indonesia* | Indonesian Scholars' Council |
| Mukernas | *Musyawarah Kerja Nasional* | National Working Committee |

| | | |
|---|---|---|
| munas | *musyawarah nasional* | national deliberation council |
| musda | *musyawarah daerah* | regional council |
| Muspida | *Musyawarah Pimpinan Daerah* | Regional Executive Council |
| napi | *narapidana* | convict |
| NU | *Nahadlul Ulama* | Muslim Scholars' Association |
| Odmil | *oditur militer* | military advocate |
| Ormas | *organisasi massa* | mass organization |
| P4 | *Pedoman Penghayatan dan Pengamalan Pancasila* | Guidelines for carrying out the principles of Pancasila |
| PAN | *Partai Amanat Nasional* | National Mandate Party |
| Pang | *panglima* | Commander-in-chief |
| Pangkowilhan | *Panglima Komando Wilayah Pertahanan* | Chief of Regional Defence Command |
| pansus | *panitia khusus* | special committee |
| parpol | *partai politik* | political party |
| pati | *perwira tinggi* | high-ranking officer |
| PBB | *Perserikatan Bangsa-bangsa* | United Nations |
| PBB | *Partai Bulan Bintang* | Crescent and Star Party |
| PDI | *Partai Demokrasi Indonesia* | Indonesian Democratic Party |
| PDI-P | *Partai Demokrasi Indonesia-Perjuangan* | Indonesian Democratic Party of Struggle |
| PDN | *perusahaan dagang Indonesia* | State Commercial Enterprise |
| PDK | *Pendidikan Dasar dan Kebudayaan* | Basic Education and Culture |
| Pelita | *Pembangunan Lima Tahun* | Five Year Development Plan |
| Pemilu | *Pemilihan Umum* | General Election |
| Pelni | *Pelayaran Nasional Indonesia* | Indonesia National Shipping Line |

| | | |
|---|---|---|
| pemda | *pemerintah daerah* | local government |
| Perti | *Pergerakan Tarbiyal Islam* | Islamic Education Movement |
| Perpres | *peraturan presiden* | presidential regulations |
| persero | *perusahaan perseroan* | public company |
| Persit | *Persatuan Isteri Tentara* | Army Wives' Association |
| Perum | *perusahaan umum* | public corporation |
| PGRI | *Persatuan Guru Repulik Indonesia* | Indonesian Teachers' Association |
| PHK | *pemutusan hubungan kerja* | termination of working relationship |
| PKB | *Partai Kebangkitan Bangsa* | National Awakening Party |
| PKI | *Partai Komunis Indonesia* | Indonesian Communist Party |
| PL | *pusat latihan* | training centre |
| PLN | *Perusahaan Listrik Negara* | State Electricity Enterprise |
| PLP | *pendidikan latihan pertempuran* | combat training |
| PMA | *penanaman modal asing* | foreign capital investment |
| PMI | *Palang Merah Indonesia* | Indonesian Red Cross |
| PN | *perusahaan negara* | state enterprise |
| PNI | *Partai Nasional Indonesia* | Indonesian Nationalist Party |
| PNS | *pegawai negeri sipil* | government civil servants |
| polantas | *police lalu lintas* | traffic police |
| Polri | *Kepolisian Republik Indonesia* | Repubic Indonesian Police |
| Polsek | *polis sector* | sector police |
| polwan | *polisi wanita* | women's police force |
| Pom | *Polisi Militer* | Military Police |
| PON | *Pekan Olahraga Nasional* | National Sports Week |

| | | |
|---|---|---|
| PP | *Peraturan Presiden* | Presidential Regulations |
| PP dan k | *Pendidikan, Pengajaran dan Kebudayaan* | Education, Teaching and Culture |
| PPh | *pajak penghasilan* | income tax |
| PPnMB | *pajak penjualan barang mewah* | Tax for selling luxurious goods |
| PPP | *Partai Persatuan Pembangunan* | Indonesian Development Party |
| Presdir | *Presiden Direktur* | President and Director of a company |
| PT | *perseroan terbatas* | limited company |
| PTP | *Pos, Telekomunikasi dan Pariwisata* | Post Office, Communications and Tourism |
| PTS | *perguruan tinggi swasta* | private institution of higher learning |
| PTT | *Pos, Telegrap dan Telepon* | Post, Telegraph and Telephone Service |
| Ptun | *Pengadilan Tata Usaha Negara* | National Court Administration |
| pungli | *pungutan liar* | illegal collection (of taxes) |
| Puskemas | *pusat kesehatan masyarakat* | government health center |
| puspen | *pusat penerangan* | information center |
| PUTL | *Pekerjaan Umum dan Tenaga Lisrik* | Public Work and Electric Power |
| PWI | *Persatuan Wartawan Indonesia* | Indonesian Journalists' Association |
| rakernas | *rapat kerja nasional* | national workshop |
| Rantap | *rancanan ketetapan* | firm planning(?) |
| RC TI | *Rajawali Citra Televisi Indonesia.* | Rajawali Image of Indonesian Television |
| Repelita | *Rencanan Pembangunan Lima Tahun* | Five Year Development Plan |

| | | |
|---|---|---|
| Reskrim | *reserse kriminil* | criminal investigation |
| RT | *rukun tetangga* | neighbourhood association |
| RUU | *rancangan undang-undang* | bill (of law) |
| RW | *rukun warga* | citizen's association |
| Satkam | *satuan keamanan* | security guard |
| S1 | *Strata Satu* | Bachelor Degree |
| S2 | *Strata Dua* | Master Degree |
| S3 | *Strata Tiga* | Ph. D Degree |
| SARA | *suku, agama ras, antargolongan* | ethnic group, religion, race and intergroup |
| Satpam | *satuan pengamanan* | security unit |
| satgas | *satuan tugas* | security forces |
| SBK | *surat bukti kewaranegaraan* | evidence of citizenship |
| SCTV | *Surabaya Central Televisi* | Surabaya Centre Television |
| Sekda | *sekretaris daerah* | regional secretary |
| Sekjen | *sekretaris jenderal* | secretary general |
| Sekkab | *secretaries kabinet* | cabinet secretary |
| Sekwilda | *Sekretaris Wilayah Daerah* | regional secretary |
| Sesko | *Sekolah Staf dan Komando* | Staff College of the Armed Forces |
| Seskoad | *Sekolah Staf dan Komando Angkatan Darat* | Indonesian Army Staff and Commando's School |
| Setneg | *Sekretaris Negara* | State Secretary |
| SGKP | *sekolah guru kepandaian putri* | School for training of girls |
| SH | *Sarjana Hukum* | Master of Law (LLM) |
| SIM | *surat izin mengemudi* | driving licence |
| Siskamling | *sistim keamanan lingkungan* | neighbourhood security system |
| SIT | *surat izin terbit* | publication permit |
| SIVA | *surat impor valuta asing* | foreign exchange import permit |

| | | |
|---|---|---|
| SK | *surat keputusan* | letter of decision |
| SKN | *Staf Keamanan Nasional* | National Security Staff |
| SKUM | *Surat keputusan untuk membayar* | Letter for payment(?) |
| SLA | *Sekolah Lanjutan Atas* | Upper Secondary School |
| SLP | *Sekolah Lanjutan Pertama* | Junior Secondary School |
| SM | *Sarjana Muda* | BA (degree) |
| SMA | *Sekolah Menengah Atas* | Upper Secondary School |
| SMEA | *Sekolah Menengah Economi Atas* | Upper Secondary School for Economics |
| SMP | *Sekolah Menegah Pertama* | Junior Secondary School |
| SMTA | *Sekolah Menengah Tinggi Atas* | Upper Secondary School to Advanced Stage |
| SMU | *Sekolah Menengah Umum* | General Secondary School |
| SS | *Sarjana Sastra* | Master of Arts |
| SSKAD | *Sekolah Staf dan Komando Angkatan Darat* | Army Command and Staff School |
| STKI | *surat tanda kewarganegaraan Indonesia* | Indonesian citizenship card |
| STM | *Sekolah Teknik Menengah* | Middle Technical School |
| STNK | *surat tanda nomor kendaraan* | |
| Sttb | *Surat tanda tamat* belajar | leaving school certificate |
| tapol | *tahanan politik* | political prisoners |
| Toserba | *toko serba ada* | department store |

| | | |
|---|---|---|
| THR | *taman hiburan rakyat* | people's entertainment park |
| TIM | *Taman Ismail Marzuki* | Ismail Marzuki Park (a cultural centre) |
| TK | *taman kanak-kanak* | kindergarten |
| TKI | *tenaga kerja Indonesia* | Indonesian workers |
| TKW | *tenagakerja wanita* | female workers |
| TNI | *Tentara Nasional Indonesia* | Indonesian National Armed Forces |
| toserba | *toko serba ada* | department store |
| TPI | *Televisi Pendikan Indonesia* | Indonesian Educational Television |
| TSP | *toko sandang pangan* | food and clothing shop |
| TTS | *tanda teka silang* | crossword puzzle |
| TU | *tata usaha* | administration |
| TVRI | *Televisi Republik Indonesia* | The Indonesian Television |
| UUD | *Undang-undang Dasar* | The Constitution |
| VA | *valuta asing* | foreign exchange |
| WC | *water closet* | toilet |
| wagub | *wakil gubernur* | vice governor |
| wapres | *wakil presiden* | vice president |
| WIB | *Waktu Indonesia Barat* | West Indonesian Time |
| WNA | *warga negara asing* | foreigners |
| WNI | *warga negara Indonesia* | Indonesian citizen |

# KEY TO THE EXERCISES

# PART 1

## LESSON 1

### Exercise 1

1. Orang itu prajurit.
2. Orang itu kelasi.
3. Orang itu polisi.
4. Orang itu ulama.
5. Orang itu mahasiswa.
6. Orang itu duta besar.
7. Orang itu majikan.
8. Orang itu peragawan.
9. Orang itu peragawati.
10. Orang itu sarjana.

### Exercise 2

1. Pak Amir seorang jurubicara.
2. Dia seorang penyiar.
3. Dia seorang insinyur.
4. Bu Rini seorang juru ketik.
5. Dia seorang ahli menulis steno.
6. Usman seorang tukang kebun.
7. Dia seorang penjahit pakaian.
8. Ibu Katijah seorang kasir.
9. Tini seorang pramugari.
10. Robert seorang pramugara.

### Exercise 3

1. Ya, dia seorang tukang sepatu.
2. Ya, dia seorang pekerja.
3. Ya, dia seorang penjual bakso.
4. Ya, dia seorang nelayan.
5. Ya, dia seorang pegawai.
6. Ya, dia seorang pegawai bahasa.
7. Ya, dia seorang pegawai pemerintah.
8. Ya, dia seorang pegawai tinggi.
9. Ya, dia seorang pegawai bank.
10. Ya, dia seorang pegawai kantor.

### Exercise 4

1. Bukan, dia bukan seorang anggota.
2. Bukan, Yusuf bukan seorang pemusik.
3. Bukan, Pak Samsuri bukan seorang pengusaha.
4. Bukan, dia bukan seorang direktur.
5. Bukan, Ahmad bukan seorang ahli sejarah.
6. Bukan, dia bukan seorang ahli bedah.
7. Bukan, Pak Usman bukan seorang apoteker.
8. Bukan, dia bukan seorang ahli ilmu jiwa.
9. Bukan, Pak Surono bukan seorang negarawan.
10. Bukan, dia bukan seorang ahli ilmu pengetahuan.

### Exercise 5

1. teman
2. Anak
3. Barang
4. uang
5. rupiah
6. orang
7. uang
8. harta
9. murid
10. pegawai

**Exercise 6**

1. Joko, pelajar, sekolah
2. orang
3. baju
4. Adik, ombak
5. Adik, pasir, pantai
6. laki-laki, pasir
7. orang, ular
8. orang, rumah sakit

**Exercise 7**

1. Penumpang
2. Pelukis
3. penjual
4. Penari
5. pemarah
6. petani
7. penyapu
8. penimbang
9. penggaris
10. peramah

**Exercise 8**

1. ajaran
2. harapan
3. makanan
4. Pakaian
5. minuman
6. saringan
7. manisan
8. lapangan
9. Harian
10. Mingguan

# LESSON 2

**Exercise 1**

1. Ya, ini anak kunci.
2. Ya, itu kursi.
3. Ya, ini meja.
4. Ya, itu bangku.
5. Ya, ini kipas.
6. Ya, itu kertas.
7. Ya, ini mistar/penggaris.
8. Ya, itu papan tulis.
9. Ya, ini penghapus.
10. Ya, itu tinta.

**Exercise 2**

1. Bukan, ini bukan piring.
2. Bukan, itu bukan dapur.
3. Bukan, ini bukan cangkir.
4. Bukan, itu bukan arloji.
5. Bukan, ini bukan cermin.
6. Bukan, itu bukan sikat.
7. Bukan, ini bukan pisau.
8. Bukan, itu bukan suratkabar/koran.
9. Bukan, ini bukan perpustakaan.
10. Bukan, itu bukan asrama.

**Exercise 3**

1. Ya, orang itu adalah sahabat saya.
2. Ya, wanita itu adalah ibu saya.
3. Ya, gadis itu adalah adik saya.
4. Ya, wanita itu adalah seorang dokter.
5. Ya, orang itu adalah kakek saya.
6. Ya, dia itu adalah nenek saya.
7. Ya, pemuda itu ialah seorang insinyur.
8. Ya, wanita muda itu adalah seorang jururawat.
9. Ya, orang itu adalah tetangga saya.
10. Ya, rumah itu adalah rumah saya.

**Exercise 4**

1. Apakah Ahmad peserta?
2. Apakah John seorang turis?
3. Apakah Nona Fatimah sekretaris?
4. Apakah Nona Tina seorang ahli kecantikan?
5. Apakah Pak Talib seorang dokter?

6. Apakah Pak Mulyono dokter gigi?
7. Apakah Ahmad seorang perajin?
8. Apakah Dr. Candra seorang menteri?
9. Apakah Dr. Yusuf duta?
10. Apakah Abdullah kepala desa?

## Exercise 5

1. Indonesia
2. sekolah
3. sekolah
4. kosong
5. kulit
6. lama
7. Inggeris
8. baru
9. gigi
10. ajaran

## Exercise 6

1. Orang laki-laki itu paman saya.
2. Anjing itu menggigit seorang anak laki-laki.
3. Penulis itu guru kita.
4. Hujan sudah reda.
5. Anak laki-laki itu menangis.
6. Ikan itu berkejaran.
7. Buku itu buku saya.
8. Ali itu pandai.
9. Sopir itu abang saya.
10. Orang itu harus berhati-hati.

## Exercise 7

1. pemberian
2. Pendengaran
3. Pengakuan
4. Pembagian
5. Pembangunan
6. Pembayaran
7. Pembetulan
8. Peluasan
9. Pendapatan
10. perbedaan

## Exercise 8

1. Perbuatan
2. Pekerjaan
3. Pertahanan
4. Pertandingan
5. Persaingan
6. Perjalanan
7. Perubahan
8. Pertanyaan
9. Percakapan
10. perkawinan

## Exercise 9

1. kebaikan
2. kesehatan
3. kepentingan
4. kekuasaan
5. kerajinan
6. kemakmuran
7. Kelalaian
8. kebebasan
9. Kedudukan
10. Kehidupan

# LESSON 3

## Exercise 1

1. Pemuda itu hemat.
2. Pemuda itu cermat.
3. Pemuda itu gembira.
4. Pemuda itu cerdas.
5. Pemuda itu pintar.
6. Pemuda itu kikir.
7. Pemuda itu jujur.
8. Pemuda itu sehat.
9. Pemuda itu sibuk.
10. Pemuda itu sombong.

## Exercise 2

1. Pakaian itu murah.
2. Kemeja itu mahal.
3. Celana itu panjang.

4. Jalan itu lebar.
5. Lorong itu sempit.
6. Hitungan itu sukar.
7. Cuaca hari ini cerah.
8. Daerah ini aman.
9. Obat ini pahit.
10. Malam itu gelap.

**Exercise 3**

1. Ya, bangunan itu tinggi.
2. Ya, rumah ini rendah.
3. Ya, air itu jernih.
4. Ya, lampu itu terang.
5. Ya, murid itu pintar.
6. Ya, sungai itu dalam.
7. Ya, taman itu indah.
8. Ya, kembang itu wangi.
9. Ya, kamar itu gelap.
10. Ya, meja itu berat.

**Exercise 4**

1. Apakah pekerja itu cakap?
2. Apakah ketua itu teliti?
3. Apakah perempuan itu sabar?
4. Apakah danau itu dangkal?
5. Apakah orang itu bodoh?
6. Apakah perajin itu cerdik?
7. Apakah ibu Yusuf cemas?
8. Apakah pekerja asing itu malang?
9. Apakah masakan itu pedas?
10. Apakah minuman itu panas?

**Exercise 5**

1. baru
2. baru
3. gemuk
4. gemuk
5. lama
6. lama
7. berat
8. berat
9. kuat
10. kuat

**Exercise 6**

1. tajam
2. tangkas
3. cemas
4. cepat
5. lambat
6. dalam
7. pedas
8. mudah
9. sukar
10. sukar

**Exercise 7**

1. secantik
2. sekuat
3. setinggi
4. sebodoh
5. sebaik
6. terdekat
7. teristimewa
8. terkenal
9. tersayang
10. tertinggi

**Exercise 8**

1. pemalu
2. pendiam
3. pengasih
4. bersopan-santun
5. berbahaya
6. berguna
7. (ber)gembira
8. berterima kasih
9. bersemangat
10. ramah

# LESSON 4

**Exercise 1**

1. Dia sudah lari.
2. Dia sudah masuk.
3. Dia akan sampai.

4. Dia akan pergi.
5. Dia telah pindah.
6. Dia sedang makan.
7. Dia sudah kawin.
8. Dia belum bangun.
9. Dia sedang tertawa.
10. Dia belum mandi.

**Exercise 2**

1. Ya, dia gagal.
2. Ya, orang laki-laki itu menang.
3. Ya, dia belum sembuh.
4. Ya, pencuri itu telah lari.
5. Ya, dia lupa.
6. Ya, dia kalah.
7. Ya, pelajar itu sudah tamat.
8. Ya, dia masih belum siap.
9. Ya, harga beras sudah turun.
10. Ya, harga rumah sudah naik.

**Exercise 3**

1. Toko itu masih belum tutupkah?
2. Burung terbangkah?
3. Rantai itu sudah putuskah?
4. Cangkir itu sudah pecahkah?
5. Pohon itu sudah tumbuhkah?
6. Daun gugurkah?
7. Bangunan itu sudah robohkah?
8. Gigi nenek sudah tanggalkah?
9. Harga barang-barang naikkah?
10. Perniagaan mundurkah?

**Exercise 4**

1. Dia bekerja hari ini.
2. Dia sakit kemarin.
3. Dia akan sembuh lusa.
4. Dia jatuh minggu yang lalu.
5. Dia akan pulang minggu depan.
6. Dia akan terbang ke Jakarta besok.
7. Dia singgah di rumah saya tadi malam.
8. Anak saya lahir setahun kemudian.
9. Saya lewat di depan toko itu setiap hari.
10. Lampu padam jam enam.

**Exercise 5**

1. Dia
2. Mereka
3. Kami
4. Mereka
5. Dia
6. Dia
7. Dia
8. Mereka
9. Mereka
10. Mereka

**Exercise 6**

1. Bapak
2. Saya
3. Nona
4. saya
5. Anda
6. saya
7. Pak
8. kita
9. saya
10. Bapak

**Exercise 7**

1. melamar
2. memasak
3. menjual
4. menyatakan
5. meraba
6. membahas
7. memekik
8. mendapat
9. menantang
10. melepa

**Exercise 8**

1. menganggur
2. mengerti

3. mengingat
4. mengomel
5. mengurus
6. menggigit
7. mengirim
8. mengulang
9. manyamar
10. menyajak

# LESSON 5

### Exercise 1

1. Saudara bisa bela orang itu.
2. Saudara bisa turut orang itu.
3. Saudara bisa tuduh orang itu.
4. Saudara bisa sewa orang itu.
5. Saudara bisa cari orang itu.
6. Saudara bisa terima orang itu.
7. Saudara bisa tampung orang itu.
8. Saudara bisa tegur orang itu.
9. Saudara bisa periksa orang itu.
10. Saudara bisa tanggung orang itu.

### Exercise 2

1. Ya, dia menghukum penjahat itu.
2. Ya, dia mengundang guru itu.
3. Ya, dia melanggar laki-laki itu.
4. Ya, dia mencetak buku itu.
5. Ya, dia menelepon ayahnya.
6. Ya, dia menyindir sahabat saya.
7. Ya, polisi mengejar orang itu.
8. Ya, polisi mengenal orang itu.
9. Ya, polisi menembak orang itu.
10. Ya, dia memukul binatang itu.

### Exercise 3

1. Tidak, teman saya tidak meminta buku itu.
2. Tidak, dia tidak melamar pekerjaan itu.
3. Tidak, anak itu tidak menggosok giginya.
4. Tidak, anak itu tidak menyisir rambutnya.
5. Tidak, wanita itu tidak mencuci pakaian.
6. Tidak, pekerja itu tidak meminjam uang.
7. Tidak, dia tidak memegang jabatan itu.
8. Tidak, dia tidak memasang lampu.
9. Tidak, Marini tidak menukar baju.
10. Tidak, ayah tidak melawan orang itu.

### Exercise 4

1. Apakah ibu sedang merangkai bunga?
2. Apakah dia sedang menggubah lagu?
3. Apakah wanita itu sedang mencuci pakaian?
4. Apakah Pak Ali membantah kabar itu?
5. Apakah ibu sudah membuka peti itu?
6. Apakah kakak perempuannya belum membungkus nasi?
7. Apakah kakak laki-laki Anda sedang mencari dompetnya?
8. Apakah ayah mengusir anjing itu?
9. Apakah orang miskin itu sudah menggadaikan rumahnya?
10. Apakah polisi masih melacak penjahat itu?

### Exercise 5

1. siapa
2. apa
3. siapa
4. apa
5. Siapa
6. Apa

7. apa
8. Siapa
9. siapa
10. Siapa

**Exercise 6**

1. Berapa
2. Yang mana
3. Yang mana
4. Berapa
5. Berapa
6. Yang mana
7. Yang mana
8. Yang mana
9. Berapa
10. Berapa

**Exercise 7**

1. Dia memarang kayu itu.
2. Nelayan itu menjaring ikan.
3. Adik menyikat giginya.
4. Wanita itu menyelimuti anaknya.
5. Abang suka memancing ikan.
6. Bibi saya sedang menyayur.
7. Orang tua itu suka merokok.
8. Kami menepi.
9. Kami menyeberang jalan itu.
10. Salmiah menggambar di bawah pohon.

**Exercise 8**

1. Padi menguning.
2. Asap menebal.
3. Harapannya menipis.
4. Luka itu mendalam.
5. Bulan sudah merendah.
6. Perbincangan menghangat.
7. Bayang-bayang itu membesar.
8. Pohon itu meninggi dari hari ke hari.
9. Perhubungan kita merenggang.
10. Kedua pihak merapat.

# LESSON 6

**Exercise 1**

1. Saya di masjid tadi pagi.
2. Saya di gereja tadi pagi.
3. Saya di kantorpos tadi pagi.
5. Saya di madrasah tadi sore.
6. Saya di laboratorium tadi sore.
7. Saya di laboratorium bahasa tadi sore.
8. Saya di laboratorium bahasa tadi malam.
9. Saya di bioskop tadi malam.
10. Saya di pusat bahasa tadi malam.

**Exercise 2**

1. Ya, Pak Ali ke sekolah.
2. Ya, kakak perempuan ke pasar.
3. Ya, buah-buahan itu di dalam keranjang.
4. Ya, surat itu di dalam laci.
5. Ya, surat itu dari abang.
6. Ya, turis itu dari Malaysia.
7. Ya, kamus Melayu itu di atas meja.
8. Ya, kantorpos itu di depan rumah saya.
9. Ya, kantor polisi itu di belakang rumah saya.
10. Ya, masjid itu di sebelah rumah saya.

**Exercise 3**

1. Apakah nelayan itu masih di laut?
2. Apakah sarjana itu dari negeri Belanda?
3. Apakah pasien itu tidak ke kantornya?
4. Apakah bungkusan ini untuk Anda?
5. Apakah para tamu masih di pelabuhan udara?

6. Apakah kertas itu di atas meja?
7. Apakah gambar ayah di dinding?
8. Apakah cangkir di dapur?
9. Apakah bunga di kebun?
10. Apakah sepatu di dalam kamar tidur?

**Exercise 4**

1. Museum di Merdeka Barat.
2. Kebun bunga di sana.
3. Teman-teman Ali di sini.
4. Rumah sakit di Jalan Salemba.
5. Laki-laki itu ke kota.
6. Wartawan-wartawan itu dari Bangkok.
7. Pensil kamu di atas meja.
8. Teman saya ke bioskop tadi malam.
9. Tamu itu dari London.
10. Danau Toba di Sumatra.

**Exercise 5**

1. bisa
2. sudah
3. telah
4. ingin
5. sedang
6. akan
7. boleh
8. mau
9. akan
10. mungkin

**Exercise 6**

1. memekik
2. membaca
3. memeriksa
4. menonton
5. menjerit
6. meninjau
7. berunding
8. menanyai
9. berlari
10. bertiup

**Exercise 7**

1. Kain itu berwarna biru.
2. Buku bacaan itu bergambar.
3. Rumah itu tidak berlampu.
4. Guru itu berilmu.
5. Anak laki-laki itu tidak berakal.
6. Negeri itu tidak beraja.
7. Lukisan itu tidak bermutu.
8. Ayah saya tidak beruang.
9. Surat itu tidak beralamat.
10. Orang laki-laki itu berduit.

**Exercise 8**

1. Anak laki-laki itu tidak bersepatu ke sekolah.
2. Lemari itu tidak bercermin.
3. Orang laki-laki itu suka berpidato.
4. Kakak saya suka berbaju batik.
5. Kami bermobil ke Jakarta.
6. Orang laki-laki itu berkacamata hitam.
7. Sarjana itu suka berceramah.
8. Abang bersedia berkuli.
9. Musim hujan banyak nelayan berladang.
10. Sudah dua tahun dia bertoko.

# LESSON 7

**Exercise 1**

1. Saya tahu Saudara berdebat dengan orang laki-laki itu.
2. Saya tahu Saudara bersaing dengan orang laki-laki itu.
3. Saya tahu Saudara bergaul dengan orang laki-laki itu.
4. Saya tahu Saudara bertemu dengan orang laki-laki itu.
5. Saya tahu Saudara bertanding dengan orang laki-laki itu.
6. Saya tahu Saudara bermusuhan dengan orang laki-laki itu.

7. Saya tahu Saudara bersahabat dengan orang laki-laki itu.
8. Saya tahu Saudara bersalaman dengan orang laki-laki itu.
9. Saya tahu Saudara berdiskusi dengan orang laki-laki itu.
10. Saya tahu Saudara bertinju dengan orang laki-laki itu.

**Exercise 2**

1. Apakah adik sedang berteriak?
2. Apakah mereka itu sudah berkuasa (di seluruh negara)?
3. Apakah orang itu sedang bermimpi?
4. Apakah wanita itu sedang bernyanyi?
5. Apakah anak laki-laki itu belum berpuasa?
6. Apakah mereka belum bergerak?
7. Apakah pertemuan itu sudah berakhir?
8. Apakah pertunjukan wayang masih berlangsung?
9. Apakah mereka akan berpesta?
10. Apakah mereka akan bersatu?

**Exercise 3**

1. Ya, mereka sedang berkumpul di halaman sekolah.
2. Ya, mereka sedang berapat di kantor.
3. Ya, mereka berdagang di Sumatra.
4. Ya, saya beristirahat di rumah.
5. Ya, saya bersembahyang di masjid.
6. Ya, dia bersembunyi di hutan.
7. Ya, wanita itu berdandan di kamar.
8. Ya, gadis itu berhias di depan cermin.
9. Ya, orang itu sedang bercukur di kamar.
10. Ya, perajurit sedang bertahan di kubu.

**Exercise 4**

1. Guru itu berdiri di depan kelas.
2. Bis itu berhenti di depan perpustakaan.
3. Murid-murid berhimpun di halaman sekolah.
4. Tamu kita bermalam di hotel.
5. Pembantu bergurau di belakang rumah.
6. Perahu itu berlayar ke Sumatra.
7. Mereka berkemah di Bali.
8. Peraturan itu berlaku di seluruh daerah.
9. Ali berlindung di bawah pohon.
10. Amin berlatih di Bandung.

**Exercise 5**

1. Surat itu sudah ditulis Saleh.
2. Anita selalu dipuji guru.
3. Pensil itu sedang dipegang Puspa.
4. Uangnya sudah dicuri pencuri.
5. Pakaian dicuci Marini.
6. Kelas sedang disapu Rukmini.
7. Koran belum dibaca Bu Guru Tuti.
8. Teman sedang dinantinya.
9. Baju sedang dijahit ibu.
10. Orang itu ditolong Ahmad.

**Exercise 6**

1. Saya memanjat pohon kelapa itu.
2. Saya sudah mendengar berita itu.
3. Saya sudah memakan nasi itu.
4. Aku sudah menulis karangan itu.
5. Kamu sudah menerima surat itu.
6. Engkau sudah membawa kamus itu.
7. Saya sudah meminjam pensilmu.
8. Engkau memukul anak itu.
9. Aku sudah meminum kopi itu.
10. Kamu sudah menangkap ayam itu.

### Exercise 7

1. berlindung
2. bercerita
3. bertobat
4. berdandan
5. berputar
6. bersuara
7. bernafas
8. beranjak
9. beratur
10. berkunjung

### Exercise 8

1. berakhir
2. berlampu
3. berbau
4. berbuah
5. berbeda
6. berbintang
7. berambut
8. berbunga
9. bergambar
10. beralamat

# LESSON 8

### Exercise 1

1. Saya mengantuk di rumah sahabat tadi malam.
2. Saya meneriak di rumah sahabat tadi malam.
3. Saya mengaso di rumah sahabat tadi malam.
4. Saya membisu di rumah sahabat tadi malam.
5. Saya mengeluh di rumah sahabat tadi malam.
6. Saya menangis di rumah sahabat tadi malam.
7. Saya membual di rumah sahabat tadi malam.
8. Saya mengomel di rumah sahabat tadi malam.
9. Saya menguap di rumah sahabat tadi malam.
10. Saya menyanyi di rumah sahabat tadi malam.

### Exercise 2

1. Ya, penyakit itu sudah menular.
2. Ya, bom itu sudah meledak.
3. Ya, angin sedang mengamuk.
4. Ya, hujan sudah mereda.
5. Ya, fajar sedang menyingsing.
6. Ya, air sedang mendidih.
7. Ya, kaki anak laki-laki itu sedang membengkak.
8. Ya, anjing itu sedang menyalak.
9. Ya, peperangan mengganas di seluruh dunia.
10. Ya, perang sudah meletus.

### Exercise 3

1. Apakah anak laki-laki itu suka mengaji?
2. Apakah dia sudah mengalah?
3. Apakah adik suka memancing?
4. Apakah orang itu selalu mengeluh?
5. Apakah wanita itu suka menghamburkan uang?
6. Apakah pencuri itu sudah menghilang?
7. Apakah mereka sudah mempunyai hak memilih?
8. Apakah penyakit cacar menular?
9. Apakah orang itu sedang menganggur?
10. Apakah rakyat negeri itu selalu memberontak?

### Exercise 4

1. Bola itu melambung ke atas air.
2. Air memancar dari pipa.
3. Semut-semut sedang merayap di lantai.
4. Pekerja itu sudah menetap di Singapura.

5. Kasim sedang menuntut ilmu di universitas.
6. Ali menoleh ke arah belakang.
7. Orang laki-laki itu menyelundup barang ke negeri kita.
8. Bom itu meledak di tengah kota.
9. Air hujan menetes dari atap yang bocor.
10. Gadis itu melangkah ke depan.

### Exercise 5

1. batang
2. helai
3. bidang
4. orang
5. potong
6. ekor
7. buah
8. biji
9. helai
10. biji

### Exercise 6

1. Semua
2. sebahagian
3. beberapa
4. Banyak
5. banyak
6. sepuluh orang
7. Seluruh
8. Semua
9. sedikit
10. dua

### Exercise 7

1. Anak laki-laki itu terjatuh.
2. Orang laki-laki itu terminum racun.
3. Ali terlihat pencuri itu.
4. Dia terbaca berita itu.
5. Halimah terambil buku temannya.
6. Dia tersepak kayu itu.
7. Polisi itu tertembak temannya.
8. Dia teringat (hendak) pulang ke kampung.
9. Saya terbangun pada jam lima.
10. Dia tertidur di kelas.

### Exercise 8

1. Pertanyaan itu tidak terjawab oleh Ali.
2. Tulisan itu tidak terbaca oleh guru.
3. Hutang itu tidak terlunas oleh negara.
4. Kuman tidak terlihat oleh mata kasar.
5. Suara itu tidak terdengar oleh kita.
6. Pencuri itu tertangkap.
7. Buku-bukunya tersusun di atas meja.
8. Uangnya tersimpan dengan baik.
9. Pintu terkunci.
10. Jendela tertutup.

## LESSON 9

### Exercise 1

1. Kita mencium orang itu.
2. Kita memeluk orang itu.
3. Kita menghantam orang itu.
4. Kita mengejek orang itu.
5. Kita menelepon orang itu.
6. Kita mengejar orang itu.
7. Kita memfitnah orang itu.
8. Kita menggaji orang itu.
9. Kita menggambar orang itu.
10. Kita mengganggu orang itu.

### Exercise 2

1. Tidak, jururawat tidak merawat pasien itu.
2. Tidak, guru itu tidak membimbing muridnya.
3. Tidak, wanita itu tidak mengasuh anaknya.
4. Tidak, saya tidak mengusik gadis

itu.
5. Tidak, saya tidak menguji murid itu.
6. Tidak, perampok tidak merampok orang itu.
7. Tidak, polisi tidak menembak orang itu.
8. Tidak, pengacara itu tidak memanggil saksinya.
9. Tidak, dia tidak mencela pegawainya.
10. Tidak, dia tidak menculik saudagar itu.

**Exercise 3**

1. Apakah Ali sudah menjemput orang itu?
2. Apakah Amin dapat membayar orang itu?
3. Apakah orang kampung mau mendukung orang itu?
4. Apakah dokter mau mengoperasi pasien itu?
5. Apakah kita dapat mengepung penjahat itu?
6. Apakah dia sudah menghalau anjing itu?
7. Apakah dia mau menyapa orang itu?
8. Apakah wanita itu mau memeluk anaknya?
9. Apakah perempuan itu dapat mengurus anak tirinya?
10. Apakah mereka dapat menghasut para karyawan?

**Exercise 4**

1. Dia menyindir orang itu tadi pagi.
2. Dokter menyuntik anak itu tadi siang.
3. Dia mengajar anak itu tiap-tiap hari.
4. Dia memberi salam pada orang itu kemarin.
5. Dia menghina orang itu kemarin dulu.
6. Dia menyiksa orang itu tadi malam.
7. Pemerintah akan melantik orang itu minggu depan.
8. Anjing menggigit orang itu minggu malam.
9. Yusuf mengancam orang itu malam Minggu.
10. Pemerintah akan memberikan ganjaran kepada orang itu tahun depan.

**Exercise 5**

1. Ali tidur.
2. Yusuf sedang berjalan-jalan.
3. Bayi itu menangis.
4. Saya akan belayar.
5. Orang itu bercakap.
6. Dia sudah menerima surat itu.
7. Dia meninggalkan tempat itu.
8. Ibu menyusun bunga.
9. Dia membaca surat itu.
10. Mereka mengobrol.

**Exercise 6**

1. amat
2. benar
3. betul
4. sangat
5. kurang
6. cukup
7. sekali
8. terlalu
9. terlampau
10. hampir

**Exercise 7**

1. Dia sudah datang.
2. Mereka berdiri.
3. Dia menatap muka adiknya.
4. Pria itu berjalan.
5. Murid itu belajar.

6. Wanita itu menangis.
7. Semua surat lamaran hendaklah tiba.
8. Mereka akan tiba.
9. Mereka duduk.
10. Kita pergi.

**Exercise 8**

1. Barangkali
2. Semestinya
3. Seharusnya
4. Sesungguhnya
5. Sebetulnya
6. Tentu saja
7. Sewajarnya
8. Agaknya
9. Rupa-rupanya
10. Kelihatannya

# LESSON 10

**Exercise 1**

1. Kita akan mendengar soal itu besok.
2. Kita akan menganalisa soal itu besok.
3. Kita akan mengusut soal itu besok.
4. Kita akan menyebut soal itu besok.
5. Kita akan menyebut perkara itu besok.
6. Kita akan memeriksa perkara itu besok.
7. Kita akan menyelidiki perkara itu besok.
8. Kita akan meneliti perkara itu besok.
9. Kita akan menimbang perkara itu besok.
10. Kita akan meninjau perkara itu besok.

**Exercise 2**

1. Sopir itu sedang menyetir mobil.
2. Para penonton sedang menonton pilem.
3. Pengawal itu sedang mengawal keselamatan.
4. Pengunjung itu sedang mengunjungi sekolah-sekolah.
5. Perampok itu sedang merampok sebuah toko.
6. Pengemis itu sedang meminta sedekah.
7. Penjaga itu sedang menjaga rumah.
8. Penjual itu sedang menjual buku.
9. Pengumpul prangko itu sedang mengumpulkan prangko.
10. Penderma itu sedang mendermakan darah.

**Exercise 3**

1. Petani itu sedang menganyam tikar.
2. Orang itu sedang mengasah pisau.
3. Petani itu sedang membajak sawah.
4. Ibu sedang menyuguhkan kue.
5. Kakak sedang menyediakan minuman.
6. Ahmad sedang merayakan hari ulang tahunnya.
7. Pemerintah sedang mendirikan perpustakaan baru.
8. Anak laki-laki itu sedang membongkar lacinya.
9. Bu Limah sedang mencincang daging.
10. Anak itu sedang mencubit tangan adiknya.

**Exercise 4**

1. Maukah dia membalas surat itu?
2. Bolehkah dia memakai sepatu kulit?
3. Inginkah dia menjaga nama baik

sekolah?
4. Maukah dia menanam modal di sini?
5. Maukah dia mengulas buku itu?
6. Dapatkah dia menolak usul itu?
7. Bisakah dia mengendarai sepeda itu?
8. Maukah dia mempelajari hal itu?
9. Bisakah dia menyadur cerita itu?
10. Dapatkah dia menyebut nama ayahnya?

**Exercise 5**

1. Bagaimana dia berlari?
2. Bagaimana Ahmad menyetir mobilnya?
3. Kapan mereka akan mengerjakan pekerjaan itu?
4. Kapan para tamu datang?
5. Di mana rumahnya?
6. Di mana mereka berpesta?
7. Mengapa dia tinggal di rumah?
8. Mengapa dia mengantuk?
9. Mengapa dia tidak datang?
10. Mengapa Kamil tidak membeli barang itu?

**Exercise 6**

1. Dengan siapa Ahmad selalu berkelahi?
2. Dengan siapa Azis tinggal di rumah?
3. Dengan apa Dewi makan nasi?
4. Dengan apa dia membelah kayu?
5. Untuk apa dia pergi ke kota?
6. Untuk siapa dia mencari uang?
7. Untuk apa dia menelepon kawannya?
8. Untuk siapa orang laki-laki itu datang ke mari?
9. Dengan apa dia pergi ke sekolah?
10. Dengan apa dia memotong daging?

**Exercise 7**

1. Dia tidak dapat menyekolahkan anaknya.
2. Anak itu menabungkan uang sakunya.
3. Mereka mengalengkan buah-buahan.
4. Gembala itu mengandangkan lembu-lembunya.
5. Perbuatan pemuda itu memalukan tetangganya.
6. Dia selalu menasihatkan adik lelakinya supaya rajin bekerja.
7. Dia tidak akan mendendamkan perkara kecil itu.
8. Saya tidak akan mengatakan masalah itu kepadanya.
9. Asia Tenggara banyak menghasilkan timah.
10. Mereka menuakan Pak Karto.

**Exercise 8**

1. Pengangguranlah yang menyusahkan saya.
2. Jawaban itu menggusarkan Ahmad.
3. Tindakan majikan mengecewakan para pekerja.
4. Obat itu bisa menguatkan badan kita.
5. Kurang tidur dapat menguruskan badan.
6. Orang desa beramai-ramai melebarkan jalan itu.
7. Senam bisa menyegarkan badan.
8. Dia mencoba memadatkan tanah itu.
9. Kita bisa mengecilkan api dapur dengan segera.
10. Olahraga bisa menyehatkan tubuh.

# LESSON 11

### Exercise 1

1. Dia sudah mencetak surat itu.
2. Dia sudah mengutip surat itu.
3. Dia sudah memeriksa surat itu.
4. Dia sudah meminjam surat itu.
5. Dia sudah meminjam mobil itu.
6. Dia sudah menyewa mobil itu.
7. Dia sudah menyewa rumah itu.
8. Dia sudah menghuni rumah itu.
9. Dia sudah mengunci rumah itu.
10. Dia sudah mengetuk rumah itu.

### Exercise 2

1. Orang itu mencampur nasinya dengan kuah.
2. Dia menyumbat mulut botol itu dengan gabus.
3. Dia menebang pohon itu dengan kapak.
4. Ibu menutup hidangan itu dengan tudung saji.
5. Penjual di toko itu menimbang gula dengan timbangan.
6. Dia menimbus lubang itu dengan tanah.
7. Orang itu menjerat burung dengan jerat.
8. Kakak menyaring kopi dengan saringan.
9. Orang itu menyisir rambut dengan sisir.
10. Gadis menyapu airmata dengan saputangan.

### Exercise 3

1. Orang itu menabung uang untuk membantu anak-anak yatim.
2. Polisi menggeledah rumah itu untuk mencari senjata.
3. Kakak merangkai bunga untuk menghias rumah.
4. Kakak mengiris bawang untuk menggoreng telur.
5. Ibu menjerang air untuk membuat kopi.
6. Orang itu merantau untuk mencari nafkah.
7. Pemerintah menghimbau para pemuda untuk masuk angkatan bersenjata.
8. Ibu memeras kelapa untuk mengambil santannya.
9. Mereka menyingkirkan lengan baju untuk bekerja.
10. Ibu meremas tepung itu untuk membuat kue.

### Exercise 4

1. Dia memberikan uang itu kepada ketuanya.
2. Dia mengucapkan terima kasih kepada bapak Hasyim.
3. Dia menulis surat itu kepada orang tuanya.
4. Dia meminta bantuan kepada gurunya.
5. Dia melempar bola kepada anak laki-laki itu.
6. Dia mengirim surat itu ke Jakarta.
7. Ahmad membawa makanan itu ke rumah sakit.
8. Anak perempuan itu mengikut ibunya ke pasar.
9. Dia mendayung sampannya ke tengah laut.
10. Dia memandang ke bukit itu.

### Exercise 5

1. di
2. Pada
3. daripada
4. ke
5. dari
6. kepada
7. dalam

8. dengan
9. untuk
10. karena

**Exercise 6**

1. di
2. kepada
3. dari
4. sejak
5. sampai
6. oleh
7. dengan
8. untuk
9. daripada
10. kepada

**Exercise 7**

1. Dia mengeluarkan kotak rokok itu.
2. Dia menurunkan layang-layang itu.
3. Dia mengembalikan mobil itu kepada pemiliknya.
4. Pemerintah mendatangkan guru-guru dari luar negeri.
5. Para dokter tidak dapat menghidupkan orang mati itu.
6. Kuli-kuli sedang menaikkan barang-barang itu ke kapal.
7. Sebuah bom telah meruntuhkan seluruh kota.
8. Setiap pagi ibu membangunkan saya pada jam enam.
9. Angin ribut telah menumbangkan pohon itu.
10. Letupan bom itu telah menghancurkan pertahanan musuh.

**Exercise 8**

1. Ahmad membawakan ayahnya tas.
2. Ibu mamasakkan ayah nasi.
3. Dia menuliskan temannya sepucuk surat.
4. Aminah mencucikan ibunya kain.
5. Usman membelikan isterinya baju.
6. Yusuf membuatkan orang tuanya rumah di desa.
7. Kakak mengikatkan adik tali sepatu.
8. Dia membukakan tamu pintu.
9. Dia menuangkan temannya secangkir kopi.
10. Dia menyimpankan temannya cincin itu.

## LESSON 12

**Exercise 1**

1. Mereka kasih kepada teman kita.
2. Mereka rindu kepada teman kita.
3. Mereka kenal kepada teman kita.
4. Mereka gusar kepada teman kita.
5. Mereka malu kepada teman kita.
6. Mereka marah kepada teman kita.
7. Mereka percaya kepada teman kita.
8. Mereka patuh kepada teman kita.
9. Mereka cinta kepada teman kita.
10. Mereka suka kepada teman kita.

**Exercise 2**

1. Peristiwa itu menghebohkan seluruh desa.
2. Akibatnya sangat memalukan.
3. Pertanyaan itu sungguh membingungkan.
4. Pekerjaan itu sungguh melelahkan.
5. Pelayanan di toko itu sangat memuaskan.
6. Ceramah orang itu sangat menjemukan.

7. Angin malam di pergunungan sangat menyegarkan.
8. Kecelakaan itu sungguh mengerikan.
9. Keadaan orang miskin di kota sangat menyedihkan.
10. Cuaca hari ini baik sekali.

**Exercise 3**

1. Tindakan majikan itu mengecewakan para pekerja.
2. Berita itu menggemparkan seluruh dunia.
3. Ancaman wanita itu merisaukan hatinya.
4. Pembunuhan itu menggoncangkan dunia.
5. Kepintaran anak laki-laki itu menakjubkan para penonton.
6. Sepiring nasi dapat mengenyangkan saya.
7. Omelan ibunya membingungkan dia.
8. Berita perampokan itu menggentarkan orang desa.
9. Musik dapat mengharukan perasaan penonton.
10. Masalah duane memusingkan kita.

**Exercise 4**

1. Anak Bu Harun lima orang.
2. Rumah orang kaya itu sepuluh buah.
3. Lembu Pak Haji tujuh ekor.
4. Harga buku itu sepuluh ribu rupiah.
5. Umur anak laki-laki itu dua belas tahun.
6. Jumlah penduduk kota itu satu juta.
7. Saudara saya empat orang.
8. Berat laki-laki itu 60 kilo.
9. Dalam sungai itu sepuluh meter.
10. Tinggi gunung itu 2.000 meter.

**Exercise 5**

1. ketika
2. walaupun
3. Ketika
4. setelah
5. Selama
6. supaya
7. kecuali
8. atau
9. Sejak
10. kalau

**Exercise 6**

1. sampai
2. supaya
3. Jikalau
4. Walaupun
5. seperti
6. agar
7. kecuali
8. Sementara
9. sambil
10. melainkan

**Exercise 7**

1. Dia menandai rumah itu.
2. Dia menasehati temannya.
3. Ratna sedang menyusui anaknya.
4. Dokter mengobati pasien itu.
5. Dia membiayai adiknya setiap bulan.
6. Kata-katanya mengilhami pengarang itu.
7. Orang itu tidak menafkahi isterinya.
8. Aku tak sudi menyedekahi orang malas.
9. Dia mengupahi mereka untuk membakar rumah itu.
10. Dia melindungi pengungsi itu.

**Exercise 8**

1. Dia mewakili pengusaha itu.

2. Dia yang mengantarai perselisihan itu.
3. Siapa yang mendalangi pemberontakan itu?
4. Dia mengetuai rapat itu.
5. Dia merajai negeri itu.
6. Lampu minyak itu menerangi kamarnya.
7. Gadis itu memerahi kukunya.
8. Sebuah kipas angin menyejuki ruangan itu.
9. Setiap malam binatang-binatang liar merusaki tanamannya.
10. Air mata membasahi pipinya.

# LESSON 13

### Exercise 1

1. Dia akan membahagiakan teman-teman kita.
2. Dia akan mengejutkan teman-teman kita.
3. Dia akan memencilkan teman-teman kita.
4. Dia akan menguntungkan teman-teman kita.
5. Dia akan menguntungkan teman sekerja kita.
6. Dia akan menyatukan teman sekerja kita.
7. Dia akan menggelisahkan teman sekerja kita.
8. Dia akan mendiamkan teman sekerja kita.
9. Dia akan membahayakan teman sekerja kita.
10. Dia akan merugikan teman sekerja kita.

### Exercise 2

1. Ceramah itu menjemukan siapa?
2. Dia selalu mengenangkan siapa?
3. Dia jarang mentertawakan siapa?
4. Rahayu sedang memandikan siapa?
5. Ucapannya membuat marah siapa?
6. Dia tidak dapat memaafkan siapa?
7. Racun itu bisa membunuh siapa?
8. Orang itu menjelekkan nama siapa?
9. Orang itu sudah membohongi siapa?
10. Ibu itu sedang menidurkan siapa?

### Exercise 3

1. Dia sudah menyingkirkan pejabat tinggi dari kantornya.
2. Ramli mendaftarkan anaknya di sekolah itu.
3. Dia sudah mencalonkan iparnya untuk posisi itu.
4. Dia mewakili seluruh karyawan dalam pertemuan itu.
5. Dia mengalahkan lawannya dalam pertandingan tinju.
6. Ahmad memondokkan anaknya di rumah sahabatnya.
7. Razak menyelimuti adiknya dengan selimut.
8. Dia menyadarkan pengawal itu dari lalainya.
9. Dia membangunkan abangnya dari tidurnya.
10. Pemerintah telah memberhentikan banyak pegawai dari jabatannya.

### Exercise 4

1. Bisa, dia bisa memenjarakan laki-laki itu di penjara.
2. Dapat, dia dapat memisahkan orang itu dari masyarakat.
3. Dapat, dia dapat menyelamatkan orang itu dari mati lemas.
4. Dapat, dia dapat memindahkan pegawai itu ke tempat lain.
5. Dapat, dia dapat menurunkan kita

431

di depan masjid.
6. Dapat, kepala sekolah itu dapat mendatangkan guru-guru dari luar.
7. Boleh, dia boleh mengajukan masalah itu dalam rapat.
8. Dapat, dia dapat memasukkan anaknya ke sekolah itu.
9. Bisa, dia bisa menitipkan anaknya kepada tetangganya.
10. Dapat, dia dapat menyewakan rumahnya kepada kita.

### Exercise 5

1. Latif pemuda Indonesia.
2. Umurnya lima belas tahun pada bulan Agustus ini.
3. Dia berbakat di dalam bidang perniagaan.
4. Orang itu hidup jauh dari keramaian kota.
5. Pengarang itu guru bahasa Indonesia.
6. Orang berkumpul di warung Pak Sudin.
7. Ahmad mencuci mobilnya setiap hari
8. Murid-murid duduk di dalam kelas.
9. Anak kecil itu menangis semalam-malaman.
10. Lembu kepala desa makan rumput di ladang.

### Exercise 6

1. laki-laki/perempuan
2. Indonesia
3. baru
4. panas/hujan
5. Ali
6. lama
7. cerita
8. hitam
9. gemuk
10. gembala

### Exercise 7

1. Banyak sungguh orang mendatangi rumahnya.
2. Dia tidak menghadiri pesta perkawinan sahabatnya.
3. Dia selalu melalui jalan itu.
4. Mereka tidak pernah menyinggahi pelabuhan itu.
5. Jerawat menumbuhi mukanya.
6. Siapa yang menempati rumah itu sekarang?
7. Dia tidak mau mencampuri urusan orang itu.
8. Perbuatan itu menyalahi undang-undang.
9. Dia menikami laki-laki itu berkali-kali.
10. Dia menembaki orang jahat itu berkali-kali.

### Exercise 8

1. Sejak itu dia tidak mau mendiami desa itu lagi.
2. Dia mendiamkan adiknya yang menangis dengan gula-gula.
3. Wanita itu sedang menidurkan anaknya.
4. Kemudian dia meniduri tempat tidur itu.
5. Tiap-tiap pagi, saya menaiki bis itu ke sekolah.
6. Pemilik warung itu telah menaikkan harga barang-barangnya.
7. Laki-laki itu berlari-lari menuruni tangga hotel itu.
8. Pemerintah bisa membuat undang-undang untuk menaikkan atau menurunkan pajak.
9. Apabila dia pulang, dia mendapati ibunya sedang tidur.
10. Dia pergi mendapatkan ibunya.

# LESSON 14

## Exercise 1

1. Kita harus mengeluarkan uang untuk membeli rumah.
2. Kita harus mencukupkan uang untuk membeli rumah.
3. Kita harus menyumbangkan uang untuk membeli rumah.
4. Kita harus mengumpulkan uang untuk membeli rumah.
5. Kita harus mengumpulkan uang untuk membeli bangunan baru.
6. Kita harus mengumpulkan uang untuk membeli sebidang tanah.
7. Kita harus menyisihkan uang untuk membeli sebidang tanah.
8. Kita harus menyerahkan uang untuk membeli sebidang tanah.
9. Kita harus menghematkan uang untuk membeli sebidang tanah.
10. Kita harus mencarikan uang untuk membeli sebidang tanah.

## Exercise 2

1. Dia menjanjikan pertolongan kepada para korban kebakaran.
2. Dia menjelaskan hal itu kepada para pekerja.
3. Dia mengemukakan pertanyaan itu kepada seorang menteri.
4. Dia mengajukan usul itu kepada kepala kantornya.
5. Dia mengucapkan terima kasih kepada semua temannya.
6. Tuti menghidangkan makanan untuk para tamu.
7. Dia menunjukkan cincin itu kepada kekasihnya.
8. Pak Susilo menyampaikan hadiah kepada para pemenang.
9. Orang tua itu meninggalkan hartanya kepada anak-anaknya.
10. Dia mengembalikan surat itu kepada pengirimnya.

## Exercise 3

1. Bom telah meruntuhkan rumah itu.
2. Guru telah mendirikan persatuan itu.
3. Banjir menghanyutkan gubuk itu.
4. Tetangganya telah menggadaikan rumahnya.
5. Penonton menyaksikan pertandingan itu.
6. Ranjau laut menenggelamkan kapal itu.
7. Murid-murid mendengarkan uraian guru.
8. Pemerintah yang berusaha meningkatkan taraf hidup rakyat.
9. Polisi telah membubarkan pertemuan itu.
10. Pemerintah mendirikan perpustakaan di mana-mana.

## Exercise 4

1. Bisakah dia melakukan tugasnya?
2. Dapatkah Ali menjalankan kewajibannya?
3. Bisakah dia mensukseskan usaha itu?
4. Dapatkah dia merapikan rumah itu sendiri?
5. Dapatkah anak perempuan itu menyebutkan nama-nama propinsi di Indonesia?
6. Dapatkah anak itu menamatkan sekolahnya dalam waktu setahun?
7. Dapatkah obat itu menguatkan badan?
8. Bisakah dia menyelesaikan pekerjaan itu?
9. Dapatkah dia menyalakan api itu?
10. Dapatkah dia memadamkan api itu?

## Exercise 5

1. Ahmad
2. laut, saya
3. Indonesia
4. pelajaran sekolah
5. kaya, miskin
6. kosong
7. Semua, sekolah
8. saya, sejuta
9. politik
10. di desa

## Exercise 6

1. Semua
2. banyak
3. Segala
4. kencang
5. lebat
6. di dalam air
7. di atas meja
8. cerdik
9. dari Jepang
10. dalam keluarga

# LESSON 15

## Exercise 1

1. Dia tidak mau menjauhi rekannya.
2. Dia tidak mau menyumpahi rekannya.
3. Dia tidak mau menyertai rekannya.
4. Dia tidak mau menyingkiri rekannya.
5. Dia tidak mau meramahi rekannya.
6. Dia tidak mau memusuhi rekannya.
7. Dia tidak mau menanyai rekannya.
8. Dia tidak mau menyakiti rekannya.
9. Dia tidak mau menakuti rekannya.
10. Dia tidak mau mempercayai rekannya.

## Exercise 2

1. Allah selalu melindungi orang yang saleh.
2. Jururawat itu sedang mengobati pasien.
3. Dia akan mewakili kepala kantornya dalam pertemuan itu.
4. Pihak polisi telah menghubungi usahawan itu kemarin sore.
5. Dia sangat mengasihi sahabatnya.
6. Ramlan mengasihani orang miskin.
7. Dina sedang menyusui anaknya.
8. Dia mencurigai saudara kandungnya sendiri.
9. Orang itu mengkhianati isterinya sendiri.
10. Dia sanggup mengawini gadis itu.

## Exercise 3

1. Tidak ada orang mau menikahi gadis kaya itu.
2. Orang itu sangat menyayangi isterinya.
3. Kami semua menyegani orang laki-laki itu.
4. Polisi masih mencurigai orang itu.
5. Siswa itu menguliti mangga itu.
6. Penulis itu selalu mendampingi adiknya ke kota.
7. Murid-murid sekolah mengerumuni pengarang itu.
8. Setiap anak harus menyampuli bukunya.
9. Tidak seorang pun dapat menandingi Ahmad dalam permainan itu.
10. Kakak laki-laki saya mewakili ayah.

## Exercise 4

1. Dia mengamati lawannya dengan diam-diam.
2. Dia merestui anak laki-lakinya dengan doa.
3. Hakim mengadili orang itu dengan bijaksana.
4. Dia menghadapi laki-laki tua itu dengan hati yang berdebar-debar.
5. Dia mempengaruhi pegawai itu dengan uang.
6. Dia menikami penjahat itu dengan senjata tajam.
7. Dia mendengar pengumuman pemerintah dengan gelisah.
8. Dia menyirami bunga dengan pipa penyiram karet.
9. Dia melayani langganan-langgananya dengan ramah.
10. Dia mempercayai ketua partai itu dengan sepenuh hati.

### Exercise 5

1. Isterinya cerewet.
2. Bubur itu manis.
3. Gadis itu canggung.
4. Pekerjaan itu susah.
5. Mereka masuk.
6. Dia menatap wajah adiknya.
7. Kamu akan menyesal.
8. Ayah sudah pergi ke Jakarta.
9. Saya tidak masuk sekolah.
10. Dia pergi.

### Exercise 6

1. Cerita itu panjang sekali.
2. Laporan itu ringkas sekali.
3. Anak itu cerdik sekali.
4. Pelabuhan itu besar sekali.
5. Pisang itu matang sekali.
6. Adik sedang bermain di luar.
7. Arloji saya cepat sedikit.
8. Mereka sudah pulang lebih dulu.
9. Pasar itu ramai sekali.
10. Kita mengaso paling lama.

## LESSON 16

### Exercise 1

1. Dia sedang membumbui daging itu.
2. Dia sedang menggarami daging itu.
3. Dia sedang menggarami sayur lodeh itu.
4. Dia sedang menggarami lauk pauk itu.
5. Dia sedang mencicipi lauk pauk itu.
6. Dia sedang mencicipi gado-gado itu.
7. Dia sedang mencicipi soto ayam itu.
8. Dia sedang memanasi soto ayam itu.
9. Dia sedang memanasi sayur itu.
10. Dia sedang memanasi nasi kuning itu.

### Exercise 2

1. Mereka sedang menikmati pertunjukan itu.
2. Wanita itu sedang menjalani pembedahan.
3. Laki-laki itu sudah mengakui kesalahannya.
4. Kita harus mengatasi kesukaran.
5. Mereka harus meluaskan pengetahuan mereka.
6. Kakak mesti merapikan rumah hari ini.
7. Anak-anak mesti menghargai usaha orang tua mereka.
8. Mereka sudah mengelilingi dunia tahun yang lalu.
9. Mereka sedang menghalangi pekerjaan kita.
10. Mereka disuruh menjauhi anak-anak nakal.

### Exercise 3

1. Ibunya sudah memanasi makanan itu.
2. Semua orang dapat mengendarai mobil itu.
3. Saksi sudah memungkiri janjinya.
4. Ayahnya akan menepati janjinya.
5. Pak Menteri sudah mengunjungi sekolah baru itu.
6. Pemerintah sudah menurunkan harga beras.
7. Orang-orang desa dapat menyeberangi sungai itu.
8. Pekerja-pekerja sudah memperbaiki jalan itu.
9. Guru kita dapat mengakhiri pelajaran itu dalam seminggu.
10. Kakak saya sudah menghiasi kamar itu dengan gambar-gambar.

### Exercise 4

1. Dia akan mengetuai rombongan itu ke Kuala Lumpur minggu depan.
2. Sejak bulan lalu Pak Andi sudah memagari kebunnya.
3. Sejak lima tahun yang lalu dia menghadapi kesulitan itu.
4. Dia akan mengepalai perseroan itu dalam waktu dua tahun.
5. Sejak dua minggu yang lalu dia mendiami rumah itu.
6. Razak akan menduduki jabatan itu minggu ini.
7. Sejak setahun yang lalu dia sering menghadiri seminar.
8. Sejak tiga tahun yang lalu dia selalu menuruti permintaan anak perempuannya.
9. Pelajar-pelajar akan memasuki universitas pada bulan Juli nanti.
10. Sejak tadi malam Ali mematuhi kata-kata ibunya.

### Exercise 5

1. Upacara perkawinan itu telah dilakukan.
2. Ibunya menutup meja.
3. Aliran listrik terputus.
4. Perseroan itu akan mengambil pegawai baru.
5. Dia berangan-angan menjadi dosen.
6. Jemaah haji telah berangkat.
7. Murid-murid berjajar.
8. Saya akan ke Jakarta.
9. Dia berpuasa.
10. Ayah kembali.

### Exercise 6

1. Dia sakit batuk sejak dua tahun lalu.
2. Saya berjalan-jalan di Kebun Raya pada hari Minggu yang lalu.
3. Dia mendidik anaknya dengan penuh kasih sayang.
4. Haji Halim menerangkan pendapatnya mengenai perkara itu.
5. Panitia itu berdebat hingga larut malam.
6. Dia menyanyi dengan nyaring.
7. Dia telah menyatakan pendapatnya dengan panjang lebar dalam rapat itu.
8. Perkara itu mudah saja pada pendapatnya.
9. Dia akan datang pada tanggal 10 Agustus ini.
10. Kita harus memperbanyak harta dengan usaha kita sendiri.

## LESSON 17

### Exercise 1

1. Saya menyerahkan Ali payung.

2. Saya menyerahi Ali mobil baru.
3. Saya membelikan Ali mobil baru.
4. Saya memesankan Ali mobil baru.
5. Saya menjualkan Ali mobil baru.
6. Saya mendapatkan Ali mobil baru.
7. Saya mendapatkan Ali tugas baru.
8. Saya membebani Ali tugas baru.
9. Saya memberikan Ali tugas baru.
10. Saya memberikan Ali segelas minuman.

**Exercise 2**

1. Wanita itu sedang memasak sayur untuk suaminya.
2. Dia sedang memanggil taksi untuk kawannya.
3. Guru itu sudah memesan buku untuk murid-muridnya.
4. Dia memilih sebuah mobil untuk sahabatnya tadi malam.
5. Salina sedang membawa kopi untuk anak laki-lakinya.
6. Dia jarang membeli barang perhiasan untuk isterinya.
7. Dia membeli sebuah buku cerita untuk adik laki-lakinya.
8. Dia sedang membuat segelas minuman untuk adik laki-lakinya.
9. Dia sudah mencari pekerjaan untuk sahabatnya.
10. Laki-laki itu sedang mengambil buah-buahan untuk anaknya.

**Exercise 3**

1. Ali mendirikan sebuah rumah batu untuk orang tuanya di desa.
2. Aminah membawakan makanan yang lazat untuk ayahnya setiap hari.
3. Guru menghadiahi sebuah pena kepada murid itu.
4. Orang itu membuatkan layang-layang untuk anak laki-lakinya.
5. Guru itu akan mengajarkan bahasa Indonesia kepada kita.
6. Pegawai itu memberikan dua formulir kosong kepada Ahmad.
7. Dia menyewakan rumahnya kepada orang itu.
8. Murid itu menyanyikan sebuah lagu yang merdu untuk teman-temannya.
9. Ali mengikatkan tali sepatu untuk adik laki-lakinya.
10. Pengusaha itu mendapatkan pekerjaan di kota untuk Amir.

**Exercise 4**

1. Dia mengirimi ibunya uang.
2. Dia meminjami laki-laki itu mobilnya.
3. Guru bahasa memberikan pelajar itu tugas yang berat.
4. Pak Ali mengajari anak-anak laki-laki itu bahasa Indonesia.
5. Ibu memberikan adik sebungkus krupuk udang.
6. Ali membawakan adik laki-lakinya buah anggur.
7. Pak Mahmud telah membungkuskan anak laki-lakinya beberapa kilo beras.
8. Fatimah membelikan adik laki-lakinya sepasang sepatu kulit.
9. Tuhan telah mencurahi kami kurnia dan rahmat-Nya.
10. Suami itu mengirimi isterinya surat.

**Exercise 5**

1. yang dapat menolong saya
2. yang mencuri arloji saya
3. yang bertanggungjawab
4. yang terletak di tepi jalan
5. yang Saudara pinjamkan kepada saya
6. yang saya letakkan di atas meja

7. yang disimpannya di dalam bank
8. yang berumur dua puluh lima tahun
9. yang berpengalaman
10. yang berdekatan dengan rumahnya

**Exercise 6**

1. Guru yang berpengalaman itu sudah meninggal dunia.
2. Saya selalu terkenang kepada Pak Rahim yang budiman.
3. Uang yang disimpan itu tidaklah banyak.
4. Dia hampir-hampir menghabiskan uang yang dibawanya itu.
5. Pelajar-pelajar yang diterima akan tiba.
6. Guru kami suka kepada pelajar yang pintar itu.
7. Suatu peristiwa yang sedih telah terjadi pada hari itu.
8. Saya telah mendengar peristiwa yang menggemparkan itu.
9. Buku-buku yang dipesan itu masih belum sampai.
10. Saya masih belum menerima surat yang dikirimnya itu.

# LESSON 18

**Exercise 1**

1. Dia membujuk murid-muridnya supaya melanjutkan pelajaran mereka.
2. Dia memaksa murid-muridnya supaya melanjutkan pelajaran mereka.
3. Dia menantang murid-muridnya supaya melanjutkan pelajaran mereka.
4. Dia merangsang murid-muridnya supaya melanjutkan pelajaran mereka.
5. Dia memerintahkan murid-muridnya supaya melanjutkan pelajaran mereka.
6. Dia menggiatkan murid-muridnya supaya melanjutkan pelajaran mereka.
7. Dia menyuruh murid-muridnya supaya melanjutkan pelajaran mereka.
8. Dia meminta murid-muridnya supaya melanjutkan pelajaran mereka.
9. Dia menganjurkan murid-muridnya supaya melanjutkan pelajaran mereka.
10. Dia menyarankan murid-muridnya supaya melanjutkan pelajaran mereka.

**Exercise 2**

1. Saya memanggil tamu itu abang.
2. Dia menamai anak laki-lakinya Hartono.
3. Saya memanggil gadis itu Si Manis.
4. Ahmad memanggil kepala kantornya Tuan Besar.
5. Panitia telah memilih Pak Adnan sebagai ketua.
6. Saya mencalonkan Pak Rusli menjadi sekretaris.
7. Partai itu telah menerima guru agama itu sebagai calon.
8. Majikan itu telah melantik Ramli sebagai pengawas pabrik.
9. Orang-orang desa memandang Pak Lurah sebagai ketua mereka.
10. Orang laki-laki itu menganggap dirinya sebagai pahlawan.

**Exercise 3**

1. Dia berpendapat orang itu malas.
2. Perempuan itu menduga suaminya marah.
3. Dia menerka laki-laki itu kecewa.

4. Dia mengira laki-laki itu jahat.
5. Ahmad merasa laki-laki itu salah.
6. Dia menyangka laki-laki itu curang.
7. Dia memandang laki-laki itu jujur.
8. Dia memandang pekerjaan guru gampang.
9. Dia menganggap perkara itu mudah.
10. Ahmad berpendapat hal itu penting.

### Exercise 4

1. Hasnah memaksa teman-temannya datang ke pesta ulang tahunnya.
2. Dia meminta para pengunjung mengisi tamu.
3. Dia menyuruh teman sekerjanya datang ke rumahnya.
4. Dia mengundang sahabatnya melamar pekerjaan itu.
5. Dia menyilakan abang sepupunya minum air teh itu.
6. Dia menyarankan saya belajar ke luar negeri.
7. Dia menganjurkan saya mogok makan.
8. Dia mencadangkan kita membahas perkara itu dahulu.
9. Dia memaksa juru terbang mendarat di pelabuhan udara itu.
10. Dia mendesak saya melanjutkan cerita itu.

### Exercise 5

1. Sementara ibu memasak
2. sampai dia datang
3. sebab dia malas
4. Kalau tidak ada halangan
5. Kalau Anda tidak bersalah
6. Meskipun kamus itu mahal
7. Walaupun dia sakit
8. Waktu anak laki-laki itu meyeberang jalan
9. kalau kita menginginkan kemajuan
10. Sejak umurnya tujuh tahun

### Exercise 6

1. Sikapnya berubah sejak dia menjadi wakil rakyat.
2. Kalau saya tidak salah, laki-laki itu memang ayahnya.
3. Laki-laki tua itu masih bekerja walaupun dia sakit.
4. Permainan tidak dapat dijalankan kalau hari hujan.
5. Mulut laki-laki itu manis tetapi hatinya jahat.
6. Bayi itu menangis karena dia lapar.
7. Belajarlah sungguh-sungguh supaya kamu akan naik kelas.
8. Ali berani karena dia tidak bersalah.
9. Saya tidak bekerja hari ini karena badan saya kurang sehat.
10. Kita mesti berjalan cepat jikalau kita ingin lekas sampai.

## LESSON 19

### Exercise 1

1. Dia bermaksud mencapai gelar doktor.
2. Dia bermaksud melunasi utangnya.
3. Dia berhasil melunasi utangnya.
4. Dia bertujuan melunasi utangnya.
5. Dia bertujuan melancong ke Bali.
6. Dia berniat melancong ke Bali.
7. Dia berniat menyelesaikan masalah itu.
8. Dia berdaya upaya menyelesaikan masalah itu.

9. Dia bertekad menyelesaikan masalah itu.
10. Dia berjanji menyelesaikan masalah itu.

**Exercise 2**

1. Dia berdukacita mendapat kabar kematian tunangannya.
2. Wanita itu cemas menunggu kepulangan anaknya.
3. Seluruh dunia terkejut mendengar berita pembunuhan pemimpin itu.
4. Dia bosan mendengar kisah yang sama berulang-ulang.
5. Dia heran melihat orang buta menganyam bakul.
6. Dia kagum melihat kemajuan negara itu.
7. Dia kaget melihat kekejaman kakak laki-lakinya.
8. Dia marah menerima laporan itu.
9. Semua orang bersukacita melihat mereka berhasil dalam hidup mereka.
10. Dia jengkel melihat kelakuan gadis itu.

**Exercise 3**

1. Dia mengaku mencuri uang orang itu.
2. Dia belajar menyanyi.
3. Dia takut menemui orang itu.
4. Dia berjanji datang ke rumah saya.
5. Dia menolak undangan untuk menghadiri pertemuan itu.
6. Dia mencoba menangkap bola itu.
7. Dia gemar membaca buku di perpustakaan.
8. Dia hendak membayar utang.
9. Dia tidak lupa mengunci pintu itu.
10. Dia ingin mempelajari sejarah Indonesia.

**Exercise 4**

1. Mereka pergi menonton bioskop sesudah makan.
2. Sudah enam bulan dia belajar menyanyi.
3. Dia akan pulang untuk makan siang sebentar lagi.
4. Dia datang meminjam uang dua minggu yang lalu.
5. Sejak kematian suaminya wanita itu hidup menderita.
6. Dia meletakkan jabatannya minggu yang lalu.
7. Dia mulai bekerja pada jam delapan pagi.
8. Dia keluar makan pada jam satu siang.
9. Dia lari menyelamatkan diri ketika bangunan itu roboh.
10. Dia berdiri menyambut para tamu pada jam tujuh pagi.

**Exercise 5**

1. Aminah tidak sombong walaupun dia anak orang kaya.
2. Mereka tidak mau tahu atau mengerti.
3. Didi mandi sebelum makan.
4. Badannya belum sehat tetapi dia pergi juga.
5. Dia membaca hingga kepalanya sakit.
6. Dia masih muda dan cantik.
7. Dia tidak bisa berbuat lain melainkan menunggu.
8. Pemuda itu berjalan sambil menyanyi.
9. Kami minum kopi sambil mengobrol.
10. Saya tidak akan ke pesta itu karena tidak diundang.

**Exercise 6**

1. Saya akan pergi besok. Saya akan pergi lusa.
2. Dia selalu makan di rumah saya. Dia selalu minum di rumah saya.
3. Kamar itu gelap. Kamar itu bocor.
4. Fatimah berbicara. Fatimah tersenyum.
5. Ahmad membeli sepasang sepatu. Ahmad keluar dari toko itu.
6. Anak laki-laki itu pandai. Anak laki-laki itu malas.
7. Dia bercakap-cakap. Dia memperhatikan orang yang lalu.
8. Anda boleh datang setiap hari. Anda tidak boleh datang pada hari Jum'at.
9. Saya akan naik bis. Saya akan naik kereta api.
10. Dia mempunyai rumah. Dia menumpang di rumah orang.

# LESSON 20

**Exercise 1**

1. Pria itu tampaknya ramah.
2. Pria itu tampaknya bengis.
3. Pria itu kelihatannya bengis.
4. Pria itu kelihatannya bingung.
5. Pria itu rupanya bingung.
6. Pria itu rupanya bahagia.
7. Pria itu rupanya kaget.
8. Pria itu rupanya sakit.
9. Pria itu rupanya cekatan.
10. Pria itu rupanya sombong.

**Exercise 2**

1. Banyak petani naik haji tahun ini.
2. Hasil bumi turun harganya.
3. Dosen itu sudah kehabisan ide.
4. Banyak penumpang meninggal.
5. Usahawan muda itu jatuh miskin.
6. Senjata dapat melukai orang
7. Masalah itu tidak masuk akal.
8. Anak itu tidak tahu sopan santun.
9. Pemuda itu putus harapan.
10. Uangnya tinggal sedikit.

**Exercise 3**

1. Dia merasa lega sekarang.
2. Makanan itu rasanya manis.
3. Dia merasa sedih sekarang.
4. Makanan itu rasanya pedas.
5. Dia masih merasa takut sekarang.
6. Badannya merasa sakit sekarang.
7. Dia merasa tenteram sekarang.
8. Kakinya terasa dingin sekarang.
9. Dia merasa selamat sekarang.
10. Dia merasa lapar sekarang.

**Exercise 4**

1. Temannya menjadi buta.
2. Penjudi itu menjadi gila.
3. Impiannya menjadi kenyataan.
4. Penulis itu menjadi terkenal.
5. Makanan itu menjadi basi.
6. Kota itu menjadi sepi.
7. Suasana pertemuan itu menjadi tegang.
8. Ahmad menjadi ketua.
9. Anak miskin itu menjadi kaya raya.
10. Gadis itu menjadi ratu kebaya.

**Exercise 5**

1. apa
2. Mengapa
3. Berapa
4. Siapa
5. siapa
6. di mana
7. Bagaimana
8. Mengapa
9. Kapan
10. Kapan

**Exercise 6**

1. (a) Dari mana wisatawan itu datang?
   (b) Siapa datang dari Malaysia?

2. (a) Murid itu suka menulis dengan apa?
   (b) Siapa suka menulis dengan tinta merah?

3. (a) Aminah pergi ke pasar dengan siapa?
   (b) Siapa pergi ke pasar dengan ibunya?

4. (a) Di mana Pak guru tinggal?
   (b) Siapa tinggal di Bogor?

5. (a) Kapan adik selalu membaca buku?
   (b) Siapa selalu membaca buku pada waktu malam?

6. (a) Di mana dia hendak melanjutkan pelajarannya?
   (b) Siapa hendak melanjutkan pelajarannya di luar negeri?

7. (a) Rumah Saudara jauh dari mana?
   (b) Rumah siapa jauh dari kota?

8. (a) Minggu yang lalu kamu berpiknik di mana?
   (b) Kapan kamu berpiknik di tepi pantai?

9. (a) Siapa suka makan durian?
   (b) Orang tua itu suka makan apa?

10. (a) Kamu kenal siapa?
    (b) Siapa kenal wanita itu?

# TIMES LEARN INDONESIAN

**Speak Standard Indonesian: A beginner's guide** *by Dr. Liaw Yock Fang with Drs Munadi Patmadiwirya & Abdullah Hassan*
An easy and comprehensive guide which enables you acquire fluency and confidence in speaking Standard Indonesian in only a few months.

**Indonesian in 3 weeks** *by Dr. Liaw Yock Fang with Drs Munadi Patmadiwirya*
A teach-yourself Indonesian book that enables you to understand what people say to you, and to make yourself understood in everyday situations.

**Easy Indonesian Vocabulary: 1001 Essential Words** *by Dr. Liaw Yock Fang*
A handbook to enlarge your vocabulary and ensure efective communication in Indonesian and a wide range of topics.

**Indonesian Grammar Made Easy** *by Dr. Liaw Yock Fang*
A companion volume to **Easy Indonesian Vocabulary: 1001 Essential Words**, this comprehensive book enables you to learn Indonesian with ease.

**Indonesian Phrase Book for Tourists** *by Nini Tiley-Notodisuryo*
A handy reference for every traveller, it helps you in everyday situations during your stay in Indonesia.

**Essential Indonesian Reading: A Learner's Guide 1** *by Dr. Liaw Yock Fang & Dr. Leo Suryadinata*
Enriches learner's knowledge of contemporary Indonesian vocabulary against a backdrop of developments in its history, politics, economy, religion, culture and society.

**Essential Indonesian Reading: A Learner's Guide 2**
*by Dr. Liaw Yock Fang & Dr. Leo Suryadinata*
With up-to-date reading materials in Bahasa Indonesia, this book introduces students to new words, especially those words used in Indonesian newspapers and periodicals. It also enriches students' knowledge of contemporary Indonesia including the latest development in its history, politics, economy, religion, culture and society.

**Indonesian for Daily Use** *by Dr. Liaw Yock Fang*
Specially designed for students, homemakers, employers and executives who need to learn langauge quickly for use in school, at home or in their jobs.

**Communicate Effectively with Your Indonesian Domestic Helper** *by Cynthia Arianto & Siau Leong*
An essential tool for employers of Indonesian domestic workers who need to gain instant access to day-to-day terms and phrases.

# TIMES LEARN MALAY

**Malay in 3 Weeks** *by John Parry and Sahari Sulaiman*
A teach-yourself Malay book that enables you to coommunicate in practical everyday situations.

**Malay Made Easy** *by A.W. Hamilton*
How to speak Malay intelligibly and accurately.

**Easy Malay Vocabulary: 1001 Essential Words** *by A.W. Hamilton*
A handbook to enlarge your vocabulary and ensure effective coomunication in Malay on a wide range of topics.

**Speak Malay!** *by Edward S. King*
A graded course in simple spoken Malay for English-speaking people.

**Write Malay** *by Edward S. King*
A more advanced course on how to read and write good modern Malay.

**Learn Malay: A Phrase a Day** *by Dr. G. Goosai*
A simple but comnprehensive way to learn Malay in 365 days.

**Converse in Malay** *by Dr. G. Goosai*
A compilation of the highly successful RTM Radio Lessons series, a prograamme which proved both popular and beneficial to thousands of listeners in mastering Malay.

**Malay Phrase Book for Tourists** *by Hj Ismail Ahmad & Andrew Leonki*
The indispensable companion, it helps tourists in everyday situations in a Malay-speaking world.

**Standard Malay Made Simple** *by Dr. Liaw Yock Fang*
An intensive standard Malay language (bahasa Melayu baku) course designed for adult learners with no previous knowledge of the Malay language.

**Speak Standard Malay** *by Dr. Liaw Yock Fang*
An easy and comprehensive guide which enables you to acquire fluency and confidence in speaking standard Malay in only 3 months.

**Malay Grammar Made Easy** *by Dr. Liaw Yock Fang*
The most comprehensive guide to Malay grammar, it offers you a solid and efficient foundation to the language.

# REFERENCE

**Times Comparative Dictionary of Malay-Indonesian Synonyms** *compiled by Dr. Leo Suryadinata, edited by Professor Abdullah Hassan*
For learners of Malay and Indonesian who want to know the differences that exist between the two languages.

**Tesaurus Bahasa Melayu** *by Prof. Madya Noor Ein Mohd Noor, Noor Zaini Mohd Ali, Mohd Tahir Abd Rahman, Singgih W. Sumartoyo, Siti Fatimah Ariffin*
A comprehensive A–Z thesaurus that enables you to master Malay vocabulary effectively.

# NOTES

# NOTES

# ABOUT THE AUTHORS

**Dr. Liaw Yock Fang** is one of the most eminent Malay/Indonesian scholars living in Singapore. He acquired his B.A. and M.A. in Indonesian Language and Literature from the University of Indonesia in Jakarta, Indonesia. He also holds a Drs. and Dr. of Literature degree in Indonesian Language and Literature from Leiden University, Leiden, the Netherlands.

His main publications include *Sejarah Kesusastraan Melayu Klasik* (History of Classical Malay Literature), 2 volumes (Jakarta, 1991, 1993; First edition, Singapore 1975); *Nahu Melayu Moden* (Modern Malay Grammar) (co-author: Prof. Abdullah Hassan, Kuala Lumpur 1994; First edition, Singapore 1985); and 10 handbooks in 'Times Learn Malay' and Times Learn Indonesian' series, the most recent being *Essential Indonesian Reading: A Learner's Guide 2* (co-author: Dr Leo Suryadinata, Singapore 2000).

His other publications are *Undang-Undang Melaka* (The Laws of Malacca) (Leiden 1976); Pelajaran Bahasa Melayu 1A–6B (co-author 1982) – approved textbooks for primary schools in Singapore; and *Kursus Bahasa Nasional I–IV* (1984), also an approved series for secondary schools in Singapore.

Dr. Liaw has been teaching Malay/Indonesian language and literature since 1966. He has for a number of years served as an Examiner in Malay in the former Malaysian Certificate of Education (MCE) Examinations and the present Singapore Cambridge GCE 'O' and 'A' Level Examinations. He is also a member of the Malay Language Council (Majlis Bahasa Melayu) in Singapore.

Dr. Liaw was an Associate Professor with the Department of Malay Studies, the National University of Singapore. He has recently retired but is still active in doing research on Malay/Indonesian Languages and literatures.

**Dra. Nini Tiley-Notodisuryo** acquired her B.A. and M.A. degrees from Gajah Mada University in Yogyakarta, Central Java, Republic of Indonesia. She has lived in Singapore for 15 years, teaching the Indonesian language and studying various cultures

Her main publication is *Indonesian Phrase Book for Tourists* (1992).